Duden
Redensarten

Duden

Redensarten

Herkunft und Bedeutung

2., überarbeitete
und ergänzte Auflage

Dudenverlag
Mannheim · Leipzig · Wien · Zürich

Redaktionelle Bearbeitung der 1. Auflage Dr. Rudolf Köster
unter Mitarbeit von Dr. Kathrin Kunkel-Razum
Redaktionelle Bearbeitung der 2. Auflage Dr. Sylvia Schmitt-Ackermann
Herstellung Monika Schoch

Bibliografische Information der Deutschen Nationalbibliothek
Die Deutsche Nationalbibliothek verzeichnet diese Publikation in der
Deutschen Nationalbibliografie; detaillierte bibliografische Daten
sind im Internet über http://dnb.ddb.de abrufbar.

Typografie Raphaela Mäntele, Heidelberg
Umschlaggestaltung Sven Rauska, Wiesbaden
Satz TypoDesign Hecker GmbH, Leimen
Druck und Bindearbeit Graphische Betriebe Langenscheidt,
Berchtesgaden

Printed in Germany
ISBN-13: 978-3-411-70502-3
ISBN-10: 3-411-70502-7
www.duden.de

Vorwort

Die meisten Redensarten, die wir im täglichen Umgang gebrauchen, sind uns in ihrer Bedeutung vertraut. Wir verstehen ihren Sinn und wenden sie ohne weiteres Nachdenken an: »durch Abwesenheit glänzen; jemandem einen Bären aufbinden; etwas auf die lange Bank schieben; jemandem ein Dorn im Auge sein« und viele andere.
Ein wesentliches Merkmal solcher Redensarten ist, »dass sie nicht das bedeuteten, was sich aus den Bedeutungen der Einzelwörter zu ergeben scheint« (Wolf Friederich), dass man sie also nicht wörtlich auffassen darf. »Ins Gras beißen« bedeutet nicht, dass der Betreffende ganz konkret in das unter ihm liegende Gras gebissen hat, sondern dass er, in übertragener Verwendung des ursprünglichen Bildes, im Kampf gefallen, gestorben ist.
Während uns der Sinn dieser und vieler anderer Redensarten (z. B. »sich winden wie ein Aal«) leicht verständlich ist, weil er sich aus dem konkreten Zusammenhang ohne Weiteres deuten lässt, gilt das für andere nicht. Sie können einmal fremden Sprachen entnommen sein, die wir nicht beherrschen, ein andermal liegt ihre Herkunft für uns im Dunkeln – trotz der deutschen Wörter, die wir im Einzelnen durchaus verstehen – oder der Ursprung ist nicht zweifelsfrei geklärt. Mit diesen Redensarten möchte ich mich in diesem Buch beschäftigen. Die Erklärungen werfen oft interessante Streiflichter auf unsere Kulturgeschichte.
Auf den wissenschaftlichen Streit darüber, was eine Redensart ist, möchte ich hier nicht eingehen. Für unsere Zwecke genügen die Bedeutungsangaben der gängigen Wörterbücher: eine häufig verwendete, formelhafte Verbindung von Wörtern, die meist als selbstständiger Satz gebraucht wird. Es gibt eine Anzahl von Synonymen, die die Sprachwissenschaft penibel zu unterscheiden sucht: sprichwörtliche Redensart, (feste, stehende) Wendung, Redewendung, Phrase, Floskel, Formel, Ausdrucksweise, Idiom, idiomatische Verbindung und andere mehr.
Im Folgenden bespreche ich in alphabetischer Reihenfolge Redensarten, die aus fremden Sprachen stammen oder deren Herkunft nicht ohne Weiteres verständlich ist.

Rudolf Köster

Vorwort zur 2. Auflage

»Dieses war der erste Streich, doch der zweite folgt sogleich.« Mit diesen Worten wird in der Bildgeschichte »Max und Moritz« von Wilhelm Busch (1832–1908) der zweite Streich der beiden Lausbuben im Text angekündigt: Wie viele andere ist dieses Zitat zur Redensart geworden, mit der man heute eine gelungene Aktion kommentiert, die als Beginn einer Abfolge weiterer Aktionen angesehen wird.
Ein solcher »erster Streich« war die erste Auflage des »Redensarten«-Taschenbuchs aus dem Jahr 1999, das nun in zweiter, ergänzter Auflage und in überarbeiteter Form vorliegt. Der »zweite Streich« enthält Erläuterungen zur Herkunft und Bedeutung vieler neuer Redensarten und präsentiert sich als benutzerfreundliche und übersichtliche Darstellung. Außerdem entspricht die zweite Auflage den Regeln der neuen Rechtschreibung, die am 1. 8. 2006 in Kraft getreten sind.

Mannheim, im Juli 2007
Die Dudenredaktion

Aa

Das A und O von etwas sein

die Grundvoraussetzung, der Kernpunkt von etwas, von elementarer Wichtigkeit für etwas sein: Ursprünglich bedeutete »das A und O« den Anfang und das Ende von etwas (vergleiche Offenbarung 1, 8: »Ich bin das A und das O, der Anfang und das Ende, spricht Gott der Herr«). Die Redensart geht darauf zurück, dass im griechischen Alphabet A(lpha) der erste und O(mega) der letzte Buchstabe ist.

Ein Aas/Ass auf der Bassgeige sein

berlinisch: *sich in etwas sehr gut auskennen, ein Teufelskerl sein:* ein typisches Beispiel für Wendungen, bei denen alle Deutungsversuche scheitern.

Ab durch die Mitte!

umgangssprachlich: *schnell fort!; los, vorwärts!:* Diese Aufforderung stammt aus der Theatersprache, wo sie wie »ab nach rechts« und »ab nach links« als Bühnenanweisung gebräuchlich ist.

Ab nach Kassel

umgangssprachlich: *schnell weg, fort:* Kassel war zur Zeit des amerikanischen Unabhängigkeitskrieges (1775–83) Sammelort der von ihrem Landesfürsten zwangsrekrutierten und an England verkauften hessischen Soldaten. Das ist die gängige Erklärung. Da aber schriftliche Belege erst Ende des 19. Jahrhunderts auftauchen, sind manche Forscher der Ansicht, dass sich die Wendung auf die Gefangennahme Napoleons III. im Deutsch-Französischen Krieg von 1870/71 bezieht. Napoleon III. wurde damals nach Kassel-Wilhelmshöhe gebracht.

Jemanden abblitzen lassen

umgangssprachlich: *kurz, schroff abweisen, besonders bei Annäherungsversuchen oder Heiratsanträgen:* Die alten Feuersteingewehre versagten gelegentlich, wenn das Pulver auf der Pfanne blitzartig abbrannte, ohne dass der Schuss losging. Die Redensart ist auch ohne »lassen« gebräuchlich: Er ist bei ihr abgeblitzt.

Abgemacht, Seife!

besonders berlinisch: *Einverstanden!;* **abgemacht, sela!** *(Schluss!):* »Seife« ist die volksetymologische Umdeutung von französisch »c'est fait«, berlinerisch zu »Seefe« verballhornt. »Sela« ist französisch »c'est la« oder das hebräische Wort für ein Musikzeichen in den Psalmen, volkstümlich als Schlusszeichen für den musikalischen Vortrag gedeutet.

Jemanden abkanzeln

umgangssprachlich: *heftig schelten:* Die älteste, heute nicht mehr bekannte Bedeutung war »von der Kanzel herab verkündigen, aufbieten«: die Verlobten abkanzeln. Im 18. Jahrhundert wurde dann der Ausdruck auch dafür gebraucht, dass der Pfarrer seine Schäfchen von der Kanzel herab wegen ihres liederlichen Lebenswandels tadelte.

Wie in Abrahams Schoß (sitzen)

umgangssprachlich: *ohne Sorgen in sehr guten Verhältnissen leben:* Die Redensart ist so oder so ähnlich schon im Mittelalter bekannt und bezog sich ursprünglich auf religiöse Geborgenheit. Zugrunde liegt die Bibelstelle Lukas 16, 22: »Es begab sich aber, dass der Arme (= Lazarus) starb und ward getragen von den Engeln in Abrahams Schoß. Der Reiche aber starb auch und ward begraben.«

Durch Abwesenheit glänzen

ironisch: *abwesend sein, fehlen:* Zur Erklärung von »glänzen« muss man bis in die römische Antike zurückgehen. Der französische Dramatiker Marie-Joseph de Chénier (1764–11) schrieb in seiner Tragödie »Tibère« folgenden Satz: »Brutus et Cassius brillaient par leur absence« (Brutus und Cassius glänzten durch ihre Abwesenheit).

Dieser Satz bezieht sich auf eine Stelle in Tacitus' »Annalen«, wo der römische Geschichtsschreiber (gest. um 116 n. Chr.) berichtet, dass Junia, Witwe des Cassius und Schwester des Brutus, bestattet worden sei, ohne dass die Bildnisse dieser Angehörigen vorangetragen worden seien, dass diese aber gerade deshalb hervorgeleuchtet hätten. In Rom war es bei Leichenbegängnissen üblich, Bilder verstorbener Angehöriger und Ahnen voranzutragen. Es gab jedoch eine Bestimmung, wonach es im kaiserlichen Rom verboten war, die Bildnisse der Cäsarmörder Brutus und Cassius öffentlich zu zeigen.

Etwas ad calendas graecas verschieben

bildungssprachlich: *etwas niemals tun:* Der römische Kaiser Augustus (gest. 14. n. Chr.) soll von säumigen Schuldnern gesagt haben, sie zahlten ad calendas graecas = an den griechischen Kalenden. Die Kalenden, der erste Tag jedes Monats, waren im alten Rom als Zahlungstermin gebräuchlich. Die Griechen kannten jedoch keine Kalenden. Augustus meinte damit, dass die Schuldner »niemals« zahlen würden.

Etwas ad infinitum fortsetzen

bildungssprachlich: *zeitlich unbegrenzt fortsetzen:* lateinisch »ad« = bis (zu) und »infinitus« = unbegrenzt, endlos.

Adel verpflichtet

oft ironisch: *Zugehörigkeit zu einer gehobenen Gesellschaftsschicht verpflichtet zu einer bestimmten Lebensweise, einem bestimmten Lebensstil:* Die Redensart ist die wörtliche Übersetzung der französischen Maxime »noblesse oblige« aus Pierre Marc Gaston Du de Lévis' 1808 erschienenen »Maximes et réflexions sur différents sujets de morale et de politique«.

Den Advocatus Diaboli spielen

bildungssprachlich: *alles darlegen, was gegen eine Person oder Sache spricht:* Auch diese Redensart hat einen kirchlichen Ursprung. Bei Selig- und Heiligsprechungen prüft(e) die katholische Kirche genau, ob der oder die Verstorbene die Ehrung auch verdient. Der »Promotor Fidei« (= Glaubensanwalt) muss eventuelle Hinderungsgründe vortragen. Scherzhaft wurde dieser »Advocatus Diaboli« (Anwalt des Teufels) genannt.

Einen Affen sitzen haben

Vergleiche »sitzen«.

Eine Affenschande sein

umgangssprachlich: *eine große Schande sein:* »Affe« wird hier möglicherweise als bloßes Verstärkungswort gebraucht. Die Umdeutung des niederdeutschen »aapen schann« (= offene Schande) in »Affenschande« ist wenig wahrscheinlich.

Unter der Ägide von jemandem

bildungssprachlich: *unter jemandes Leitung, Schirmherrschaft:* Griechisch »aigis« (Genitiv: »aigidos«), lateinisch »aegis« ist der magisch wirkende Schild des Göttervaters Zeus.

Die ägyptische Finsternis

bezieht sich auf die Bibelstelle 2. Mose 10,22/23: »Und Mose reckte seine Hand gen Himmel; da ward eine dicke Finsternis in ganz Ägyptenland drei Tage, dass niemand den anderen sah noch aufstund von dem Ort, da er war.«

Ein Alibi besitzen

nachweisen können, dass man zur Zeit einer Straftat nicht am Tatort war: Das lateinische Adverb »alibi« bedeutet »anderswo, anderwärts«. Im Deutschen seit der 2. Hälfte des 18. Jahrhunderts als Substantiv bezeugt, wohl unter französischem Einfluss.

Alt wie Methusalem

umgangssprachlich: *sehr alt:* Dieser Vergleich bezieht sich auf Methusalem, den Großvater Noahs, der nach 1. Moses 5, 27 mit 969 Jahren das höchste Alter der biblischen Urväter erreichte.

Amok laufen

in höchster Erregung mit einer Waffe umherrennen und blindlings alle Menschen, die einem begegnen, verletzen oder töten: malaiisch »amok, amuk« = Raserei, Wut. Vergleiche englisch »to run amuck«. Das Amoklaufen wurde zuerst in Malaysia beobachtet.

(Sich) etwas aus dem Ärmel schütteln

umgangssprachlich: *etwas mit Leichtigkeit schaffen:* Die Wendung erklärt sich aus der Tatsache, dass die Ärmel der spätmittelalterlichen Kleidungsstücke oft sehr weit waren und als Taschen dienten. Man konnte also tatsächlich ohne Weiteres Geldstücke und kleinere Gegenstände aus dem Ärmel schütteln. Bei der Entstehung der Wendung dürfte speziell die Vorstellung der weiten Ärmel der Taschenspieler und Zauberer mitgewirkt haben.

Den Augiasstall ausmisten

gehoben: *eine durch lange Vernachlässigung entstandene große Unordnung mit Mühe beseitigen:* Die Wendung bezieht sich auf die griechische Sage, nach der Herakles die mit 3000 Rindern bestückten und seit 30 Jahren nicht gesäuberten Stallungen des Königs Augias an einem Tag reinigen sollte. Es gelang ihm, indem er zwei Flüsse hindurchleitete.

Etwas ausbaden müssen

umgangssprachlich: *die Folgen von etwas, was meist ein anderer verschuldet hat, tragen müssen:* Die Wendung bezieht sich wahrscheinlich darauf, dass früher im öffentlichen Bad der letzte Badegast das von mehreren Badenden bereits benutzte Badewasser ausgießen und die Wanne reinigen musste. In der übertragenen Bedeutung ist die Wendung seit Ende des 16. Jahrhunderts belegt.

B*b*

(Immer) nur Bahnhof verstehen

umgangssprachlich: *nicht richtig, überhaupt nichts verstehen:* Vermutlich geht die Wendung auf die Soldaten zu Ende des 1. Weltkrieges zurück. »Bahnhof« bedeutete »Entlassung«, »Heimkehr« und war für sie sozusagen das magische Wort. Möglich ist auch die Deutung, dass »Bahnhof« hier als Ausgangspunkt einer Urlaubsreise gesehen wird und jemandes Gedanken so beherrscht, dass er für ein anderes Thema keine Ohren hat.

Durch die Bank

umgangssprachlich: *durchweg, alle ohne Ausnahme:* Die Wendung bezog sich ursprünglich darauf, dass alle, die in derselben Bankreihe sitzen, sozial gleichgestellt sind und keiner irgendwelche Vorteile genießt.

Etwas auf die lange Bank schieben

umgangssprachlich: *etwas aufschieben, hinauszögern:* Die übliche Erklärung bezieht sich auf den Umstand, dass früher bei Gericht die Akten auf den Bänken der Richter und Schöffen lagen. Die, die nicht gebraucht wurden, wurden nach hinten geschoben. Waren sie einmal dort, dauerte es längere Zeit, bis der Fall verhandelt wurde.

Jemandem einen Bären aufbinden

umgangssprachlich: *eine unwahre Geschichte erzählen:* Die Herkunft ist nicht eindeutig geklärt. Duden (Bd. 11, 2002): »Die Wendung geht davon aus, dass es praktisch unmöglich ist, jmdm. (ohne dass er es merkt) einen Bären an- oder aufzubinden.« Andere (z. B. Borchardt und Röhrich): »... dient ›Bär‹ offenbar nur zur Steigerung, um die Last der Lüge besonders deutlich zu machen.«
Ähnlich das »Ullstein-Lexikon der deutschen Sprache« unter »aufbinden«: »vermutlich für gleichbedeutend lateinisch imponere =

(eine Lüge als Last) aufbürden; ›Bär‹ als Inbegriff einer sehr schweren Last.«
Krüger-Lorenzen: »›Bär‹ kommt von dem alten Ausdruck bar, der Last, Abgabe bedeutet. Möglicherweise sind hier auch zwei Redensarten durcheinandergeworfen worden, nämlich das ältere ›einen Bären anbinden‹ für ›Schulden machen‹ oder einem ›etwas aufbinden‹, einem etwas vorlügen.«
Auch Heinrich Heine äußert sich in den »Reisebildern IV« (Italien. Die Stadt Lucca) einmal in der ihm eigenen witzigen Ironie zu der Redensart: »... was ihnen (d. h. den Bären aus Spitzbergen, die Berlin besuchen, um u. a. gut zu essen) oft mehr Geld kostet, als sie mitgebracht: in welchem Falle einer von den Bären so lange dort angebunden wird, bis seine Kameraden zurückkehren und bezahlen, woher auch der Ausdruck ›einen Bären anbinden‹ entstanden ist.« Hier hat die ältere Redensart mit an- die Bedeutung »Schulden machen«.
Noch anders Raab: »Die Redeformel scheint in den Gemarkungen von Wien entstanden zu sein. Von 1828 bis 1832 wohnte der Wiener Dichter Castelli in der Bärenmühle auf der Wieden, wo er seine bärbeißigen Anekdoten schrieb, denen er den Namen ›Wiener Bären‹ gab. Die Wiener Bären enthielten manchen ›kalten Aufschnitt‹, sie wurden schnell berühmt und so entstand bald die Redensart: ›Jemandem einen Bären aufbinden‹.« »Kalter Aufschnitt« (zu: aufschneiden) bedeutet »schwer verdauliche Prahlereien«.

Jemandem einen Bärendienst erweisen

umgangssprachlich: *jemandem einen schlechten Dienst erweisen:* Im Gegensatz zur vorigen ist die Herkunft dieser Redensart bekannt. Zugrunde liegt die Fabel »Der Bär und der Gartenliebhaber« von La Fontaine, in der der Bär dem Gärtner treue Dienste erweist. Eines Tages jedoch, als sich eine lästige Fliege auf der Nasenspitze des schlafenden Gärtners niederlässt, die der Bär nicht mit seiner Pranke verscheuchen kann, packt ihn die Wut und er schmettert mit aller Wucht einen Stein auf die Fliege: Die Fliege war zwar tot, aber der Gärtner auch. Diese Erzählung war in mancherlei Varianten in Europa verbreitet.

Unter den Tieren, die in den Fabeln der Völker auftreten, spielt die Fliege eine gewisse Rolle, von Phädrus über La Fontaine und Gellert bis hin zu Wilhelm Busch.

Auf der Bärenhaut liegen

umgangssprachlich: *faulenzen:* Diese Redensart müsste nicht erläutert werden, wenn sie nicht so einen interessanten Ursprung hätte. Sie geht nämlich auf eine Stelle in der »Germania« des römischen Historikers Tacitus (gest. um 116 n. Chr.) zurück, wo er sich mit den Lebensgewohnheiten der Germanen beschäftigt, wenn sie keinen Krieg führen.

Es heißt da in Kapitel 15: »Wenn die Germanen einmal nicht Krieg führen, so liegen sie der Jagd ob. Häufiger verbringen sie ihre freie Zeit mit Nichtstun, mit Schlafen, Essen und Trinken. Gerade die Tapfersten und Kriegerischsten leben in träger Ruhe dahin. Die Sorge für Haus und Herd sowie die Bestellung des Ackers bleibt den Frauen, den Greisen und überhaupt allen Schwachen überlassen, während die Herren selbst faulenzen.«

Tacitus spricht hier nicht von Bärenhäuten, das ist eine spätere Zutat aus Humanistenkreisen des 16. Jahrhunderts, die die neu entdeckte »Germania« des Tacitus gelesen hatten. Die Bärenhaut spielte schon bei den Germanen eine wichtige Rolle, wie der Artikel »Bärenhaut« in Grimms »Deutschem Wörterbuch« beweist.

Bekannt wurde die Redensart erst im 19. Jahrhundert durch ein Studentenlied »Tacitus und die alten Deutschen«, das Wilhelm Ruer für eine Bierzeitung dichtete:

An einem Sommerabend
im Schatten des heiligen Hains,
da lagen auf Bärenhäuten
zu beiden Ufern des Rheins
verschiedene alte Germanen,
als plötzlich mit freundlichem Gruß
ein Römer kam: »Meine Herren!
Ich heiße Tacitus.«

Barmherziger Samariter

gutmütig-mitleidiger, selbstlos helfender Mensch: nach Lukas 10, 30–37. Ein Mann aus Samarien (bei Luther: Samariter) hilft vorbildlich einem unter die Räuber gefallenen und halb totgeschlagenen Mann aus Jerusalem. Dazu muss man wissen, dass zur Zeit Jesu zwischen der jüdischen Amtskirche in Jerusalem und den Samaritanern Spannungen kultisch-religiöser Art bestanden, dass also der Samariter einem »Feind« half. Jesus stellt öfter den Juden die Samaritaner als Vorbild hin, vertrat also Toleranz gegenüber Gegnern.

Der Bart ist ab!

umgangssprachlich: *die Sache ist erledigt, nun ist Schluss:* vielleicht vor der Jahrhundertwende aufgekommen, als die Vollbärte Kaiser Wilhelms I. und Kaiser Friedrichs III. dem Schnurrbart Kaiser Wilhelms II. gewichen waren. Aber auch an den abgebrochenen Schlüsselbart wäre zu denken.

Um des Kaisers Bart streiten

umgangssprachlich: *überflüssigerweise um etwas Belangloses streiten:* Die Redensart wird von den einen auf den Streit von Gelehrten bezogen, ob Karl der Große einen Bart getragen habe, von anderen – und das ist sehr viel wahrscheinlicher – wird eine volkstümliche Entstellung und Umdeutung aus »Geißenbart« angenommen. »Um Ziegenwolle streiten« ist eine Lehnübersetzung von lateinisch »de lana caprina rixari«.

Der römische Dichter Horaz (gest. 8 v. Chr.) amüsierte sich in seinen »Episteln« über die müßige Frage, ob man Ziegenhaare auch als Wolle (wie beim Schaf) bezeichnen dürfe. Aus der »Ziegenwolle« wurde eine »Geißenwolle« und schließlich ein »Geißenbart«.

(So) einen Bart haben

umgangssprachlich: *schon seit Langem bekannt sein:* Entstanden ist die Wendung zu einer Zeit, als der Vollbart außer Mode kam und jemand, der ihn noch trug, als altmodisch und rückständig betrachtet wurde. Vergleiche den volkstümlichen französischen Ausdruck »la barbe!« = das langweilt mich zu Tode!

Wissen, wo Barthel den Most holt

umgangssprachlich: *alle Kniffe und Tricks kennen:* Der Ursprung der Redensart ist nicht geklärt. Man vermutet u. a. eine Herkunft aus der Gaunersprache: rotwelsch »Barthel« = Brecheisen und »Most« (aus: Moos) = Geld, d. h., beim Einbruch mit einem Brecheisen kommt man ans Geld. Eine andere Deutung: Am St.-Bartholomäus-Tag (24. August) kann man noch keine Weinlese halten, also auch keinen Most haben. Wenn Barthel trotzdem weiß, wo er Most herholen kann, dann ist er ganz besonders gewitzt.

Bäuerchen machen

familiär: *aufstoßen:* entstanden in einer Zeit, in der der Bauer aus städtischer Sicht als grober, ungeschliffener, nach dem Essen rülpsender Kerl betrachtet wurde. Die Verkleinerung (Bäuerchen), im Kreis der Familie üblich, mildert den Ausdruck und zieht ihn ins Kindlich-Niedliche.

In Bausch und Bogen

alles: ein stabreimender Ausdruck der Rechts- und Kaufmannssprache, seit etwa 1700 belegt. Bei einer Grundstücksgrenze war »Bausch« die nach außen gehende, »Bogen« die nach innen gehende Biegung. Sein Besitztum »in Bausch und Bogen verkaufen« bedeutete also »alles verkaufen ohne pedantische Berechnung der einzelnen Abweichungen im Grenzverlauf«. »Im Bausch« (14.–18. Jh.) = im Ganzen genommen. Eine latinisierende, aus der österreichischen Amtssprache stammende Bildung zu »Bausch« ist »Pauschale« = Gesamtbetrag und das Adjektiv »pauschal« = im Ganzen, alles zusammen, ohne in die Einzelheiten zu gehen.

Nie sollst du mich befragen

scherzhaft: *dazu möchte ich mich nicht äußern:* Diese Redensart ist ein Zitat aus Richard Wagners Oper »Lohengrin« (I, 3). Mit diesen Worten verbietet Lohengrin Elsa von Brabant, ihn nach seinem Namen und seiner Herkunft zu fragen, bevor er sich dem König gegenüber bereit erklärt, mit dem Schwert für Elsas Unschuld zu zeugen.

Der Berg kreißte und gebar eine Maus

Vergleiche »Maus«.

In etwas (gut) beschlagen sein

reich an Kenntnissen, gut unterrichtet, bewandert in etwas sein: Die Redensart stammt aus einer Zeit, in der man sich auf dem Pferd fortbewegte. Eigentlich: wie ein gut beschlagenes Pferd (zu etwas) gerüstet sein. Dass man sie so verstand, beweist ein Zitat aus Grimms »Deutschem Wörterbuch«: »Der Kerl ist hinten und vorn beschlagen.«

In die Binsen gehen

umgangssprachlich: *verloren gehen, verschwinden:* von Grimm 1860 im »Deutschen Wörterbuch« noch nicht notiert. Vermutlich aus der Jägersprache: Flüchtete eine Wildente in die Binsen (landschaftlich auch = Schilf), dann war sie für den Hund nicht mehr erreichbar und damit verloren.

Die Binsenweisheit

ist eine Wahrheit, die überall bekannt ist, von jedem begriffen wird. Zur Erklärung zieht man die heute nicht mehr gebräuchliche Redensart »Knoten an einer Binse suchen« heran, d. h. – da die Binse keine Knoten hat wie andere Grasarten – Schwierigkeiten suchen, wo es keine gibt. Die Binsenweisheit ist also eine binsenglatte Wahrheit ohne das Verständnis erschwerende Problematik. Die Redensart gibt es schon im Lateinischen: »notum in scirpo quaerere« = einen Knoten an der Binse suchen.

Blabla reden

umgangssprachlich: *nichtssagendes Gerede, Geschwätz von sich geben:* weder aus der französischen (bla-bla) noch aus der amerikanischen Umgangssprache (blahblah, blah-blah), sondern offenbar deutsch, wie Röhrich im »Lexikon der sprichwörtlichen Redensarten« nachgewiesen hat. Er zitiert dort einen Spruch auf einem alten Wandfresko in St. Georg auf der Insel Reichenau: »Ich wil hie shribvn/von disen tumben wibvn/was hie wirt plapla gvsprochvn.« Das lautmalende Wort ist sicher eine eigenständige

Schöpfung und nicht von einer Sprache in die andere gewandert.

Einen blauen Montag machen, blaumachen

umgangssprachlich: *aus eigenem Entschluss nicht arbeiten, der Arbeit fernbleiben:* Der »blaue Montag« war im Mittelalter ein von den Handwerksgesellen aus den verschiedensten Gründen beanspruchter freier Tag, der den Meistern und der Obrigkeit mehr oder weniger ein Dorn im Auge war. Er hieß ursprünglich (seit dem 14. Jahrhundert) »guter Montag«; erst seit der Mitte des 17. Jahrhunderts setzte sich allmählich der »blaue Montag« durch. Warum der Montag »blau« genannt wurde, ist bis heute ein Rätsel geblieben, trotz zahlloser Deutungsversuche, die alle aufzuführen hier nicht möglich ist.

Dass gerade der Montag gewählt wurde, hängt vielleicht damit zusammen, dass man größere Feste, die am Sonntag gefeiert wurden, auf den Montag ausdehnte, in Anlehnung an die zweitägigen hohen Kirchenfeste an Ostern, Pfingsten und Weihnachten. Der Montag war auch als Versammlungstag beliebt. »Guter Montag« hieß z. B. die Versammlung der vollberechtigten Bauern eines Dorfes, das Heimgericht. Innungsversammlungen wurden gerne montags abgehalten.

Ein blauer Brief

umgangssprachlich: *Entlassungsschreiben:* Der Ausdruck geht auf die blauen Umschläge für frühere preußische amtliche Schreiben zurück, in denen Offiziere aufgefordert wurden, ihren Abschied einzureichen. Auch die Mahnschreiben des Lehrers wegen gefährdeter Versetzung kamen in blauen Umschlägen.

Blaues Blut

scherzhaft: *adlige Abkunft:* spanisch »sangre azul« = blaues Blut. In den Adern der hellhäutigen westgotischen Adligen im Spanien des 5. und 6. Jahrhunderts schimmerte das Blut bläulich im Gegensatz zu dem der dunkleren einheimischen Bevölkerung.

Durch die Blume, verblümt

nur andeutend, verhüllend: vielleicht aus der Blumensprache, in der manche Blumen eine bestimmte symbolische Bedeutung haben. Denkbar ist auch die Herleitung aus der mit »Redeblumen« (mittelhochdeutsch »redebluome«), d. h. mit Floskeln (lateinisch »flosculus« = Blümchen, Redeschmuck) vorgetragenen und dadurch oft nicht direkten, präzisen, eindeutigen, unmissverständlichen Ausdrucksweise.

Blut ist dicker als Wasser

verwandtschaftliche Bindungen sind stärker als alles andere: Die Redensart, die als »blood is thicker than water« im Englischen ebenso gebräuchlich ist wie im Deutschen, wurde besonders populär durch Wilhelm II., der sich damit seit 1896 wiederholt auf die Verwandtschaft der Throne Deutschlands und Großbritanniens berief.

Einen Bock schießen

umgangssprachlich: *einen Fehler machen:* In den alten Schützengilden war es Brauch, dem schlechtesten Schützen als Trostpreis einen Bock zu spenden. Die Redensart ist seit dem Ende des 17. Jahrhunderts belegt. Dazu gehört »etwas verbocken«.

Jemanden ins Bockshorn jagen, oft verneint: sich nicht ins Bockshorn jagen lassen

umgangssprachlich: *jemanden unsicher machen, einschüchtern:* Durch Luther hat sich die Verbindung mit »jagen« durchgesetzt. Der Ursprung ist nicht geklärt. Manche nehmen die Redensart wörtlich, ohne den Sinn überzeugend darzulegen. Andere versuchen sich an übertragenen Deutungen. Röhrich (1991) bespricht ausführlich neun Erklärungen und kommt zu dem Schluss: »Keine der genannten Deutungen und Erklärungen kann Allgemeingültigkeit beanspruchen ... Trotzdem ist die Redensart noch heute allgemein verbreitet und beliebt ... Gerade das Rätselhafte, das nicht ohne Weiteres Verständliche, trug mit zu ihrer Erhaltung bei.«

Den Bogen heraushaben

umgangssprachlich: *etwas gut können, beherrschen:* Während die einen auf das straffe Spannen des Bogens hinweisen, das man »heraushaben« muss, um weit schießen zu können, denken andere an den Bogen beim Schlittschuhlaufen.

Etwas kommt jemandem böhmisch vor, ist für jemanden ein böhmisches Dorf, sind für jemanden böhmische Dörfer

umgangssprachlich: *jemand versteht etwas nicht, etwas kommt jemandem seltsam vor:* Für die Deutschen waren die slawischen Namen der Dörfer in Böhmen fremd und unverständlich. Vergleiche »spanisch«.

Dumm wie Bohnenstroh

umgangssprachlich: *sehr dumm:* in vernachlässigter Logik entstanden aus der älteren Fügung »grob wie Bohnenstroh«. Hans Sachs: »Er ist gröber denn das ponstro.« Arme, ungebildete (und daher als dumm geltende) Menschen konnten nicht einmal auf Stroh schlafen, sondern mussten sich mit dem harten, groben getrockneten Kraut der Futterbohne begnügen.

Die Botschaft hör ich wohl

gehoben scherzhaft: *das klingt nicht sehr glaubhaft, ich bin skeptisch:* Bei dieser Redensart handelt es sich um ein geflügeltes Zitat aus Goethes »Faust« (Teil 1, »Nacht«). Die Verszeile lautet vollständig: »Die Botschaft hör ich wohl, allein mir fehlt der Glaube«. Es sind die Worte, mit denen Faust den Verlust seines Glaubens konstatiert, als bei seinem Versuch, Gift zu nehmen, »Glockenklang und Chorgesang« zu ihm hereindringen und der »Chor der Engel« die Auferstehung Christi verkündet.

In der Bredouille sitzen, in die Bredouille geraten

umgangssprachlich, mundartlich: *in eine unangenehme, bedrängte Lage kommen:* zu Beginn des 19. Jahrhunderts aus französisch »être dans la bredouille« übernommen (»bredouille« = Matsch, Dreck). Die französische Wendung ist heute nicht mehr gebräuchlich. In den deutschen Mundarten z.T. völlig zersprochen: bairisch »Bredulti«; niederdeutsch »Perdoll, Padoll«; sächsisch »Bredullche«; südhessisch »Bredulje, Bradulje«.

Jemandem Brief und Siegel (auf etwas) geben

jemandem etwas fest zusichern, garantieren: Die Wendung geht von »Brief« in der alten »Urkunde« aus, meint also eigentlich »jemandem Urkunde und Siegel«, also vollgültigen Rechtsanspruch, geben.

Ein Buch mit sieben Siegeln

etwas bleibt jemandem unverständlich, ein Geheimnis: Die Fügung geht auf die Offenbarung des Johannes (5, 1) zurück, wo es heißt: »Und ich sah in der rechten Hand des, der auf dem Stuhl saß, ein Buch versiegelt mit sieben Siegeln.«

Sich auf seine vier Buchstaben setzen

umgangssprachlich: *sich hinsetzen:* Vier Buchstaben hat das Wort »Popo«, das familiär und umgangssprachlich für »Gesäß« gebraucht wird und durch Verdoppelung der Anfangssilbe Po- von »Podex« (lateinisch »podex« = Gesäß) entstanden ist.

Auf den Busch klopfen

umgangssprachlich: *etwas von jemandem zu erfahren suchen, ohne direkt zu fragen:* eine Redensart aus der Jägersprache. Der Jäger suchte durch Schlagen auf einen Busch zu erfahren, ob sich in ihm ein Tier versteckt hielt. Schon mittelhochdeutsch »uf den busch trischen« (= dreschen). In dem Gedicht »Der weiße Hirsch« von Uhland sagt der erste Jäger: »Mir hat geträumt, ich klopf' auf den Busch, da rauschte der Hirsch heraus, husch, husch!«

Cc

Chacun à son goût

bildungssprachlich: *jeder nach seinem Geschmack, wie es ihm gefällt:* Die Redensart wurde vor allem durch das Couplet des Prinzen Orlowsky aus der Operette »Die Fledermaus« (II) von Johann Strauß (1825–99) bekannt. Der Refrain des Couplets lautet: »'s ist mal bei mir so Sitte,/Chacun à son goût.« Der von C. Haffner und R. Genée verfasste Text stützt sich auf das Vaudevillestück »Réveillon« von Henri Meilhac und Ludovic Halévy.

Cherchez la femme

bildungssprachlich: *dahinter steckt bestimmt eine Frau!:* Die Redensart ist ein Zitat aus dem Drama »Les Mohicans de Paris« (II, 13) von A. Dumas d. Ä. (1802–70) und geht möglicherweise auf eine Stelle in den Satiren des römischen Dichters Juvenal zurück, der die Frau zur Hauptursache aller Rechtsstreitigkeiten erklärte: *Nulla fere causa est, in qua non femina litem moverit* (»Es gibt kaum einen Prozess, bei dem nicht eine Frau den Streit ausgelöst hätte«).

Dd

Jemandem aufs Dach steigen

umgangssprachlich: *jemanden schelten, zurechtweisen:* ein alter Rechtsbrauch: Wer sich etwas hatte zuschulden kommen lassen, dem wurde zur Strafe gelegentlich das Dach seines Hauses abgedeckt. Ursprünglich bei so genannten »Friedlosen«, d. h. Geächteten, später u. a. bei anstößigem Verhalten in der Ehe, besonders dann, wenn sich ein Mann von seiner Frau schlagen ließ.

Sein Damaskus erleben

bildungssprachlich: *ein neuer Mensch werden, zu etwas bekehrt werden:* Kapitel 9 der Apostelgeschichte schildert die Bekehrung des Christenverfolgers Saulus nahe Damaskus, wodurch dieser zum (nun christlich gewordenen) Paulus wurde (Kap. 13, 9: »Saulus aber, der auch Paulus heißet …«).

Ein Damoklesschwert über sich hängen haben

bildungssprachlich: *eine beständige Bedrohung zu erwarten haben:* Damokles war ein Günstling des Tyrannen Dionysios I. (nach anderen: II.) von Syrakus (um 400 v. Chr.), der den Herrscher um seine Macht und sein Glück beneidete. Dionysios ließ daraufhin bei einem opulenten Mahl über dem Haupt des Damokles ein Schwert an einem dünnen Rosshaar befestigen, um ihm die ständige Bedrohung jedes Glücks vor Augen zu führen. Dies berichtet Cicero in seinen Gesprächen in Tusculum über den Weg zur Glückseligkeit.

Ein Danaergeschenk für jemanden sein

bildungssprachlich: *ein Unheil bringendes Geschenk für jemanden sein:* Die Redensart ist erst Ende des vorigen Jahrhunderts bei uns aufgekommen. In Homers »Ilias« werden die Griechen »Danaer« genannt, nach dem Namen eines alten griechischen Stammes. Bei dem Geschenk handelt es sich um das den Trojanern überlassene sogenannte »Trojanische Pferd«, ein riesiges Holzpferd, in dem griechische Krieger versteckt waren, die in der Nacht ihren Kampfgenossen die Tore Trojas öffneten.

Jemandem die Daumen drücken

umgangssprachlich: *jemandem in Gedanken Erfolg (in einer Sache) wünschen:* vielleicht für lateinisch »pollicem premere« = den Daumen einschlagen, um jemandem beim Spiel Glück zu bringen. Der Daumen spielt im Aberglauben eine bedeutende Rolle. Möglicherweise haben bei der Wendung Vorstellungen des germanischen Volksglaubens mitgespielt, wo der Daumen als Glücksfinger galt und das Einschlagen des Daumens z. B. vor Dämonen und Albträumen schützte.

Mit dem Daumen nach unten zeigen

ablehnend reagieren; seine Missbilligung zum Ausdruck bringen: Vermutlich handelt es sich bei dieser Wendung um eine Lehnübersetzung aus dem Englischen (»to give the thumbs down«). Die Geste als solche ist nicht neu, sondern führt zu den Gladiatorenkämpfen im alten Rom, wo sie das Zeichen war, mit dem die Zuschauermenge einen besiegten Gladiator zum Tod verurteilte – im Gegensatz zum erhobenen Daumen als Zeichen, dass sein Leben geschont werden sollte.

Jemandem Daumenschrauben ansetzen

jemanden unbarmherzig zu etwas zwingen: Grimm, »Deutsches Wörterbuch«: »Daumenschraube, ein eisernes Schraubzeug, das beim Foltern an das mittlere Gelenk des Daumens gelegt ward ... Die Daumenschrauben anlegen, aber bald wieder nachlassen, war der erste Grad der Folter, der folgende die Daumenschrauben zuschrauben.«

(Mit jemandem) unter einer Decke stecken

umgangssprachlich: *(mit jemandem) in geheimem Einverständnis stehen:* Die Wendung geht auf einen mittelalterlichen Rechtsbrauch bei der Eheschließung zurück und bezieht sich zugleich darauf, dass im Mittelalter Waffenbrüder und Freunde zu zweit in einem Bett schlafen konnten.

(Der) Dernier Cri sein

neueste Mode sein: Lehnübersetzung der in ihrem Ursprung nicht geklärten französischen Fügung ist »letzter Schrei«.

Deus ex Machina

bildungssprachlich: *im richtigen Augenblick sich einstellender Helfer bei der Lösung eines schwierigen Problems:* wörtliche Übersetzung aus dem Lateinischen: Gott aus der Maschine. Gemeint ist eine Theatermaschinerie, mit deren Hilfe in manchen antiken Dramen der Darsteller einer Gottheit aus der Höhe auf die Bühne schwebte, um konfliktlösend in das Geschehen einzugreifen.

Keinen Deut, nicht einen Deut

überhaupt nicht, ganz und gar nicht: seit dem 18. Jahrhundert üblich. »Deut« (niederländisch »duit«) war ursprünglich eine niederländisch-niederrheinische Silbermünze des 14. Jahrhunderts, die mit immer geringerem Wert (im 16. Jahrhundert Kupfermünze) bis ins 19. Jahrhundert im Umlauf war. Die Kaufkraft der Münze war schließlich von sprichwörtlich geringem Wert. Die Herkunft des Wortes erinnert an die frühe Zeit, in der abgeschnittenes, abgehauenes Edelmetall als Zahlungsmittel kursierte. Deut ist die »abgehauene« Münze.

Donner und Doria

umgangssprachlich: *Ausruf des Erstaunens, der Verwünschung:* In Schillers »Die Verschwörung des Fiesco zu Genua« benutzt der ungehobelte Gianettino Doria seinen Namen zur Abwandlung der Verwünschung »Donner und Blitz«; beide Formen stehen heute im Sprachgebrauch nebeneinander.

Jemandem ein Dorn im Auge sein

jemandem unerträglich sein: Der Ursprung dieser Redensart ist eine Bibelstelle. In 4. Mose 33, 55 heißt es: »Werdet ihr aber die Einwohner des Landes nicht vertreiben ..., so werden euch die, die ihr überbleiben lasst, zu Dornen werden in euren Augen.« Luther benutzte allerdings eine schon im Mittelhochdeutschen belegte Redewendung, z. B. in Strickers »Karl«, einer Bearbeitung des Rolandsliedes aus dem 13. Jahrhundert: »er (= Karl der Große) ist ein helt ze handen und sinen vianden (= Feinden) in den ougen ein dorn.« Durch Luther blieb die Redensart erhalten.

Auf Draht sein

umgangssprachlich: *auf der Höhe, tüchtig, wendig sein:* Der Ursprung dieser jungen Redensart ist ungeklärt. Vielleicht war der Telegrafendraht gemeint, mit dessen Hilfe jemand rasch Dienstleistungen für sich anfordern konnte.

Den Drehwurm haben, bekommen, kriegen

umgangssprachlich: *schwindlig sein, werden:* »Drehwurm« ist die volkstümliche Bezeichnung für die Finne des Hundebandwurms, die besonders bei Schafen zwanghafte Drehbewegungen auslöst. Die Drehkrankheit endet tödlich.

Seinen Dreier zu etwas geben

umgangssprachlich: *seine (unbedeutende) Meinung zu etwas kundtun:* »Dreier« war vom 16. bis zum 19. Jh. die Bezeichnung für das 3-Pfennig-Stück, also für etwas nicht sehr Wertvolles.

Im Dunkeln ist gut munkeln

im Dunkeln kann man sich gut Heimlichkeiten sagen: im 17. Jahrhundert überliefert als »im Dunklen ist gut munkeln«. Mit dem Verb »munkeln« sind nur ungenaue Vorstellungen verbunden. Es ist eine Iterativbildung (Wiederholungsverb) zu »munken« = etwas heimlich und versteckt tun und bedeutet so viel wie wiederholt munken, leise und heimlich reden, undeutlich murmeln. Bekannter ist noch die Bedeutung »als Gerücht heimlich verbreiten«: Man munkelt so allerlei.

Jemandem blauen Dunst vormachen

umgangssprachlich: *jemandem etwas vortäuschen:* Die Zauberer ließen früher bei ihren Tricks oft blauen Rauch aufsteigen. Die Zuschauer sollten dadurch am genauen Beobachten gehindert werden. Da aber »blau« vor allem in der älteren Sprache die Farbe der Täuschung, Verstellung und Lüge ist und »Dunst« nach Grimms »Deutschem Wörterbuch« u. a. »das Nichtige, Vergängliche, Betäubende, Täuschende, Betrügliche in vielfachen Beziehungen« ausdrückt, muss man nicht unbedingt die Zauberer bemühen. Für Grimm ist daher »blauer Dunst« so viel wie »falscher Schein, lügenhafte Vorspiegelung«.

E *e*

Jemanden um die Ecke bringen

salopp: *jemanden umbringen:* Auszugehen ist von »Ecke« in der Bedeutung »Haus-, Straßenecke«. Eingewirkt hat sicher, dass Verbrecher früher oft hinter Straßenecken lauerten und Passanten in stillere Seitenstraßen zerrten, um sie dort auszurauben.

Etwas aus dem Effeff können, verstehen

umgangssprachlich: *etwas gut beherrschen:* »Effeff« ist die Aussprache von ff, das aus der Kaufmannssprache stammen soll. Das einfache f bedeutet »fein« (italienisch »fino«), das doppelte ff »sehr fein« (italienisch »finissimo«). Eine andere Erklärung stammt aus dem Bereich der Musik. Grimm meint im »Deutschen Wörterbuch«: »... bezieht sich auf das Zeichen ff in der Musik für fortissimo und will sagen, mit Nachdruck ausführen. Schläge aus dem ff (efef) ›tüchtige‹.« Dann müsste sich die Bedeutung gewandelt haben.

Das Ei des Kolumbus

überraschend einfache Lösung eines schwierigen Problems: Seit dem 17. Jh. wird von Kolumbus erzählt, dass er auf den provozierenden Einwurf, die Entdeckung der Neuen Welt sei gar nicht so schwierig gewesen, ein Ei nahm und seine Tischgenossen fragte, wer das Ei auf seine Spitze stellen könne. Niemand vermochte es. Kolumbus drückte das eine Ende des Eis ein, sodass es stand. Er wollte damit andeuten, dass man, um eine schwierige Aufgabe lösen zu können, zur richtigen Zeit den richtigen Einfall haben müsse, was nicht jedem vergönnt sei. Da aber der italienische Kunsthistoriker Vasari das Gleiche von dem florentinischen Renaissancebaumeister Brunelleschi (gest. 1446) berichtete, ist zu vermuten, dass das Motiv anderen (wahrscheinlich orientalischen) Ursprungs ist.

Noch ein Eisen im Feuer haben

mehr als eine Möglichkeit haben: Die Wendung hat ihren Ursprung im Schmiedehandwerk. Der Schmied hat meistens mehrere Eisen zum Schmieden in der Feuerschüssel, damit er seine Arbeit nicht zu unterbrechen braucht.

(Aller)höchste Eisenbahn

umgangssprachlich: *höchste Zeit:* Der Berliner Schriftsteller Adolf Glaßbrenner (1810–76) charakterisiert in seiner Humoreske »Ein Heiratsantrag in der Niederwallstraße« von 1847 die Zerstreutheit des um die Hand der Tochter des Wohnungsinhabers anhaltenden Briefträgers Bornike mit einigen »Versprechern«, darunter dem folgenden (Bornike ist eingefallen, dass die Post, die mit der Eisenbahn aus Leipzig kommt und die er austragen muss, schon vor längerer Zeit eingetroffen ist): »Es ist die allerhöchste Eisenbahn, die Zeit ist schon vor drei Stunden anjekommen.«

Im Elfenbeinturm leben, sitzen

tadelnd von Künstlern oder Wissenschaftlern: *sich, von den Anforderungen der Gesellschaft und der Umwelt unberührt, nur der eigenen schöpferischen Arbeit widmen:* »Elfenbeinturm« ist Lehnübersetzung des französischen »tour d'ivoire«, ein Ausdruck, mit dem der französische Literaturkritiker Sainte-Beuve (1804–69) 1837 den französischen romantischen Schriftsteller Alfred de Vigny (gest. 1863) – in positivem Sinne – charakterisierte. Vergleiche das Hohe Lied 7, 5, wo der Hals der geliebten Freundin mit einem »elfenbeinernen Turm« verglichen wird.

Etwas/jemanden mit gleicher Elle messen

etwas/jemanden gleich werten, gleich behandeln: Die Elle ist eine alte Maßeinheit; auch ein zum Abmessen von Tuch verwendeter Stab von einer Elle Länge wurde so bezeichnet. Die Maßeinheit war aber sehr uneinheitlich festgelegt und schwankte in einzelnen Städten und Regionen um mehrere Zentimeter.

Ein Ende mit Schrecken nehmen

böse enden: In Psalm 73, 19 übersetzt Luther wie folgt: »Wie werden sie (= die Gottlosen) so plötzlich zunichte! Sie gehen unter und nehmen ein Ende mit Schrecken.« Dies variierte der preußische Offizier Ferdinand von Schill (1776–1809) in einer Rede, die er am 12. Mai 1809 auf dem Marktplatz in Arneburg a. d. Elbe hielt. In Bezug auf die Niederlagen Preußens gegen Napoleon und Schills Bestreben, eine allgemeine Erhebung gegen Napoleon auszulösen, rief Schill den Versammelten zu: »Lieber ein Ende mit Schrecken als ein Schrecken ohne Ende.« Für ihn und seine Husaren war es dann auch ein Ende mit Schrecken: Schill selbst fiel 19 Tage später im Straßenkampf in Stralsund, elf seiner Offiziere wurden standrechtlich erschossen und über 500 Soldaten auf die Galeeren geschickt.

Mit Engelszungen reden

in sanftem Ton, aber beredt und eindringlich sprechen, um jemanden zu überzeugen oder zu überreden: Auch diese Redensart stammt wie so viele andere aus Luthers Bibelübersetzung. In 1. Kor. 13, 1 heißt es: »Wenn ich mit Menschen- und mit Engelzungen redete und hätte der Liebe nicht, so wäre ich ein tönend Erz oder eine klingende Schelle.«

Erhebe dich, du schwacher Geist!

scherzhaft: *steh auf!:* Ein Weihnachtslied des Kirchenliederdichters und Pfarrers Johann Rist (1607–67) beginnt mit der Mahnung: »Ermuntre dich, mein schwacher Geist!« Scherzhaft in obiger Form abgewandelt.

Auf etwas erpicht sein

auf etwas begierig sein: Die wörtliche Bedeutung ist »wie mit Pech an etwas festgeleimt sein«. Die Redensart ist im 16. Jahrhundert aufgekommen. Eine Nebenform »verpicht« (17. Jahrhundert) setzte sich nicht durch.

Mit etwas ist es Essig

umgangssprachlich: *etwas kommt nicht mehr zustande, mit etwas ist es vorbei:* Die Wendung bezieht sich darauf, dass Wein, der zu

Essig versäuert, nicht mehr genießbar ist und weggeschüttet werden kann.

Eulen nach Athen tragen

bildungssprachlich: *etwas Überflüssiges tun:* Die Eule (der Steinkauz) war in Athen und Attika ein häufig vorkommender Vogel. Sie war ein Attribut der Athene, der Schutzgöttin der Stadt, wurde als kluger Vogel verehrt und schmückte seit dem 6. Jahrhundert auch die attischen Münzen. Der griechische Komödiendichter Aristophanes lässt in seinem Theaterstück »Die Vögel« eine Eule auftreten, worauf gefragt wird: »Wer hat die Eule nach Athen gebracht?« – mit dem unausgesprochenen Nachsatz: Dort sind doch schon so viele.

F *f*

Nicht (lange) fackeln

umgangssprachlich: *nicht lange zögern:* Die Redensart wird gewöhnlich mit dem unruhigen, flackernden, schwankenden Brennen der Fackel in Verbindung gebracht, das ins Übertragene gewendet und verneint das Gegenteil des Schwankens ausdrückt.

Den Faden verlieren

beim Sprechen plötzlich den gedanklichen Zusammenhang verlieren: Die hier übertragen gebrauchte Wendung bedeutet wörtlich »den Faden beim Garnwickeln, Spinnen oder dgl. aus der Hand rutschen lassen«.

Das Fazit aus etwas ziehen

die Ergebnisse von etwas zusammenfassen: früher »Facit« geschrieben. In den lateinischen Rechenbüchern aus spätmittelhochdeutscher Zeit und im kaufmännischen Rechnungswesen bedeutet »facit« so viel wie »es macht, macht zusammen«. Das

Wort ist die 3. Person Singular Präsens von lateinisch »facere« = machen, tun.

Sich mit fremden Federn schmücken

sich die Verdienste anderer zurechnen: eine Redensart, die in vielen europäischen Sprachen verbreitet ist, z. B. englisch »to strut in borrowed plumes«; ähnlich französisch »se parer des plumes du paon« = sich mit den Federn des Pfaus schmücken, ebenso italienisch »coprirsi con le penne del pavone«; dänisch »smykke sig med lante fjer« = sich mit geliehenen Federn schmücken; serbokroatisch »ukrasiti se tuđim perjem« usw. Die Redensart geht auf eine alte Fabel zurück. Als Ursprung kommen sowohl »Die Dohle und die Eule« des Griechen Äsop (6. Jh. v. Chr.) als auch die Fabel des Römers Phädrus von der Krähe, die sich mit Pfauenfedern schmückt (1. Jh. n. Chr.), infrage.

Nicht viel Federlesens machen

nicht viele Umstände, kurzen Prozess machen, nicht zögern: Im Spätmittelalter galt es als kriecherisch, vornehmen Herren oder Frauen die Federn oder Flocken von den Kleidern zu lesen. Grimm im »Deutschen Wörterbuch«: »Oft drückt ›federlesen‹ wie vorhin ›federklauben‹ aus: liebkosen, schmeicheln, der um Liebe oder Gunst Werbende liest von dem Gewande der Frau oder des vornehmen Herrn die Flocken ab, bildlich, sucht deren Vergehen zu entschuldigen.« Später (im 16. Jahrhundert) wandelte sich die Bedeutung: Wer penibel und ausdauernd auf seinem Rock oder Kleid jedes kleinste Federchen oder Flöckchen ablas, verschwendete nur seine Zeit und machte sich damit viel Umstände, bevor er eine nutzbringende Tätigkeit aufnehmen konnte.

Mit einem Federstrich

durch eine kurze schriftliche Verfügung, kurzerhand: Die Fügung geht, wie auch die Redensarten **zur Feder greifen, eine spitze Feder führen** u. a. auf eine Bedeutung von »Feder« zurück, die vom heutigen Verständnis abweicht: Gemeint war ursprünglich der Kiel der Vogelfeder, der zum Schreiben mit Tinte diente, dann eine nachgebildete Feder aus Metall samt dem Tintenfass.

Es gibt einige Ausdrücke, deren Grundbedeutung heute nicht mehr bekannt ist, die aber in Redensarten überlebt haben, z. B. Papier (ursprünglich aus dem Bast der **Papyrus**staude hergestellt), Brille (ursprünglich geschliffene **Berylle**) oder Bleistift (ursprünglich aus **Blei**, heute aus Grafit; vergleiche **Pfifferling**).

Jemandem den Fehdehandschuh hinwerfen

gehoben: *jemanden zum Streit herausfordern,* **den (Fehde)handschuh aufnehmen** *(eine Herausforderung zum Streit annehmen):* Die im 18. Jh. aufgekommenen Redensarten beruhen auf einer mittelalterlichen Sitte: Wenn ein Ritter von einem anderen beleidigt wurde, warf er diesem einen Handschuh vor die Füße als Zeichen der Herausforderung zum Kampf. Wurde er aufgenommen, galt der Kampf als akzeptiert. Schiller verwendete das Motiv des Handschuhaufnehmens in seinem Gedicht »Der Handschuh«.

Etwas als Feigenblatt benutzen

etwas als Vorwand benutzen, um etwas zu verbergen, zu bemänteln, zu verhüllen: 1. Mose 3, 7 berichtet von Adam und Eva nach dem Sündenfall: »Da wurden ihrer beider Augen aufgetan und wurden gewahr, dass sie nacket waren; und flochten Feigenblätter zusammen und machten sich Schurze.« Daher stammt auch die im späteren Mittelalter üblich gewordene Sitte, die Geschlechtsteile auf Bildwerken durch ein Feigenblatt zu verhüllen.

Feld

In den übertragen gebrauchten Wendungen **das Feld behaupten, beherrschen, räumen, streitig machen, überlassen; aus dem Feld schlagen; ins Feld führen; zu Felde ziehen** ist ursprünglich das Schlachtfeld gemeint. Die Redensart **ein weites Feld sein** *(ein Gebiet sein, zu dem sich vieles sagen ließe)* wird gewöhnlich mit Theodor Fontane in Verbindung gebracht, der am Schluss seines Romans »Effi Briest« von 1894 Effis Vater zu seiner Frau sagen lässt: »Ach Luise, lass ..., das ist ein zu weites Feld.« Die Redensart ist aber älter: In Adalbert Stifters Roman »Der Nachsommer« von 1857 heißt es: »Das ist ein weites Feld, von dem Ihr da redet«, sagte ich, »und da steht der menschlichen Erkenntnis ein nicht unwichtiger Gegenstand gegenüber« (der Gegenstand ist die Witterungskunde). Die Wendung ist sicher literarischen Ursprungs.

Jemandem schwimmen die Felle fort

jemandes Hoffnungen zerrinnen: Die Wendung stammt vermutlich aus den Berufserfahrungen des Lohgerbers, wenn er für seine Felle ein fließendes Gewässer benutzen musste.

Fersengeld geben

umgangssprachlich: *davonlaufen, fliehen:* schon mittelhochdeutsch: »versengelt geben« = davonlaufen, statt zu kämpfen oder zu zahlen (Grimm, »Deutsches Wörterbuch«). Der Begriff stammt aus der Rechtssprache und bedeutete eine Abgabe, über deren genaue Bedeutung man sich allerdings nicht einig ist. Vielleicht liegt auch nur ein Volkswitz zugrunde: Wer nicht zahlen konnte, entfloh und zeigte dem Gläubiger nur noch die Fersen, die mit springenden Geldstücken verglichen wurden.

Jemanden auf etwas festnageln

jemanden auf eine bestimmte Äußerung gegenüber der Öffentlichkeit festlegen: In übertragenem Sinn ist »festnageln« seit dem 19. Jh. in verschiedenen Verwendungen belegt, nicht allein in der obigen Bedeutung. Mit dem ländlichen Brauch, tote Greifvögel oder Schädlinge an das Hof- oder Scheunentor zu nageln, hat die Redensart wohl ursprünglich nichts zu tun, obwohl gelegentlich literarisch darauf Bezug genommen wird.

Ins Fettnäpfchen treten

umgangssprachlich: *es durch Unachtsamkeit oder Ungeschicklichkeit mit jemandem verderben:* Müller-Fraureuth, Verfasser eines Wörterbuches der obersächsischen und erzgebirgischen Mundarten (1911–14), erklärt die Redensart so: Im erzgebirgischen Bauernhaus stand gewöhnlich an der Wand zwischen Stubentür und Ofen ein Näpfchen mit Fett, aus dem der Heimkehrende seine nassen Stiefel sogleich wieder einfetten konnte. Kippte er einmal unachtsam oder ungeschickt mit einem falschen Tritt das Näpfchen um, sodass es auf dem Fußboden zu Flecken kam, erzürnte er damit die Hausfrau. 1862 wird die Redensart sogar in Grimms »Deutschem Wörterbuch« notiert: »Fettnäpfchen, n[eutrum] es heißt: damit wirst du ihm schön ins Fettnäpfchen treten = damit wirst dus bei ihm verschütten.«

Die Feuerprobe bestehen

sich bei etwas Ungewöhnlichem oder Schwierigem zum ersten Mal bewähren: Grimm führt die Redensart 1862 im »Deutschen Wörterbuch« auf das alte Gottesurteil zurück, das den Angeklagten zwang, einen glühenden Rost zu überschreiten oder ein glühendes Eisen anzufassen bzw. zu tragen. Heute ist man meist der Ansicht, dass es sich um die Prüfung von Gold und anderen Edelmetallen durch Feuer handelt, die vorgenommen wurde, um die Echtheit nachzuweisen. Sie ist schon aus der Antike bekannt und mehrere Bibelstellen beziehen sich auf sie, z. B. die Sprüche Salomos 17, 3: »Wie das Feuer Silber und der Ofen Gold, also prüfet der Herr die Herzen.«

Ein Fiasko sein/ein Fiasko erleben, erleiden

ein Misserfolg sein/einen Reinfall erleben, erleiden: Die Redensart kommt im 19. Jh. vermutlich über das Französische (»faire fiasco«) aus dem Italienischen zu uns: »far fiasco« = versagen, durchfallen. In der Übertragung zuerst auf Künstler, Schauspieler, Sänger und Sängerinnen sowie auf Theaterstücke angewendet, hat sie (nach Röhrich) einen ganz konkreten Ursprung in der venezianischen Glasbläserei, bei der es gelegentlich zu missratenen Flaschen (»fiasco« = Flasche) kam.

Die Flasche wurde so zum Sinnbild des Versagens und sie wurde Schauspielern und Sängern statt eines Lorbeerkranzes umgehängt, wenn sie schlecht spielten oder sangen. Das italienische Wort »fiasco« geht übrigens auf die (erschlossene) germanische Form »flasko« zurück, die neuhochdeutsch »Flasche« ergeben hat. Auch unser Wort »Flasche« hat die umgangssprachliche Bedeutung »Versager«. Diese leitet sich von der Vorstellung der leeren Flasche her, die nutzlos geworden ist.

Kein Fiduz zu etwas haben

umgangssprachlich: *keinen Mut, kein Zutrauen,* auch: *keine rechte Lust zu etwas haben:* Im 18. Jh. wurde lateinisch »fiducia« = Vertrauen ins Deutsche übernommen und drang über die Studentensprache rasch in die Volkssprache und in die Mundarten ein, so u. a. ins Sächsische, Hessische, Badische und Rheinische.

Sich etwas aus den Fingern saugen

umgangssprachlich: *einen Sachverhalt frei erfinden:* Die bereits 1512 in Thomas Murners Satire »Narrenbeschwörung« belegte Wendung leitet sich möglicherweise aus dem alten Volksglauben her, wonach das Saugen an einem in Blut oder in eine Zauberflüssigkeit getauchten Finger Weisheit vermittelt bzw. wonach die Finger als solche Mitteilungsfähigkeit besitzen.

Fisimatenten machen

umgangssprachlich, auch mundartlich (so schwäbisch, badisch, hessisch, rheinisch u. a.): *sich herausreden wollen, Ausflüchte, Einwände, Umstände machen,* oft verneint gebräuchlich: Eine sichere Deutung ist bisher nicht gelungen. Meist wird es als Kreuzung aus lateinisch »visae patentes (literae)« = ordnungsgemäß geprüftes Patent (dessen Erteilung oft langwierige bürokratische Schwierigkeiten machte) und mittelhochdeutsch »visament(e)«, »visimente« (= Beschreibung eines Wappens, Zierrat, aus altfranzösisch »visement« = Aussehen) betrachtet. Die Volksetymologie bemächtigte sich dieses seltsam klingenden Wortes: Zur Zeit der Revolutionskriege sollen französische Offiziere deutsche Mädchen aufgefordert haben, ihr Zelt zu besuchen (»visitez ma tente!«). Das Gleiche wurde dann auch auf spanische Soldaten übertragen: »Visita mi tienda!« Oder noch kühner als Ausrede verspäteter Passanten bei Kontrollen durch die französische Wache: »Je viens de visiter ma tante« = ich komme vom Besuch bei meiner Tante.

Die Flagge streichen/Flagge zeigen/unter falscher Flagge segeln

sich geschlagen erklären/seine Einstellung, Meinung deutlich zu erkennen geben/etwas vortäuschen: Alle diese Wendungen stammen aus der Seemannssprache. Ein Schiff zeigt mit der Flagge an, zu welchem Land, zu welcher Reederei es gehört. Es kann, um Gegner oder Verfolger zu täuschen, eine andere Flagge setzen und zeigt im Seegefecht durch Einholen (Streichen) der Flagge an, dass es sich ergibt.

Sich nach den Fleischtöpfen Ägyptens zurücksehnen

sich eine vergangene nahrhaftere, glücklichere Zeit zurückwünschen: Wieder ist eine Bibelstelle Ursprung der Redensart. In 2. Mose 16, 3 heißt es bei der Schilderung, wie die Kinder Israel nach dem Auszug aus Ägypten in der Wüste Sin Hunger litten: »Wollte Gott, wir wären in Ägypten gestorben durch des Herrn Hand, da wir bei den Fleischtöpfen saßen und hatten die Fülle Brot zu essen.«

Die Flinte ins Korn werfen

entmutigt aufgeben, verzweifeln: Das Wort »Flinte« deutet auf ein höheres Alter der Redewendung. Sie entstand, als die Vorderlader der Soldaten noch mit Flint-, d. h. mit Feuersteinschlössern versehen waren. Die Kampfmoral der Söldner, die mit diesen Gewehren ausgerüstet waren, war meist nicht besonders hoch. Manche warfen auf der Flucht ihre Flinte lieber ins Kornfeld, wo sie nicht so leicht entdeckt werden konnte, als sich erschlagen oder erschießen zu lassen.

Die Flitterwochen irgendwo verbringen, in die Flitterwochen fahren

in den Hochzeitsurlaub fahren: Das Bestimmungswort »Flitter« in »Flitterwochen« ist nicht das Substantiv »Flitter« (= wertloser, glitzernder Schmuck, Tand), sondern gehört zu einem spätmittelhochdeutschen, im Neuhochdeutschen untergegangenen Verb »flittern«, das »lachen, kichern, schmeicheln, liebkosen« bedeutet. Die »Flitterwoche« ist zuerst im 16. Jh. bezeugt.

Ein Flop sein, sich als Flop erweisen

ein Misserfolg sein, durchfallen: Das englische »flop« bedeutet plumpsend hinfallen.

Nach dem St.-Florians-Prinzip handeln

etwas Unangenehmes, Schädliches von sich weg auf andere zu schieben versuchen: Der heilige Florian war nach der Legende ein römischer Beamter in Österreich um 300 n. Chr., der Christ wurde und danach versuchte, gefangen gehaltene Christen zu befreien. Er wurde aber selbst gefangen gesetzt und mit einem Mühlstein um den Hals in Lorch von der Brücke in die Enns geworfen. Im 15. Jh. wurde eine Angabe in seiner Legende – er habe in seiner Jugend einmal ein brennendes Haus durch sein Gebet gerettet – so bekannt, dass er fortan mit einem Wasserkübel als Attribut dargestellt wurde. Die Redensart bezieht sich auf gelegentliche, scherzhaft gemeinte Anrufungen des Heiligen, wie sie z. B. unter einer Floriansfigur in Tirol überliefert ist: »Heiliger Florian, beschütz dies Haus, zünd andre an.«

Fraktur mit jemandem reden

umgangssprachlich: *jemandem deutlich und rücksichtslos seine Meinung sagen:* im 17. Jh. aufgekommen. Die gebrochenen (mittellateinisch »fractura« = Bruch), eckigen Formen der deutschen Schrift wurden gegenüber den weichen, runden, fließenden der lateinischen Schrift als unschön, markig und derb, ja als grob empfunden.

Sich auf Französisch empfehlen

umgangssprachlich: *heimlich, unbemerkt weggehen:* Charakterfehler, Taktlosigkeiten, schlechte Sitten, Gebrechen und andere negative Merkmale pflegen die Menschen möglichst Nachbarn oder Fremden anzuhängen, in Bezug auf sich selbst tun sie sich damit schwerer. So kommt es z. B. dazu, dass Völker- und Stammesnamen wie Apache, Botokude, Kanake, Polack zu Schimpfwörtern werden. Die englische Redensart bezieht sich auf die Franzosen (»to take French leave«), die französische auf die Engländer (»s'en aller ...« oder »filer à l'anglaise«). Ein anderes (historisches)

Beispiel ist englisch »the German comb« = der deutsche Kamm. Während die Franzosen beim Perückentragen nie ohne Kamm gesehen wurden, ordneten die Deutschen, die erst verhältnismäßig spät diese Mode übernahmen, ihr Haar höchst unzivilisiert mit den vier Fingern und dem Daumen.

Mein lieber Freund und Kupferstecher

Vergleiche »Kupferstecher«.

(Das ist) der Beginn einer wunderbaren Freundschaft

meist scherzhaft, ironisch: *Das ist der Anfang einer Beziehung, die man nicht unbedingt als freundschaftlich bezeichnen kann:* Mit diesen Worten (»Louis, I think this is the beginning of a beautiful friendship«), die der Barbesitzer Rick an den französischen Offizier Louis richtet, endet der berühmte, zum Kultfilm gewordene Film »Casablanca«, der 1942 mit den Hauptdarstellern Ingrid Bergman und Humphrey Bogart gedreht wurde.

Jemanden unter der Fuchtel haben/unter jemandes Fuchtel stehen

umgangssprachlich: *jemanden beherrschen/streng gehalten, beherrscht werden:* Fuchtel bezeichnete früher eine Art Degen, der das Symbol der soldatischen, dann auch strengen Zucht allgemein war, weil mit seiner flachen Klinge Schläge ausgeteilt wurden.

Wie von Furien gejagt, gehetzt

Die römischen Furien (lateinisch »Furiae«, wohl zu »furere« = rasen, wüten) waren Rachegöttinnen, die mit den griechischen Erinnyen gleichgesetzt wurden. Ursprünglich waren sie italienische bzw. etruskische dämonische Unterweltsgottheiten.

Furore machen

starkes Aufsehen erregen, von sich reden machen: zu Beginn des 19. Jh.s aus italienisch »far furore« entlehnt. Das italienische Substantiv geht zurück auf lateinisch »furor« = Leidenschaftlichkeit, Begeisterung, Verzückung, Raserei. Vergleiche »Furien«.

Fußangeln (aus)legen

für versteckte Hindernisse, für Fallen sorgen: spätmittelhochdeutsch »vuozangel«. Grimm, »Deutsches Wörterbuch«: »Ein angelartiges Eisen mit vier 3 bis 5 Zoll langen Spitzen, von dem, wenn und wie es auf den Boden geworfen wird, immer eine Spitze in die Höhe steht, damit sie dem darauf tretenden Menschen oder Thiere in oder durch den Fuß gehe und so das Weiterkommen verhindere. Man legt sie in genügender Zahl sowol in verdeckte Wege, zwischen die Wolfsgruben der Feldschanzen, in Breschen, in Stellen zu seichter Überschwemmung, um die feindlichen Soldaten aufzuhalten ...« Auch gegen Diebe sollen sie gut gewesen sein.

Kalte Füße bekommen

umgangssprachlich: *ein Vorhaben aufgeben, weil man Bedenken, Angst bekommen hat:* Die Wendung soll am Spieltisch entstanden sein, wo kalte Füße gern als Vorwand benutzt wurden, um das Spiel abzubrechen und sich somit seinen Gewinn zu sichern.

Gg

Sich in Gala werfen

die beste Kleidung, Festkleidung anlegen: im 17./18. Jh. durch den von Spanien beeinflussten Wiener Hof und dessen Zeremoniell bekannt geworden: spanisch »gala« = Kleiderpracht, zu altfranzösisch »gale« = Freude, Vergnügen. Die weitere Herkunft des Wortes ist nicht geklärt. Vielleicht liegt ein germanisches Wort zugrunde.

Gang nach Kanossa

Vergleiche »Kanossa«.

Jemanden am Gängelband führen/haben/halten

jemandem ständig vorschreiben, was er zu tun und zu lassen hat: »Gängelband«, zu Beginn des 19. Jh.s aufgekommen, hieß das Band, das man kleinen Kindern unter die Achseln legte, um ihnen das Laufenlernen zu erleichtern und sie vor dem Hinfallen zu bewahren. Auf Bildern des 18. Jh.s ist es verschiedentlich zu sehen, z. B. auf einem Gemälde des österreichischen Malers Heinrich Füger von 1792, das den Fürsten Carl von Liechtenstein mit Frau und Kind darstellt.

Jemandem den Garaus machen

umgangssprachlich: *jemanden töten:* Mit dem Ruf des Nachtwächters »Gar aus!« (= ganz aus!) wurde seit dem 15. Jh. in Süddeutschland, besonders in Nürnberg und Regensburg, die Polizeistunde verkündet. Er zeigte das Ende des Tages, auch den dafür bestimmten Glockenschlag an. Der übertragene Gebrauch wird verständlicher, wenn man die folgende Textstelle aus der Schwanksammlung »Wendunmuth« des hessischen Dichters H. W. Kirchhoff (1563 ff.) liest: »Wenn es auff der großen Uhren ... nach der Tagläng ... abendts den Garauß schlägt, soll man sich erinnern, dass auch mit uns allen ... letztlich der Garauß kommen werde.«

Jemanden hinter schwedische Gardinen bringen

umgangssprachlich: *veranlassen, dass jemand ins Gefängnis kommt:* Die Redensart ist verhältnismäßig jung und stammt aus der Gaunersprache. »Gardinen« sind die Gitter vor den Fenstern des Gefängnisses, »schwedisch« werden sie vermutlich deshalb genannt, weil sie häufig aus schwedischem Stahl gefertigt waren, der als besonders stabil galt.

Jemandem eine Gardinenpredigt halten

umgangssprachlich bes. von der Ehefrau: *den Ehemann gehörig abkanzeln:* »Gardine« (über das Niederländische aus französisch »courtine«) bedeutete ursprünglich den Bettvorhang. Es handelte sich also um eine nächtliche Strafpredigt, die die Frau ihrem Mann hinter dem Bettvorhang hielt, wenn er spät, unter Umständen betrunken nach Hause kam. Schon im 15. Jh. nannte man die Strafrede der Ehefrau »Predigt«, im 16. Jh. kommt der Bettvorhang als Ort der Predigt hinzu, aber erst in der 1. Hälfte des 18. Jh.s erscheint das Wort »Gardinenpredigt«.

Jemandem ins Garn gehen

auf jemandes Täuschungen, Listen, Verlockungen u. Ä. hereinfallen: Gemeint ist das aus Garn gefertigte Fisch- oder Vogelnetz (mittelhochdeutsch »garn«).

Jemandem ins Gehege kommen

(Grimm, »Deutsches Wörterbuch«: »in sein Gebiet, wo er zu gebieten hat, einbrechen oder geraten und ihn da in seinem Rechte kränken«): Gemeint ist das eingehegte (mit einem Zaun umgebene) Gebiet oder Stück, das sich in jemandes Besitz befindet. »Gehege« in übertragenem Sinn ist seit dem 16. Jh. belegt.

Der Geist ist willig, (aber) das Fleisch ist schwach

ein guter Vorsatz scheitert oft an der Willensschwäche des Menschen: In Matth. 26, 41 spricht Jesus in Gethsemane zu seinen Jüngern: »Wachet und betet, dass ihr nicht in Anfechtung fallet. Der Geist ist willig; aber das Fleisch ist schwach.«

Die Geister, die ich (sie, er usw.) rief, nicht mehr loswerden (können)

von außer Kontrolle geratenen Kräften, deren Hilfe man haben wollte, überwältigt werden: nach Goethes Gedicht »Der Zauberlehrling« von 1798: »Die ich rief, die Geister, werd' ich nun nicht los.« Das Zitat wird oft und gern in Bezug auf die Hybris des technischen Fortschritts gebraucht, der die wachsenden Umweltprobleme der Menschheit nicht mehr in den Griff bekommt.

Wissen, wes Geistes Kind jemand ist

jemandes Gedankenwelt, Weltanschauung, Einstellung kennen: In Luk. 9, 55 ermahnt Jesus die Jünger Jakobus und Johannes mit der Frage: »Wisset ihr nicht, welches Geistes Kinder ihr seid?« Die Jünger hatten, als Samariter Jesus eine Herberge verweigerten, sich gewünscht, dass Feuer vom Himmel auf die Samariter falle und sie verzehre. Aber Jesus verweist sie mit seinen Worten auf den Geist der Nächstenliebe und Toleranz, den er vertritt und den er auch von seinen Jüngern einfordert.

Geld stinkt nicht

auch unrechtmäßig oder auf unmoralischem Wege erworbenes Geld erfüllt seinen Zweck: Von dem römischen Kaiser Vespasian wird überliefert, dass er von seinem Sohn getadelt worden sei, weil er die römischen Bedürfnisanstalten mit einer Steuer belegt hatte. Darauf habe der Kaiser seinem Sohn das so eingenommene Geld unter die Nase gehalten und ihn gefragt, ob es streng rieche. Die lateinische Feststellung »non olet« (= es stinkt nicht) ist der Ausgangspunkt der uns heute geläufigen Redensart.

Das ist Geldschneiderei

Betrug, Übervorteilung: Der Ausdruck geht auf das betrügerische Beschneiden bzw. Befeilen der Münzränder zurück, mit dem Geldwechsler ihre Kunden zu übervorteilen suchten. Die Kaufleute schützten sich gegen solche Manipulationen, indem sie die Münzen, besonders die Goldmünzen, nachwogen. Im 18. Jh. gab es für diesen Zweck besondere Münzgewichte.

Die Gelegenheit beim Schopfe packen

eine Gelegenheit schnell entschlossen nutzen: Das sprachliche Bild bezieht sich auf den griechischen Kairosmythos. Der als Gott verehrte Kairos (= der günstige Augenblick) wurde als Davonfliegender dargestellt mit einer langen Stirnlocke, aber einem kurz geschorenen Hinterkopf, weil man die günstige Gelegenheit meist erst dann zu greifen sucht, wenn es zu spät ist.

Im Geruch der Heiligkeit stehen

den Ruf haben, ein(e) Heilige(r) zu sein: Das Substantiv »Geruch« hat hier nach Auffassung mancher Sprachwissenschaftler nichts mit »riechen« zu tun, sondern ist volksetymologische Umdeutung von »Gerücht«, das zu »rufen« gehört. Mittelniederdeutsch »geruchte« entstand (mit Wechsel von hochdeutsch -ft zu niederdeutsch -cht) aus mittelhochdeutsch »geruofte« = Geschrei, Geru-

fe, Gerede, »Geruchte« wurde dann zu »Geruch« umgedeutet. Diesen Doppelsinn (etymologisch zu »rufen«, volksetymologisch zu »riechen«) nutzte der sächsische Satiriker G.W. Rabener (gest. 1771) zu einem Scherz: »Sie hinterließ in den Nasen ihrer Mitschwestern einen starken Geruch der Heiligkeit.«
Andere Sprachforscher stellen die Redensart mit dem Hinweis auf die französische (»une odeur de sainteté«) und die englische (»an odour of sanctity«) Entsprechung sowie auf zahlreiche Heiligenlegenden zu dem Substantiv »Geruch« und verweisen auf den alten Volksglauben, dass den geöffneten Gräbern von Heiligen kein Verwesungsgeruch, sondern ein angenehmer, lieblicher Duft entströme. So glaubten z.B. die Swedenborgianer (Anhänger des schwedischen Naturforschers und Theosophen Emanuel Swedenborg, gest. 1772), dass, wenn himmlische Wesen an einem Totenbett stünden, der Leichnam eine Art aromatischer Empfindung erwecke.
Aber auch auf Lebende bezieht sich z. B. die Bibelstelle 2. Mose 5, 21: Die Kinder Israel ... »sprachen zu ihnen (= Moses und Aaron): Der Herr sehe auf euch und richte es, dass ihr unsern Geruch habt stinkend gemacht vor Pharao und seinen Knechten und habt ihnen das Schwert in ihre Hände gegeben, uns zu töten«. Daher die Redensart **in keinem guten Geruch stehen** = keine Wertschätzung erfahren, keinen guten Ruf genießen. Die Wendung **jemanden nicht riechen können** spiegelt ebenfalls die Auffassung wider, dass von dem Betreffenden ein übler Geruch ausgeht.

Sich ins Geschirr legen

sich sehr anstrengen, hart arbeiten: »Geschirr« bedeutet hier nicht »zum Essen und Trinken benutzte Gefäße«, sondern meint das Riemenzeug, mit dem Zugtiere vor den Wagen gespannt werden.

Geschniegelt und gebügelt

umgangssprachlich: *tadellos gekleidet, sorgfältig gepflegt:* Zugrunde liegt das Wortpaar »geschniegelt und gestriegelt«, das sich ursprünglich auf das Reinigen des Pferdes bezog. »Schniegeln« bedeutet bis ins 18. Jh. hinein »kämmen«, »striegeln« = mit dem Striegel (einem Instrument zum Reinigen von Tieren, besonders von

Pferden) bearbeiten. »Gebügelt« ist ein (sich reimender) scherzhafter Ersatz für »gestriegelt«.

Viel Geschrei und wenig Wolle

viel Lärm um nichts, viel Aufhebens wegen einer unbedeutenden Sache: eine auch in anderen europäischen Sprachen verbreitete Wendung, die seit dem 15. Jahrhundert bei uns belegt ist (spätmittelhochdeutsch: »viel geschreis und wenig wollen«; englisch: »great cry and little wool«; französisch [veraltet]: »grande rumeur, petite toison«; niederländisch: »veel geschreeuw maar weinig wol«; italienisch [veraltet]: »assai romore e poca lana«). Sie beruht wahrscheinlich auf einer Erzählung vom betrogenen Teufel: Der Teufel sah Gott Schafe scheren. Er fragte ihn, warum er das mache. Gott antwortete, dass er sich aus der Wolle Kleider webe. Der Teufel versuchte nun das Gleiche bei seinen Schweinen, die bei dieser Prozedur ein großes Geschrei anstimmten, aber kaum Wolle hergaben. Eine alte Etymologie führte »Geschrei« auf ein gekürztes »Gescherei« (von »gescheren«, veraltet für »scheren«) zurück, was nicht zutrifft.

Das Gesicht verlieren

sein Ansehen verlieren, **das Gesicht wahren** *(vorgeben, dass etwas noch so ist; den Anschein wahren):* Die Redensarten sollen Lehnübersetzungen sein, vergleiche englisch »to loose face« (ursprünglich in Bezug auf den Fernen Osten), französisch »perdre la face (vue)«; englisch »to save face«.

Gestiefelt und gespornt

bereit zum Aufbruch: eine Fügung aus der Zeit, in der der Besitzer eines Pferdes als Letztes Stiefel und Sporen anlegte, wenn er irgendwohin reiten wollte.

Dem horizontalen Gewerbe nachgehen

umgangssprachlich verhüllend: *als Prostituierte arbeiten:* Voraus geht die Fügung »ältestes Gewerbe« für Prostitution (englisch »oldest profession«).

Ins Gewicht fallen

von großer, ausschlaggebender Bedeutung sein: Im Gegensatz zu den übertragenen Redewendungen mit »Gewicht«, bei denen die konkrete, sinnliche Bedeutung noch klar hervortritt (z. B. **Gewicht auf etwas legen** oder **sein Gewicht in die Waagschale werfen**) bereitet die Wendung »ins Gewicht fallen« in dieser Hinsicht Schwierigkeiten (was schon 1911 dem Lexikografen Hermann Wunderlich in Grimms »Deutschem Wörterbuch« auffiel). Am klarsten wird vielleicht der konkrete Bezug, wenn man »Gewicht« als »Waagschale« oder »Wiegegerät« deutet, auf die etwas fällt, das dann durch die Schwere den Ausschlag gibt.

Darauf kannst du Gift nehmen!

umgangssprachlich: *das ist ganz sicher, darauf kannst du dich verlassen:* Die Beteuerungsformel bezieht sich wohl auf die mittelalterlichen Gottesurteile, drückte also ursprünglich aus, dass etwas so sicher ist, dass man sich ohne Sorge der Giftprobe unterziehen kann.

Einer Sache ein Glanzlicht, Glanzlichter aufsetzen

einer Sache besondere Wirkung verleihen: Das Wort »Glanzlicht« = strahlende Helligkeit gebraucht schon der deutsche Mönch und Klosterschullehrer Notker (gest. 1022): althochdeutsch »klanzlieht«. Im 19. Jahrhundert wird es zum Fachausdruck in der Malerei (= auf die Leinwand getupfter Lichteffekt) und rasch übertragen gebraucht.

Der Glaube versetzt Berge, kann Berge versetzen

etwas, wovon man ganz fest überzeugt ist, geht manchmal in Erfüllung, auch wenn es erst unmöglich erscheint: Quelle ist eine berühmte Stelle in Luthers Bibelübersetzung, 1. Kor. 13, 2 (Der Preis der Liebe): »Und wenn ich weissagen könnte und wüsste alle Geheimnisse und alle Erkenntnis und hätte allen Glauben, also dass ich Berge versetzte, und hätte der Liebe nicht, so wäre ich nichts.« Ähnlich andere Bibelstellen, z. B. Matth. 17, 20, wo Jesus sagt: »So ihr Glauben habt ... so möget ihr sagen zu diesem Berge: Heb dich von hinnen dorthin!, so wird er sich heben; und euch wird nichts unmöglich sein.« Vergleiche noch Matth. 21, 21 und Lukas 17, 6.

Wer's glaubt, wird selig

umgangssprachlich: *ich glaube das ganz und gar nicht:* Hier wird eine ernst gemeinte Bibelstelle ironisch gewendet. Mark. 16, 16: »Wer da glaubet und getauft wird, der wird selig werden.«

Seine Worte auf die Goldwaage legen

Vergleiche »Wort«.

Bei Gott ist kein Ding unmöglich

nichts ist unmöglich: so wörtlich aus der Bibel in Luk. 1, 37.

Ins Gras beißen

umgangssprachlich: *(gewaltsam) sterben:* Die Redensart, deren konkrete Bedeutung dem Verständnis keine Schwierigkeiten bereitet, ist seit dem 16. Jh. bezeugt. Interessant ist sie wegen ihrer Geschichte. Sie hat Parallelen in einigen europäischen Sprachen, die alle auf antike Vorbilder zurückgehen. Statt »Gras« werden die Wörter »Erde«, »Staub« oder »Sand« verwendet: französisch »mordre la poussière«, italienisch »mordere la terra«, spanisch »morder la tierra«, niederländisch »in het zand bijten«, englisch »to bite the dust (ground)«. Das Dänische folgt dagegen dem Deutschen: »bide i graesset«.
Vorbild für die »Erde«-Versionen ist die Antike. In Homers »Ilias« heißt es z. B. (11, 747 f., nach J. H. Voß): »zween Kriegsmänner ... knirschten den Staub mit den Zähnen ...«. Der römische Dichter Vergil spricht in seiner »Äneis« von »humus« und »terra« = Erde, Ovid in den »Metamorphosen« von »arena« = Sand. Warum in der deutschen Redensart »Erde« durch »Gras« ersetzt wurde, erklärt Grimm im »Deutschen Wörterbuch« so: »Der Wechsel des Wortes in der dt. Redensart, ›Gras‹ anstelle von ›Erde‹, erklärt sich aus dem gerade im älteren Deutschen häufig bezeugten Gebrauch von ›Gras‹ für den Erdboden ..., wo ›Gras‹ einen Symbolwert hat in Wendungen, die einen gewaltsamen Tod umschreiben.«

Es gab aber auch vereinzelt deutsche Autoren, die der Antike folgten, z. B. der Lyriker Weckherlin (gest. 1653): »Das machen offenbar vil frembd und welsche Krieger ..., die für dein Gold gebissen deinen Grund.« Und noch Wilhelm Raabe in dem Roman »Horacker« von 1876: »›Von diesem Platze stehe ich nicht wieder auf!‹, ächzte der Räuber, in den Grund beißend.«

Graue Eminenz

einflussreiche [politische] Persönlichkeit, die als solche kaum nach außen in Erscheinung tritt: Diese Fügung ist eine Lehnübersetzung des französischen »l'Éminence grise«, des Beinamens des Kapuzinerpaters und engsten Beraters von Kardinal Richelieu, Père Joseph, der stets die graue Kapuzinerkutte trug.

Jemandem die Gretchenfrage stellen

jemanden veranlassen, seine wahre Überzeugung kundzutun, ihm eine unter Umständen peinliche Gewissensfrage stellen: In Goethes »Faust« (Szene: Marthens Garten) fragt Gretchen Faust: »Nun sag, wie hast du's mit der Religion? Du bist ein herzlich guter Mann, allein ich glaub, du hältst nicht viel davon.« Und später: »Glaubst du an Gott?«

Etwas geht unter die Gürtellinie; ein Schlag unter die Gürtellinie

ein unfairer Angriff, eine unerlaubte, gegen die Regeln verstoßende Attacke: ein Ausdruck des Boxsports. Die Gürtellinie (der obere Bund der Sporthose) ist die Grenzlinie zwischen erlaubten und unerlaubten Schlägen. Schläge unter die Gürtellinie gelten als unfair und werden mit Verwarnung bzw. Disqualifikation bestraft. **Unterhalb der Gürtellinie** ist der Bereich des Sexuellen und dieser gilt als Tabuzone, deren Verletzung als unanständig beurteilt wird.

Hh

Jemanden sticht der Hafer

umgangssprachlich: *jemand wird übermütig, weil es ihm zu gut geht:* Die Redensart wurde ursprünglich auf Pferde angewandt, die durch zu reichliche Fütterung mit Hafer und langes Stehen im Stall unbändig werden. Die Übertragung auf menschlichen Übermut ist schon im »Simplizissimus« von Grimmelshausen (17. Jh.) zu belegen.

Einen Haken haben

umgangssprachlich: *eine (versteckte) Schwierigkeit haben:* vielleicht aus der Sicht des Fisches, der zwar den Köder, aber nicht den Angelhaken sieht, der sich darin verbirgt. Die Übertragung auf den Menschen geht davon aus, dass dieser zunächst nur den Vorteil einer Sache wahrnimmt, ehe er einen möglichen Schaden erkennt. Denkbar wäre auch die Herleitung vom Haken, an dem man hängen bleibt und durch den man gehindert wird, das zu tun, was man wollte.

Hals über Kopf

umgangssprachlich: *überstürzt, in größter Eile:* Eine ältere Fügung lautet »über Hals und/oder über Kopf« und meint damit die Körperteile, die beim Sichüberschlagen als Erste beteiligt sind. Der Volkskundler Röhrich vermutet, dass »Hals« verhüllend für »Arsch« gebraucht wurde, das in den älteren und mundartlichen Formen der Redensart oft erscheint, z. B. bei dem deutschen Satiriker Johann Fischart (gest. 1590): »über ars und kopf bürzlen«.
Viele Redensarten mit »Hals« spielen darauf an, dass der Hals beim Gehängtwerden (was früher häufiger als heute geschah) der betroffene Körperteil ist: **den Hals aus der Schlinge ziehen, den Hals kosten, den Hals riskieren** u. a. Die alte Bedeutung »Gurgel, Schlund« zeigt sich in den Redensarten **den Hals nicht voll krie-**

gen, den Hals stopfen. Eine dritte Gruppe gehört zu »Hals« als Träger des Joches: **jemanden, etwas auf dem Hals haben, sich jemanden, etwas vom Hals schaffen, sich etwas auf den Hals laden.**

Um (wieder) auf besagten Hammel zu kommen/ zurückzukommen

nach einer Abschweifung zum eigentlichen Thema zurückkehren: eine Redensart, die nicht überall bekannt ist, aber eine interessante Geschichte hat, die zeigt, wie sich ein Motiv von der Antike an durch die Jahrhunderte erhält.

In den Epigrammen des römischen Dichters Martial (gest. 1. Jh. n. Chr.) wird ein Prozess geschildert, in dem der Richter den ständig abschweifenden Kläger mit dieser Redensart zur Hauptsache zurückbringen will (bei Martial sind es Ziegen). Im 15. Jh. taucht das Motiv in einer altfranzösischen Farce »Maistre Pierre Pathelin« auf, in der wegen unterschlagener Hammel verhandelt wird.

Im 16. Jh. gelangt es über den französischen Dichter Rabelais und seinen Roman »Gargantua« (»retournons à nos moutons« = kehren wir zu unseren Hammeln zurück) zu dem deutschen Satiriker Johann Fischart, der 1575 eine freie Bearbeitung des französischen Romans vorlegte, die »Geschichtsklitterung«: »aber lasst uns den wider auf unsere Hammel widerbringen«.

Bekannter wird die Redensart erst durch das Lustspiel »Die deutschen Kleinstädter« von Kotzebue (1803): Der Bürgermeister von Krähwinkel berichtet, dass der Amtmann von Rummelsburg einen Hammel der Krähwinkler städtischen Herde gepfändet habe; der Bürgermeister wird in seinem Bericht unterbrochen, knüpft an ihn aber mit den Worten wieder an: »wiederum auf besagten Hammel zu kommen.« Diese und freiere Fassungen tauchen von da an in der Literatur auf, z. B. bei Heinrich Heine: »Doch um wieder auf besagten Hammel zu kommen« (»Das Buch Le Grand«). Auch eine englische Version gibt es: »but to return to our sheep«.

Unter den Hammer kommen

öffentlich versteigert werden: Bei Versteigerungen erteilt der Auktionator den Zuschlag durch einen Schlag mit dem Hammer. Die Redensart ist nicht alt und deshalb sollte man sie auch nicht mit dem Hammer, dem Attribut des germanischen Gewittergottes Donar, in Verbindung bringen, der Schützer der Rechtsgeschäfte war. Der Hammer hat zwar eine alte rechtssymbolische Bedeutung, aber der Zuschlag bei einer Versteigerung erfolgte nicht nur mit dem Hammer. Die frühesten Belege dafür gibt es erst im Mittelniederländischen und Schweizerischen (1532). Englisch »to come under the hammer«.

Zwischen Hammer und Amboss sein

in bedrängter Lage sein: Das Bild ist eindeutig und bedarf keiner Erläuterung, aber interessant ist doch, dass es sehr alt und in vielen europäischen Sprachen verbreitet ist. Es kommt schon im 2./3. Jh. n. Chr. im Griechischen vor; der niederländische Theologe und Philologe Erasmus von Rotterdam (gest. 1536) gebraucht es in lateinischer Form »inter mallum et incudem«; weitere Beispiele sind französisch »entre le marteau et l'enclume«; italienisch »tra l'incudine e il martello«; niederländisch »tussen den hamer en het aanbeeld«; dänisch »mellem hammer og ambolten«; russisch »meschdu molotom i nakowalnej«.

Das Englische kennt die Fügung nicht, aber seine Vergleiche für die Sache sind nicht weniger anschaulich, nämlich »between the upper and the nether millstone« = zwischen dem oberen und dem unteren Mühlstein, oder – was einem Seefahrervolk auch gut steht – »between the devil and the deep sea« = zwischen dem Teufel und dem tiefen Meer.

Hand und Fuß haben

umgangssprachlich: *gut durchdacht sein:* Das sprachliche Bild steht ursprünglich für die volle Intaktheit und Leistungsfähigkeit einer Person. Ältere rechtliche Vorstellungen haben offenbar die Bedeutungsentstehung beeinflusst: Die zum Führen des Schwertes benutzte rechte Hand und der zuerst in den Steigbügel gesetzte linke Fuß hatten als solche eine besondere Bedeutung, weshalb das Abhauen derselben als eine besonders schwere mittelalterliche Strafe galt.

Seine (die) Hand für jemanden od. etwas ins Feuer legen

sich für jemanden, etwas verbürgen: Ein mittelalterliches Gottesurteil bestand darin, dass der Beschuldigte seine Hand ins Feuer legen musste. Blieb sie (so gut wie) unversehrt, galt er als unschuldig. Die Redensart **sich die Hände, die Finger an etwas verbrennen** *(durch etwas Schaden erleiden)* erklärt sich wohl aus dem gleichen Zusammenhang.

Jemandes rechte Hand sein

jemandes wichtigster Helfer, Mitarbeiter sein: Die »rechte« Hand ist die »richtige«, die von den meisten Menschen als die geschicktere zu allen (manuellen) Tätigkeiten vorzugsweise gebraucht wird. **Mit der linken Hand** macht man daher etwas, was weniger Kraft erfordert, weniger Mühe verursacht (umgangssprachlich: *nebenbei, mit wenig Mühe*). **Zwei linke Hände haben** bedeutet umgangssprachlich ungeschickt sein.

Etwas von langer Hand planen, vorbereiten

etwas über längere Zeit und sehr gründlich planen, was anderen gelegentlich schadet: Die »lange Hand« (lateinisch »longa manus«) ist Ausdruck dafür, dass jemand viel Macht in seinen Händen hält, die er durch die Hände seiner Untergebenen sozusagen »verlängert«. Sebastian Franck (gest. um 1543) schrieb einmal: »Fürsten und herren habend lang hend.« Das Gleiche stellte schon der römische Dichter Ovid fest (gest. um 18. n. Chr.): »An nescis longas regibus esse manus?« = Weißt du nicht, dass die Könige lange Hände haben?

Seine Hände in Unschuld waschen

erklären, dass man von seiner Unschuld überzeugt ist: Ihren Ursprung hat die Redewendung wieder einmal in einer Bibelstelle: In Matth. 27, 24 heißt es: »Da aber Pilatus sah, dass er nichts schaffte, sondern dass ein viel größer Getümmel ward, nahm er Wasser und wusch die Hände vor dem Volk und sprach: ›Ich bin unschuldig an dem Blut dieses Gerechten; sehet ihr zu!‹« Aber auch David bittet um Rettung der Unschuld (Psalm 26, 6): »Ich wasche meine Hände in Unschuld, und halte mich, Herr, zu deinem Altar.« Es handelt sich um ein altes Sühnopfer, das in 5. Mose 21, 1–9 geschildert wird und dem die reinigende Kraft des Wassers zugrunde liegt.

Jemandem sind Hände und Füße gebunden

jemand kann nicht so handeln, entscheiden, wie er möchte, weil er durch bestimmte äußere Umstände in seiner Handlungs-, Entscheidungsfreiheit eingeschränkt ist: Man führt das sprachliche Bild der gebundenen Hände auf den rituellen Akt bei der Begründung eines Lehensverhältnisses zurück, wobei der Vasall ursprünglich an den Händen gebunden war.

Das Handtuch werfen

umgangssprachlich: *etwas aufgeben, sich geschlagen geben:* Quelle für diese Redensart ist der Boxsport. Der Sekundant des noch auf den Beinen stehenden, aber chancenlosen Boxers wirft als Zeichen für die Aufgabe des Kampfes ein Handtuch in den Ring.

Jemandem das Handwerk legen

jemandes schädlichem Tun einen Riegel vorschieben: Die ursprüngliche Bedeutung von »legen« ist »liegen machen«; dies klingt in der noch im 18. Jh. lebendigen, aber heute veralteten Bedeutung »verbieten, nicht mehr gestatten, stilllegen« an. In Grimmelshausens »Simplicissimus« (1668) findet sich das noch deutlichere »niederlegen«: »... weil in meiner Macht nit stunde, ihnen (= den Aufkäufern von Beutestücken) das Handwerk gar niederzulegen.«

Mit Hängen und Würgen

umgangssprachlich: *mit größter Mühe:* Das Bild geht auf das Ersticken des Gehängten am Galgen zurück. Der aus dem Nordwesten Deutschlands stammenden Paarformel gingen Fügungen mit anderen Präpositionen voraus.
Gegen Ende des 18. Jahrhunderts tritt zuerst »bei« auf: »bei Hängen und Würgen« mit der Bedeutung »nur notgedrungen, mit äußerstem Widerstreben«. Dann erscheint die Präposition »zwischen« mit anderer Vorstellung: »zwischen Hängen und Würgen« ist dann »im letzten, äußersten Augenblick« (wenn der zum Galgen

Verurteilte zwar schon hängt, aber noch nicht erstickt ist). Diese Bedeutung leitet bereits zu der heutigen über. Die jetzt übliche Präposition »mit« erklärt sich aus der Einwirkung verwandter Formeln wie »mit Mühe und Not«. Eine ältere Erklärung, die von dem Hängenlassen anhängiger Rechtsstreitigkeiten ausgeht, ist abwegig.

Jemandem zeigen, was eine Harke ist

umgangssprachlich: *jemandem nachdrücklich den eigenen Standpunkt klarmachen, das eigene Können vorführen:* Obwohl »Harke« ein norddeutsches Wort ist und im Süden und im westlichen Mitteldeutschland durch »Rechen« ersetzt wird, geht die Bekanntheit der Redensart weit über den norddeutschen Raum hinaus. Sie bezieht sich auf einen schon im Mittelalter bekannten Schwank von einem in der Fremde gewesenen Bauerssohn, der das von ihm früher so häufig gebrauchte Werkzeug nicht eher wiedererkannte, als bis es ihm bei einem unvorsichtigen Tritt auf die Zinken gegen die Nase schlug.

Harnisch

»Harnisch« war ursprünglich die gesamte kriegerische Ausrüstung des mittelalterlichen Ritters (mittelhochdeutsch: »harnas(ch)«, aus altfranzösisch »harnais«). Die Bedeutung verengte sich allmählich auf den Brustpanzer. Schon früh wird das Wort in übertragenem Sinn als »Kampfbereitschaft, Zorn« gebraucht: **jemanden in Harnisch bringen** *(ihn erzürnen);* **in Harnisch geraten** *(zornig werden);* in Harnisch sein *(zornig sein).* Der »geharnischte« Brief drückt jemandes Zorn schriftlich aus.

Da/hier liegt der Hase im Pfeffer

umgangssprachlich: *das ist die wahre Ursache einer Schwierigkeit, eines Problems:* seit dem 17. Jahrhundert in dieser Form bezeugt. Gemeint ist die Pfefferbrühe, in der der Hase zubereitet wurde. Die Bedeutungsverschiebung ist nicht ganz klar. Vielleicht liegt folgende Vorstellung zugrunde: Wer nicht weiß, wo der Hase im Pfeffer liegt, für den wird es schwierig, zu seinem erstrebten Genuss, zur Erfüllung seiner Wünsche, an sein Ziel zu gelangen. Darauf scheint ein Satz des deutschen Satirikers Moscherosch (gest. 1665) hinzudeuten: »Keiner aber weiß, wo der Haas im Pfeffer ligt, als der ihn angericht oder helfe essen.«

Das Hasenpanier ergreifen

umgangssprachlich: *flüchten:* Das »Hasenpanier« ist das Schwänzchen des Hasen, das er bei der Flucht wie ein Panier (= Banner) in die Höhe reckt. Das Verb »ergreifen« wurde durch Luther fest, beeinflusst wohl durch die Wendung »die Flucht ergreifen«. »Panier« und »Banner« sind auf verschlungenen Wegen miteinander verwandt, sie stammen aus dem Germanischen.

Nicht (ganz) hasenrein sein

umgangssprachlich: *nicht einwandfrei, verdächtig sein:* ein Ausdruck der Weidmannssprache: »Hasenrein« ist ein Hund, der nicht aus eigenem Antrieb Hasen hetzt. Ist er nicht hasenrein, ist er für bestimmte Aufgaben, z. B. die Hühnerjagd, nicht zu gebrauchen. Das »Weimarer Tageblatt« aus dem Jahre 1864 (aus einer Anzeige): »Ein gut dressirter Jagdhund, welcher Hühnern gut steht, gut apportirt und hasenrein ist.«

Nur keine jüdische Hast!

umgangssprachlich: *nicht so eilig, immer mit der Ruhe:* Die Wendung gehört in das unschöne Kapitel der Verunglimpfungen, mit denen die Völker anderen Völkern, fremden Rassen, Nachbarvölkern, Minderheiten usw. oft begegnen. Sie verdankt ihre Entstehung dem Vorurteil, dass jüdische Händler bei Geschäftsabschlüssen besondere Eile an den Tag legten.

Ein Mädchen unter die Haube bringen

umgangssprachlich: *veranlassen, dass ein Mädchen einen Mann heiratet;* **unter die Haube kommen** *(einen Mann bekommen):* Verheiratete Frauen mussten im Mittelalter ihr Haar in Zöpfen hochstecken und unter einer Haube verbergen (während die Mädchen das Haar offen trugen). In Judith 10, 3 heißt es über die Witwe Judith: » ... (sie) flochte ihr Haar ein und setzte eine Haube auf.« Die Haube war ein Zeichen der Frauenwürde.

Eine Haupt- und Staatsaktion aus etwas machen

etwas Nichtiges, Unbedeutendes, ein kleines Vergehen aufbauschen; etwas pomphaft in Szene setzen: Die Redensart bezieht sich auf das Theaterwesen der Zeit um 1700. Eine »Hauptaktion« war das (ernste) Hauptstück einer Aufführung im Gegensatz zum (burlesken) Nachspiel. Die »Staatsaktion« war ein Schauspiel, in dem Staatsbegebenheiten dargestellt wurden, die Umänderungen im Staatswesen zur Folge hatten. Gespielt wurden diese Stücke von Wandertheatern. Der Hanswurst (Harlekin) spielte in ihnen eine große Rolle, und die rohen, meist von den Schauspielern selbst verfassten, aber auch nach ausländischen Vorlagen bearbeiteten Stücke gerieten allmählich in Misskredit, besonders durch den Tadel Gottscheds.

Das Beispiel einer Theaterankündigung vom 31. Mai 1741 gibt einen Eindruck von solchen Haupt- und Staatsaktionen:

»Eine der galantesten, neuen, wohl ausgearbeiteten Haupt- und Staats-Actionen, betitult der Probierstein unglaublicher Geduld, oder: die unüberwindliche Großmuth einer tugendhafften Seele, in der getreuen und beständigen Griselda (= Königin von Sizilien) ... mit Hanß Wurst einem interessirten Hof-Narren ... nebst 2 Ballets wird unser Arlequin auf vieles und hohes Begehren mit einer lustigen Nach-Comödie aufwarten, betitult: Arlequin die versoffne Sybilla.«

Aus dem Häuschen sein

umgangssprachlich: *sich aufregen, die Fassung verlieren, verrückt werden:* wohl die Vorstellung, dass der eigene Kopf oder Körper das Haus ist, in dem jemand wohnt, vielleicht beeinflusst durch französische Redensarten, die das Wort »petites maisons« enthalten, den Namen eines Pariser Irrenhauses.

Bei jemandem hängt der Haussegen schief

umgangssprachlich scherzhaft: *es herrscht Streit zwischen den Eheleuten:* Der »Haussegen« war ein an der Wand, über der Tür oder dem Sofa befestigter Segensspruch. Hing er schief, wurde das als Zeichen für ein eheliches Zerwürfnis gedeutet. Diese Segenssprüche zum Nutzen des Laien waren früher überaus beliebt und sind zum Teil sehr alt, z. B. stammt der älteste Segen gegen Zahn- und Mundfäule »Job zog über Land« aus dem 10. Jh. Viele sind von Volkskundlern gesammelt worden.

Seine Haut zu Markte tragen

umgangssprachlich: *sich voll einsetzen und sich dadurch in Gefahr bringen:* Die Wendung geht von der Vorstellung aus, dass die Haut im Kampf Hieben, Stichen usw. zuerst ausgesetzt ist. Jemand, der seine Haut für etwas einsetzt, hergibt (= zu Markte trägt), ist also bereit, Verwundungen hinzunehmen und sein Leben zu riskieren.

Jemandem unter die Haut gehen

jemanden innerlich aufwühlen: eine Lehnübersetzung aus dem Englischen: »to get under one's skin«, das ursprünglich »irritieren, stören, belästigen« bedeutet. Die Wendung soll auf die Tätigkeit von Milben, Zecken u. a. anspielen, die »unter der Haut« für intensive Belästigung sorgen.

Ein toller Hecht sein

umgangssprachlich: *ein cleverer Kerl, Draufgänger, Tausendsassa, Weiberheld u. Ä. sein:* Das übertragen gebrauchte Substantiv »Hecht« bedeutete ursprünglich einen räuberischen, andere ausplündernden Menschen. Der Hecht ist ein Raubfisch und ein Störenfried im Karpfenteich. Der Vergleich ist alt: Der deutsche Naturforscher und Theologe Konrad von Megenberg (gest. 1374) schreibt in seinem »Buch der Natur« (ins heutige Deutsch übertragen): »Unter dem Hecht verstehe ich alle Wüteriche, die die armen Leute fressen und auch ihre eigenen Verwandten und Freunde zugrunde richten.« Allmählich verblasste diese Bedeutung; im 18. Jh. ist der heutige Sinn erreicht.

Ein Heimchen am Herde

Frau, die sich mit der alten Rolle als Hausfrau und Mutter identifiziert: eine Lehnübersetzung aus dem Englischen, nach der Weihnachtsgeschichte »The cricket on the hearth« von Charles Dickens, erschienen 1846. In diesem Hausmärchen handelt es sich um eine echte Grille, die der Poesie der Erzählung dient. Eine alte, frühe

Übertragung von »Heimchen« erwähnt der deutsche Sprachforscher Caspar Stieler (gest. 1707): »Heimke (= niederdeutsche Form von Heimchen) sive Heimlein etiam dicitur mulier domi latens et cantans« = Heimke oder Heimlein heißt auch eine Frau, die sich im Haus (verborgen) hält und singt.

Heimlich, still und leise

völlig unbemerkt, meist mit Bezug auf Unerlaubtes: Die Drillingsformel stammt aus der Operette »Frau Luna« von Paul Lincke (1899): »Heimlich, still und leise kommt die Liebe über Nacht.«

Die Helden sind müde (geworden)

spöttisch: wird gesagt, wenn der erste Eifer, Schwung einer Gruppe, die sich etwas zum Ziel gesetzt hatte, spürbar nachgelassen hat; Übersetzung des französischen Filmtitels »Les héros sont fatigués« (1955).

Heller

Die alte Münze, zuerst unter Friedrich Barbarossa in Schwäbisch Hall geprägt (daher Haller, seit dem 15. Jh. Häller, Heller), lebt noch in einigen umgangssprachlichen Redensarten fort: **keinen (roten) Heller mehr haben** *(keinen Pfennig mehr besitzen);* **keinen (roten) Heller für jemanden oder etwas geben** *(das Schlimmste befürchten);* **auf Heller und Pfennig** *(alles, ohne dass ein Rest bleibt).* Ursprünglich wurde das Gold »rot« genannt, dann wurden Münzen abwertend und ironisch auch als »rot« bezeichnet: Die Münzen griffen sich schnell ab, nach kurzem Umlauf kam das blanke Kupfer zum Vorschein. »Ich hatte keinen rothen Heller Reisegeld im Sack« (Goethe).

Jemandem ist das Hemd näher als der Rock

jemandem sind die eigenen Interessen wichtiger als die anderer: eine Übersetzung aus der Komödie »Trinummus« des römischen Dichters Plautus (gest. 184 v. Chr.): »Tunica propior pallio est.« Der Anlass ist denkbar unwichtig: Der junge Lysiteles zitiert diese schon damals sprichwörtliche Redensart, um sich zu entschuldigen, dass er zuerst seinen künftigen Schwiegervater und nicht dessen Bekannten begrüßt hat. Geläufig wird die Redensart während der Humanistenzeit, so steht sie z. B. in Johann Agricolas (gest. 1566) Sprichwörtersammlungen (»das Hembd ligt eim näher an dann der Rock«) und wird, etwas abgewandelt, zitiert in der Tragödie »Johannes der Täufer« des schweizerischen Dramatikers Johannes Aal von 1549 (»der Rock so nah nit ist als Hembd«).

Wie bei Hempels unterm Sofa

umgangssprachlich: *von heilloser Unordnung zeugend, chaotisch:* Das Wort »Hempel« ist eine Nebenform zu »Hampel« und bezeichnet einen groben, einfältigen, unkultivierten Menschen.

Nicht weit her sein mit etwas/mit jemandem

umgangssprachlich: *unzureichend sein, in Leistung oder Qualität nicht genügen:* Der Wendung liegt das Vorurteil zugrunde, dass Kenntnisse und Erfahrungen, die man zu Hause, im engeren Umfeld, in der eigenen Heimat gesammelt hat, nicht so viel wert seien wie die in der Fremde erworbenen.

O Herr, er will mich fressen

scherzhaft: wird gesagt, wenn jemand mit weit aufgerissenem Mund gähnt, ohne die Hand vorzuhalten: ein Zitat aus Tobias (6, Vers 3), einer apokryphen Schrift des Alten Testaments, in der Tobias, der sich am Tigris die Füße waschen will, von einem riesigen Fisch erschreckt wird und angstvoll diesen Satz sagt.

Wie der Herr, so's Gescherr

abschätzig: *daraus, wie jemand seine Sachen, sein Eigentum behandelt, kann man schließen, dass der Besitzer entsprechend veranlagt ist:* In diesem Sprichwort hat das Substantiv »Geschirr« noch die alte Bedeutung »Handwerkszeug«. »Gescherr« heißt es nicht nur aus Reimgründen; die Form mit e ist vielmehr mitteldeutsch, auch rheinisch.

Den Seinen gibt's der Herr im Schlaf

scherzhaft: *wird gesagt, wenn jemand (unverdientes) großes Glück hat:* In Psalm 127, 2 heißt es: »Es ist umsonst, dass ihr früh aufstehet, und hernach lang sitzet, und esset euer Brot mit Sorgen; denn seinen Freunden gibt er's (= der Herr) schlafend.«

Herrgott von Bentheim (Bendheim)

veralteter, aber noch in Mundart und Volkssprache und ab und zu in der älteren Literatur gebrauchter Ausruf der Verwunderung, Beteuerung oder Verwünschung: Zwischen Marstall und Pulverturm der Burg Bentheim im südlichen Emsland (Niedersachsen) steht an der Mauer unterhalb des Turmeingangs ein romanisches Gerichts- oder Wegekreuz mit einer steinernen Christusfigur im geometrischen Stil (11. Jh.?), dem so genannten »Herrgott von Bentheim«.
Sie wurde 1828 wieder aufgefunden und muss das Volk so tief bewegt haben, dass der Ausruf in dessen Sprache Eingang fand, vielleicht in Erinnerung an eine einstige Wundertätigkeit. Er steht u. a. auch in einem Brief, den mein Urgroßvater Johannes Köster am 6. November 1862 aus Amerika an seine Frau in Kassel schrieb. »Herrgott« bedeutet in der älteren Sprache namentlich auch das geschnitzte Bild des Gekreuzigten (vergleiche den Ausdruck »Herrgottswinkel« = Ecke in der Bauernwohnstube, in der sich ein kleines Kruzifix befand).

Herrlich und in Freuden leben

Vergleiche »leben«.

... vor dem Herrn

scherzhaft: *begabt, begeistert für etwas; einer Sache leidenschaftlich ergeben:* Redensarten mit »Herr« (= Gott) haben meist ihren Ursprung in der Bibel. Zugrunde liegt auch hier eine Stelle im Alten Testament (l. Moses 10, 8 u. 9), wo es heißt: »Chus aber zeugte den Nimrod. Der fing an, ein gewaltiger Herr zu sein auf Erden. Und war ein gewaltiger Jäger vor dem Herrn. Daher spricht man: Das ist ein gewaltiger Jäger vor dem Herrn wie Nimrod.« Die Wendung wurde vom Jagen auf andere Betätigungsgebiete übertragen.

Es herrscht Heulen und Zähneklappern

scherzhaft: *großes Entsetzen, große Verzweiflung oder Angst:* Matth. 8, 12 beschreibt die Qualen der Hölle: »Aber die Kinder des

Reichs werden ausgestoßen in die Finsternis hinaus; da wird sein Heulen und Zähneklappen.« In der Übersetzung Luthers heißt es übrigens »Zähneklappen«, nicht »Zähneklappern«.

Hic Rhodus, hic salta!

bildungssprachlich: *hier gilt es; hier musst du dich entscheiden, dich beweisen:* Diese Redensart stammt aus einer lateinischen Übersetzung der Fabeln des Äsop. In einer der Fabeln rühmt sich ein Prahler mit einem sehr weiten Sprung, den er einmal in Rhodos gemacht hätte. Darauf fordert man ihn mit den Worten »Hier ist Rhodos, hier springe!« auf, an Ort und Stelle seine Springkünste unter Beweis zu stellen.

Den Himmel offen sehen

sich am Ziel seiner Vorstellungen, seiner Wünsche wähnen und deshalb voller Freude sein: auch dies ein Bibelwort. In Johannes 1, 51 verspricht Jesus seinen ersten Jüngern: »Wahrlich, wahrlich sage ich euch: Von nun an werdet ihr den Himmel offen sehen und die Engel Gottes hinauf- und herabfahren auf des Menschen Sohn.« Vergleiche auch die nächste Redensart.

Sich (wie) im siebten Himmel fühlen, im siebten Himmel sein

umgangssprachlich: *vor Glück selig sein:* In apokryphen Schriften des Frühchristentums (1./2. Jh. n. Chr.) findet sich die auf die jüdische Religion zurückgehende Vorstellung des aus sieben Teilen bestehenden Himmels. Der siebte ist der oberste, in dem Gott und die Engel wohnen. Der Koran wie die Kabbalistik übernahmen diese Anschauung. In Dantes »Göttlicher Komödie« gliedert sich das Himmelsgewölbe in mehrere Sphären.

Dass man sich den Himmel in verschiedenen Stufen geordnet denkt, entspricht auch dem antiken Weltbild. Einige europäische Sprachen kennen die Redensart ebenfalls: französisch »être au septième ciel«, englisch »to be in the seventh heaven«, italienisch »essere al settimo cielo«; serbokroatisch ist es sogar ein neunter Himmel: »biti u devetom nebu«. Das erinnert an die neun Welten und die neun Himmel der nordischen Sage.

Sich auf die Hinterbeine stellen

umgangssprachlich: *sich sträuben, sich wehren, nicht nachgeben:* Das Bild geht von dem sich bäumenden Pferd aus, das dem Reiter nicht gehorcht.

Ins Hintertreffen geraten

benachteiligt, zurückgesetzt, überflügelt werden: »Hintertreffen« war die hintere (nicht so angesehene) Abteilung eines Heeres, die als Reserve diente, sich meist nicht am Kampf beteiligte und deshalb von der Kriegsbeute ausgeschlossen war. Den übertragenen Gebrauch der Redensart beschränkt Moriz Heyne in Grimms »Deutschem Wörterbuch« (1877) auf Thüringen und Sachsen; heute wird die Redensart in ganz Deutschland verwendet.

Hinz und Kunz

umgangssprachlich abwertend: *jedermann:* Bei »Hinz« und »Kunz« handelt es sich um alte, heute nur noch als Familiennamen verwendete Kurzformen der Vornamen »Heinrich und Konrad«. Die Namen waren im Mittelalter überaus volkstümlich und kamen so häufig vor, dass sie schließlich abgewertet wurden und in der Formel »Hinz und Kunz« jeden x-beliebigen Menschen bezeichneten.

Hochmut kommt vor dem Fall

wer allzu stolz und überheblich ist, muss es oft mit Erniedrigung büßen: Schon die Bibel wusste das. In den Sprüchen Salomons heißt es (16, 18): »Wer zu Grund gehen soll, der wird zuvor stolz, und Hochmut kommt vor dem Fall.«

Einer Frau den Hof/(veraltet:) die Cour machen

sie umwerben: »Hof« war sowohl der Wohnort eines Fürsten wie auch die Gesamtheit der dazugehörigen Personen. »Den Hof machen« bedeutete ursprünglich »Dienst am Hof verrichten, sein Amt als Hofmann mit besonderen Pflichten dem Fürsten gegenüber versehen«. Die Redensart wurde dann vom Fürsten auf eine schöne Frau übertragen, die einen Hof von Anbetern um sich sammelt. Die Wendung gibt das französische »faire la cour« wieder und stammt aus einer Zeit, in der das französische Hofleben in ganz Europa als Vorbild galt.

Darüber schweigt des Sängers Höflichkeit

scherzhaft: *darüber schweigt man am besten aus Takt oder Diskretion:* »Das verschweigt des Sängers Höflichkeit« ist der Refrain eines Anfang des 19. Jhs. in Berlin erschienenen Liedes eines unbekannten Autors. Die ersten Zeilen lauteten:
»Als der liebe Gott die Welt erschaffen, schuf er Fische, Vögel, Löwen, Affen ...«

Sich in die Höhle des Löwen wagen

scherzhaft: *jemanden, den man fürchtet, von dem man nichts Gutes zu erwarten hat, beherzt mit einem Anliegen o. Ä. aufsuchen:* Quelle ist eine Fabel des griechischen Fabeldichters Äsop (6. Jh. v. Chr.). Ein Fuchs durchschaut hier die List eines alten Löwen, der sich krank stellt und die Tiere bittet, ihn in seiner Höhle zu besuchen. Der Fuchs folgt der Bitte nicht, weil er sieht, dass in die Höhle viele Spuren hinein-, aber keine herausführen.

Auf dem Holzweg sein

umgangssprachlich: *sich irren:* Der Holzweg ist ein Weg, der ins Holz (= in den Wald) führt und auf dem nur Holz abgefahren wird, der also nicht der Verbindung zweier Orte dient. Es ist ein falscher Weg, wenn man ein Ziel vor Augen hat. Das Bild ist schon alt (mittelhochdeutsch »holzwec«). In den 1498/99 in Straßburg gehaltenen Predigten, die der deutsche Kanzelredner Johann Geiler von Kaysersberg über jeden der Narren in Sebastian Brants »Narrenschiff« von 1494 hielt, heißt es: »man findt under tausend nicht einen, der dem rechten weg nachtrachtet, sonder sie gehn all dem holzweg nach und eilen heftig, bisz sie zu der hellen (= Hölle) kommen.«

In ein homerisches Gelächter ausbrechen

bildungssprachlich: *lange und schallend lachen:* In Homers »Ilias« kommt der Dichter an mehreren Stellen auf das »unermessliche Lachen« der Götter über ihren Mitgott Hephäst zu sprechen. In der

»Odyssee« erregt die Göttin Athene den Freiern um Penelope im Haus des Odysseus »unzähmbares Gelächter« vor ihrem Untergang. Im Französischen, Englischen und Niederländischen findet sich die Wendung ebenfalls.

Bei jemandem ist Hopfen und Malz verloren

umgangssprachlich: *jemand ändert sich trotz aller Ermahnungen und Ratschläge nicht; bei jemandem ist alle Mühe vergeblich:* Die Redensart tritt zuerst im 16. Jh. auf; die feste Verbindung »Hopfen und Malz« ist allerdings schon althochdeutsch (9./10. Jh.). Hopfengärten gab es schon im 8. Jh. Die Bierbrauerei, bei der Hopfen und Malz als wichtige Bestandteile gebraucht wurden, war anfänglich kein selbstständiges Gewerbe; jeder Haushalt stellte eigenes Bier her. Wenn das Brauen nicht gelang, waren die beiden wesentlichen Zutaten verloren.

In jemandes Horn blasen/in das gleiche Horn stoßen

umgangssprachlich: *jemandem, ohne einen eigenen Standpunkt zu vertreten, beistimmen:* eine Redensart, die schon Luther gebraucht. Gemeint ist das alte, ventillose Horn, das nur einen einzigen Ton von sich geben kann.

Ausgehen wie das Hornberger Schießen

umgangssprachlich: *trotz lautstarker Ankündigung ohne Ergebnis enden:* Zugrunde liegt wahrscheinlich ein Schildbürgerstreich der Bürger von Hornberg im Gutachtal (Schwarzwald), der jedoch so unterschiedlich überliefert wird, dass man den Eindruck erhält, die verschiedenen Versionen seien erst nachträglich zur Begründung erfunden worden.

Die gängigste und von Hornberg selbst übernommene Variante ist die missglückte Begrüßung eines Landesherrn, bei der das Pulver für die Böller irrtümlich für das vorausgeschickte Gefolge des Herzogs verschossen wurde, sodass der einige Zeit später erscheinende Herzog sang- und klanglos in den Ort einziehen musste.

Ein lokaler Text, etwas abgewandelt, lautet: »Nach der Überlieferung haben die Einwohner des Schwarzwaldstädtchens Hornberg, als sie im Jahre 1564 fürstlichen Besuch erwarteten, so lange Böllerschüsse erprobt, bis ihnen das Pulver ausging. Als nun der Fürst eintraf, mussten sie das Böllern durch Brüllen ersetzen. Diese Sage soll der Ursprung der Redensart sein: Es geht aus wie das Hornberger Schießen!« Erwin Leisinger verfasste ein historisches Heimatspiel in vier Aufzügen, das alljährlich im Sommer im Freien aufgeführt wird. In seinem Mittelpunkt steht das von der örtlichen Feuerwehr arrangierte Böllerschießen.

Jemandem Hörner aufsetzen

umgangssprachlich: von einer Frau gesagt: *den Ehemann mit einem anderen Mann hintergehen:* Lutz Röhrich: »Zur Erklärung dieser Redensart sind mancherlei Vermutungen aufgestellt worden, ohne dass eine völlig befriedigende Lösung gefunden worden wäre.« Derjenige, dem Hörner aufgesetzt werden, heißt im Hochdeutschen seit dem 16. Jh. »Hahnrei«. Dessen ursprüngliche Bedeutung ist »Kapaun, verschnittener Hahn, dem man, um ihn unter den Hähnen zu erkennen, die abgeschnittenen Sporen in den Kamm setzte, wo sie weiterwuchsen und eine Art Hörner bildeten«. Aber das erklärt nicht den Begriff »Horn«, der sehr viel älter ist.
Auszugehen ist wohl von der Gebärdensprache, nämlich von einer Geste mit zwei Fingern, mit der der Betrogene verspottet wurde: Der zweite und der fünfte Finger, die ausgestreckt werden, ähneln zwei Hörnern. Dies war schon im Altertum bekannt. Im Griechischen z. B. heißt »kerata poiein« = Hörner machen, d. h. als Hahnrei verspotten. Die Frage ist, was die Hörner bedeuten sollen. Sind sie ein Symbol für die zwei Männer, die beteiligt sind? Handelt es sich um ein phallisches Zeichen? Soll der Betrogene mit einem gehörnten Tier verglichen werden? Mit einem (Horn)ochsen oder einem Ziegenbock? Diese Fragen sind noch nicht eindeutig geklärt.

Heute heißt es (ruft man) »Hosianna!«, morgen »Kreuzige ihn!«

Die bildungssprachliche Redensart tadelt den raschen Meinungsumschwung einer leicht beeinflussbaren Menge. In Matth. 21, 9 heißt es: Das Volk aber, das vorging und nachfolgte, schrie und sprach: »Hosianna dem Sohn Davids!« (= Jesus beim Einzug in Jerusalem; vergleiche auch Mark. 11, 9). In Mark. 15, 13 dagegen: Sie schrien abermals: »Kreuzige ihn!« (= Jesus vor Pilatus). Ebenso

Joh. 19, 15: Sie schrien aber: »Weg, weg mit dem! Kreuzige ihn!« Andere Bibelstellen (Luk. 23, 21; Joh. 19, 6) verdoppeln die Forderung: »Kreuzige, kreuzige ihn!« »Hosianna« (ökumenisch »Hosanna«) ist der alttestamentliche Anruf Gottes (hebräisch = hilf doch!), der von der christlichen Religion als Ruf der Freude, des Jubels übernommen wurde. Als Teil der katholischen Liturgie ist er mit dem Sanctus, dem Lobgesang vor der Eucharistie, verbunden.

Auf den Hund kommen

umgangssprachlich: *herunterkommen, durch Verlust der Existenzmittel sozial absteigen:* Die Redensart hat einige zum Teil recht weit hergeholte Erklärungsversuche hinter sich. Am einleuchtendsten ist wohl, dass es sich um eine Variante der alten Redensart »vom Pferd auf den Esel kommen« handelt. In der Hierarchie der Tiere steht der verachtete Hund noch weiter unten als der Esel, die Variante verstärkt also noch die Aussage; vergleiche auch englisch: »to go to the dogs«.

Bekannt sein wie ein bunter Hund

umgangssprachlich: *sehr bekannt sein:* Das Adjektiv »bunt« bezieht sich auf das Fell des Hundes. Im Gegensatz zum Hund mit einfarbigem Fell fällt der bunte, d. h. zwei- oder mehrfarbige Hund mehr ins Auge.

Da liegt der Hund begraben

umgangssprachlich: *das ist der Kern der Sache, der entscheidende Punkt:* Diese seit dem 17. Jh. gebrauchte Redensart hat bis heute allen Deutungen widerstanden. Wenn sie sich auf den (schwarzen) Hund der Volkssage bezöge, der einen Schatz bewacht, wäre nicht recht verständlich, warum der Hüter des Schatzes und nicht der Schatz selbst dort »begraben« liegt. Schmeller (»Bayerisches Wörterbuch«) führt ein Substantiv »Hund« in der Bedeutung »vergrabener Schatz« auf (der Hüter wird damit an die Stelle des Behüteten gesetzt), aber schon Grimm (»Deutsches Wörterbuch«) bezweifelt einen Zusammenhang mit unserer Wendung. Wusste man, wenn man den Ort kannte, wo ein Hund verscharrt wurde, um ein Geheimnis, um etwas besonders Wichtiges?

Die Hunde bellen, die Karawane zieht weiter

Vergleiche »Karawane«.

Vom Hundertsten ins Tausendste kommen

umgangssprachlich: *immer mehr vom Thema des Gesprächs abkommen:* Zugrunde liegt die alte Redensart »das Hundert in das Tausend werfen«, die aus Mangel an Verständnis allmählich zur heutigen Form und Bedeutung verballhornt wurde. Grimm, »Deutsches Wörterbuch«, unter »hundert«: »Das Hundert war auf den alten Zähl- und Rechenbrettern die mit C bezeichnete Rubrik (im Gegensatz zu den mit M, X, I bezeichneten); darauf gründet sich die Redensart ›das Hundert in das Tausend werfen‹, vom unordentlichen Setzen der Rechenpfennige auf unordentliches Treiben überhaupt übertragen.« Und unter »hundertste«: »Jenes mangelnde Verständnis hat auch das Verbum mannigfach wechseln lassen.«
1529 schrieb Johann Agricola in seiner Sprichwörtersammlung: »Er wirft das Hundert in Tausend. Er mengt es in einander. Hundert sind das zehend teyl von tausend, vnd tausend ist eine größere zal dann hundert. Wer nun hundert zu tausend wirft, vnd rechnet nit darzwischen die andern hundert, vnd als dann tausend, der macht es also, dass niemandt weiß, was er rechnet oder redt, darumb wirt diss wort gebraucht wider die, so viel gewäsch machen, aber selbs nit wissen, wo es hat angefangen odder wo sich's endet.«
Luther: »Sie haben eine seltzame weise zu reden, als die keine ordnung halten, sondern das hundert ins tausend werfen.« Ein Beispiel für Redensarten, deren Wortsinn dunkel geworden ist, die aber in ihrer heutigen Bedeutung von jedermann ohne Weiteres verstanden und gebraucht werden.

Am Hungertuch nagen

umgangssprachlich: *hungern, Not leiden:* Das Hungertuch (niederdeutsch: »Schmachtlappen«) war früher das Tuch, mit dem etwa um das Jahr 1000 zur Fastenzeit der Altar verhängt wurde (mittelhochdeutsch: »hungertuoch«). Es war mit Bildern geschmückt und sollte die Gläubigen an die Fastenzeit gemahnen. Ein prachtvolles Exemplar ist im Dom von Gurk (Kärnten) erhalten. Es stammt von 1458 und enthält 99 Szenen. Schon im 16. Jh. erscheinen Redewendungen mit übertragener Bedeutung: »am Hungertuch nähen, flicken« = fasten, sich kümmerlich behelfen. Es wird vermutet, dass »nähen« zu »nagen« verballhornt wurde, ob bewusst oder unbewusst, ist nicht mehr zu klären.

Jemandem (et)was husten

umgangssprachlich: *auf jemandes Wünsche nicht eingehen, weil man sie als unzumutbar empfindet:* »Husten« galt früher als Ausdruck der Verachtung, der Schmähung, bezeugt schon bei Luther: »denn ihrer (= Papisten) Kirchengewalt, da hust ich auf und las sie faren.« Die Wendung bezeichnete dann mehr und mehr eine Verweigerung.

Etwas geht jemandem über die Hutschnur

umgangssprachlich: *etwas ist jemandem zu viel, ist so schlimm, dass es ihn aufregt:* Grimm, »Deutsches Wörterbuch« von 1877, beschränkt die Wendung noch auf Sachsen, heute ist sie in ganz Deutschland verbreitet. Grimm weiter: »In Düringen heißt es ›bis über die Hutschnur in Schulden stecken‹, wie sonst bis über die Ohren.« Das Wörterbuch fasst also die »Hutschnur« als Steigerung auf. Das ist die einleuchtendste Erklärung.

Andere berufen sich auf eine Urkunde aus Eger vom Jahre 1356, in der es in einer Benutzungsverordnung für eine über mehrere Grundstücke führende Wasserleitung heißt: »vnd des selben wassers schol in niht mehr noch dicker aus den roeren gen danne ein hutsnur.« Wenn der Wasserstrahl die Dicke einer Hutschnur überschreitet, so handelt der Verursacher unrecht und erzeugt dadurch Ärger. Dieser Beleg für die Hutschnur als Dickemaß für einen Wasserstrahl steht so vereinzelt, dass er als Erklärung für die Wendung nicht infrage kommt.

Hier lasst uns Hütten bauen!

umgangssprachlich: *hier wollen wir bleiben, hier gefällt es uns:* Wieder ist eine (etwas veränderte) Bibelstelle Anlass für die Wendung. In Matth. 17, 4 heißt es: »Petrus aber antwortete und sprach: ›Herr, hie ist gut sein; willst du, so wollen wir hie drei Hütten machen, dir (= Jesus) eine, Mose eine und Elia eine.‹«

i

Jemanden in flagranti ertappen

bildungssprachlich: *auf frischer Tat ertappen:* In der alten lateinischen Juristensprache ist ein »crimen flagrans« ein Verbrechen, bei dem der Täter auf frischer Tat ertappt wird (lateinisch »crimen« = Verbrechen, »flagrans« = brennend, 1. Partizip von »flagrare« = brennen). »In flagranti« meinte ursprünglich »beim Brennen, während des Brennens«, d. h. bei einer Brandstiftung (ertappt). Später wandte man den Ausdruck auch bei anderen Vergehen an, besonders beim Ehebruch. Andere deuten »in flagranti« als »bei noch brennendem Verbrechen«, d. h., solange das Verbrechen noch warm ist.

In medias res gehen

bildungssprachlich: *ohne Umschweife zur eigentlichen Sache kommen:* lateinisch »medius« = mitten, »res« = Ding, Sache, also = mitten in die Dinge. Die Wendung gebraucht der römische Dichter Horaz (65–8 v. Chr.) in seiner »Ars poetica« (dort: »medias in res«), wo er Homer lobt, dass er seine »Ilias« nicht mit dem Doppel-Ei der Leda (»ab ovo«) angefangen hat (Helena, um deretwillen der Trojanische Krieg geführt wurde, war diesem Doppel-Ei entschlüpft), sondern dass er ohne Umschweife ins Leben greift (ins Deutsche übersetzt): »Stets dort eilt er zum Ziel und in die Mitte des Stoffes reißt er den Hörer mit, als wär er bekannt mit dem Vorgang.«

Etwas in petto haben

umgangssprachlich: *etwas für einen bestimmten Zweck bereithalten, um es überraschend zu unterbreiten, vorzubringen:* seit dem 18. Jh. aus italienisch »in petto« = in der Brust, im Herzen, im Sinn. »Petto« geht auf lateinisch »pectus« zurück.

In puncto

hinsichtlich, betreffend: wörtlich übersetzt: im Punkt. Lateinisch »punctum« = Punkt. **In puncto puncti** *(das Sexuelle betreffend):* Dies ist gekürzt aus »in puncto puncti sexti« = hinsichtlich des 6. Gebotes (Du sollst nicht ehebrechen).

Etwas intus haben

umgangssprachlich: 1. *etwas gegessen haben.* 2. *etwas gelernt, begriffen haben:* lateinisch »intus« = (dr)innen, inwendig. Die Wendung stammt aus der Studentensprache; einen zu viel intus haben = zu viel getrunken haben.

Irrtum vom Amt!

umgangssprachlich scherzhaft: *das stimmt nicht, da irrst du dich:* Mit diesen Worten wies man vor Einführung des Selbstwählverkehrs auf dem Fernsprechamt darauf hin, dass eine falsche Verbindung hergestellt worden war.

Jj

In die ewigen Jagdgründe eingehen

verhüllend: *sterben:* Die Wendung bezieht sich auf die mythologische Vorstellung der nordamerikanischen Indianer von einem als »happy hunting ground« bezeichneten Jenseits.

Seit/vor Jahr und Tag

seit/vor langer Zeit, vielen Jahren: Die Formel »Jahr und Tag« stammt aus der alten Rechtssprache und bezeichnete ursprünglich eine genau festgelegte Frist von einem Jahr, sechs Wochen und drei Tagen. Mit der Zeit verband sich mit dieser Formel die Vorstellung eines längeren Zeitraums.

(Nicht) der wahre Jakob sein

umgangssprachlich: *(nicht) das Richtige sein:* Manche vermuten den biblischen Jakob hinter der seit dem 18. Jh. belegten Redensart: Vielleicht bezieht sie sich darauf, dass sich Jakob als Esau verkleidete, um von seinem blinden Vater das Erstgeburtsrecht und den Segen zu erschleichen (1. Moses, 27).
Moriz Heyne in Grimms »Deutschem Wörterbuch« (1877) führt sie dagegen auf den Apostel Jakobus d. Ä. zurück, der nach der Legende in Santiago (de Compostela) in Spanien begraben liegt: »Wahrscheinlich knüpft an diesen Heiligen auch die Redensart an, ›das ist der wahre Jakob‹, indem die Pilger, die die mühselige Reise nach Spanien unternommen hatten, auf leichter zu erreichende Gräber anderer gleichnamiger Heiligen mit Geringschätzung sahen und sie als ihrem Heiligen ebenbürtig nicht gelten ließen.«

Jedem das Seine

Vergleiche: »Suum cuique«.

Über den Jordan gehen

verhüllend: *sterben,* auch: *kaputtgehen:* vielleicht beeinflusst von englisch »Jordan passed = death over«. Der Fluss Jordan in Palästina schied die Wüste von dem Land, das den Israeliten versprochen worden war und von ihnen mit dem Reich des Himmels verglichen wurde. So wurde der Fluss zum christlichen Styx, besonders in der Literatur des Pietismus. Ein Pfarrer, Mitglied im Initiativkreis »Ohne Rüstung leben«, kleidete in einem Leserbrief an die »Frankfurter Rundschau« seinen Tadel des militärischen Vorgehens und seinen Wunsch nach einer künftigen friedlichen Welt in die Bilder vom Überschreiten des Rubikon (Cäsar überschritt 49. v. Chr. mit einer Streitmacht den Rubikon in Italien und löste so einen Bürgerkrieg aus) und vom Übergang über den Jordan ins verheißene Land des Friedens.

(Um) kein Jota, nicht (um) ein Jota

bildungssprachlich: *nicht im Geringsten, nicht die geringste Kleinigkeit:* Ein biblisches Bild für eine äußerste Kleinigkeit ist der kleine griechische Buchstabe Jota (ι) nach dem griechischen Text von

Matth. 5, 18, in dem Luther den Buchstabennamen Jota mit »kleinster Buchstabe« übersetzt: »Denn ich sage euch wahrlich: Bis dass Himmel und Erde zergehe, wird nicht zergehen der kleinste Buchstabe ... «; »nicht ... das minste Jodt« erscheint schon 1631 als offenbar eingebürgerte Fügung in einer Übersetzung aus dem Holländischen von Martin Opitz. Bekannt ist der Goethevers aus dem »Faust«: »Von einem Wort lässt sich kein Jota rauben.«

Alle Jubeljahre (einmal)

umgangssprachlich: *höchst selten:* Das Wort »Jubeljahr« (mittelhochdeutsch »jubeljar«) ist religiösen Ursprungs. Im Jahre 1300 wurde es von Papst Bonifatius VIII. nach alttestamentlichem Vorbild unter Anlehnung an den jüdischen Namen als Gnadenjahr der katholischen Kirche eingerichtet, anfänglich alle hundert Jahre wiederkehrend, dann auf 50, 30 und schließlich 25 Jahre (1470 durch Paul II.) reduziert. Mit ihm waren besondere Ablässe verbunden.

Nach dem hebräischen Wort »jowel« (= Ton des Widderhorns) müsste das Substantiv eigentlich »Jobeljahr« heißen, aber schon früh wurde das »annus iubilaeus« (= Jubeljahr) volksetymologisch an lateinisch »iubilum« = Hirtenruf angeschlossen, kirchenlateinisch »iubilum« = Jauchzen, Jubel (im Kirchengesang).

In 3. Mose 25, 8 ff. wird das israelitische, alle 50 Jahre wiederkehrende Freijahr geschildert (Luther übersetzt »Halljahr«, nach dem Hall des Widderhorns): »Da sollst du die Posaune lassen blasen ... und ihr sollt das fünfzigste Jahr heiligen und sollt ein Freijahr ausrufen ..., denn es ist euer Halljahr.« In diesem Jahr sollte die ursprüngliche Verteilung des Bodens wiederhergestellt werden; Sklaven, die nicht schon im Sabbatjahr (alle sieben Jahre) freigekommen waren, sollten endgültig frei werden.

(Hier geht es zu, hier ist ja ein Lärm) wie in einer Judenschule

umgangssprachlich: *hier geht es sehr laut zu, herrscht großer Lärm:* Die Judenschule (mittelhochdeutsch »judenschuol«) ist das jüdische Gotteshaus, die Synagoge, ein Wort, das Luther auch in der Apostelgeschichte 17, 1 verwendet: »Nachdem sie aber durch

Amphipolis und Apollonia gereiset waren, kamen sie gen Thessalonich; da war eine Judenschule.« Das Grundwort »-schul(e)« ist die alte jüdisch-deutsche Bezeichnung des israelitischen Lehr- und Bethauses (jiddisch »Schul«). Das Gewirr der Stimmen beim lauten Beten und die wiederkehrenden Anrufungen Gottes waren für Hörer, die kein Hebräisch verstanden, unverständlicher Lärm.

K*k*

Wo nichts ist, hat der Kaiser sein Recht verloren

wer nichts besitzt, von dem kann man kein Geld fordern: Die Redensart bezieht sich auf das Recht des Kaisers, Steuern einzutreiben (mittelhochdeutsch »keiserreht« war das vom Kaiser ausgehende oder bestätigte Recht); vergleiche die Bibelstelle Matth. 22,21: »So gebet dem Kaiser, was des Kaisers ist«, d. h., zahlt die vom Kaiser geforderten Abgaben.

Um des Kaisers Bart streiten

Vergleiche »Bart«.

Jemanden durch den Kakao ziehen

umgangssprachlich: *jemanden in ironischer oder spöttischer Weise hänseln:* »Kakao« ist hier Ersatz für das Tabuwort »Kacke« (das nicht ausgesprochen werden sollte). Das Verb »ziehen« ist von älteren, ähnlichen Redensarten übernommen, die das abschätzige Hindurchziehen durch etwas meinen, z. B. durch den Bach ziehen, durch den Dreck ziehen, durch die Hechel ziehen u. a. »Kakao« hat sich wegen der Lautähnlichkeit mit »Kacke« durchgesetzt, früher war es auch mal die »Schokolade« (berlinisch). So mahnt Erich Kästner: »Nie dürft ihr so tief sinken, von dem Kakao, durch den man euch zieht, auch noch zu trinken.«

Das Goldene Kalb anbeten

gehoben: *sein Leben unter Hintansetzung aller moralischen Prinzipien ausschließlich dem Gelderwerb widmen;* **der Tanz ums Goldene Kalb:** *(alles, was der Mensch unternimmt, um zu Geld und Reichtum zu gelangen):* eine Umdeutung der Bibelstelle 2. Mose 32, nach der die Israeliten in Abwesenheit von Moses durch Aaron, seinen Bruder, verführt, alles Geschmeide für die Herstellung des Goldenen Kalbes opferten, das sie dann anbeteten und umtanzten; dies gilt als schwerste Sünde der Generation, die in 40 Jahren von Ägypten durch die Wüste Sinai nach Kanaan wanderte und für die 3000 Israeliten mit dem Tode büßen mussten. Vielfach auch in den europäischen Sprachen: englisch »to worship the golden calf«; französisch »adorer le veau d'or«; italienisch »adorare il vitello d'oro«; niederländisch »het gouden kalf aanbidden« u. a.

Leichter (eher) geht ein Kamel durch ein Nadelöhr als ...

Vergleiche »Nadelöhr«.

Das sind (doch) alte (olle) Kamellen

umgangssprachlich: *längst bekannte Tatsachen, Altbekanntes:* eigentlich »Kamillen«, die, zu lange gelagert, nicht mehr riechen und ihre Heilkraft verlieren. Bekannt geworden sind Fritz Reuters autobiografische Erzählungen »Olle Kamellen« (1859 ff.). Die Redensart ist besonders in Norddeutschland gebräuchlich, wird aber überall in Deutschland zumindest verstanden. In der Wendung **olle Kamellen (wieder) aufwärmen** ist das Verb »aufwärmen« nicht sehr sinnvoll gewählt; vermutlich ist es eine Übernahme aus »alten Kohl aufwärmen«. Völlig zum Synonym für »vergangene Geschichten, verflossene Dinge« ist die Fügung in der Wendung **alte Kamellen ausgraben** geworden.

Jemanden (fest) an die Kandare nehmen

umgangssprachlich: *in straffe Zucht nehmen:* »Kandare« ist die Gebissstange im Zaum des Pferdes, die ein scharfes Zügeln erlaubt. Sie wurde zuerst in Ungarn angewendet, daher ungarisch »kantár« = Zügel, Zaum.

Unter aller Kanone

umgangssprachlich: *unter jeder Kritik:* vermutlich eine von Schülern gebrauchte, bewusst scherzhafte Fehlübersetzung einer vom Lehrer ausgesprochenen lateinischen Bewertung »sub omni canone« = unter jedem Bewertungsmaßstab. Das Substantiv gehört also zu »Kanon«, nicht zu »Kanone«.

Ein Gang nach Kanossa

bildungssprachlich: *ein erniedrigender, demütigender Bittgang:* nach den Worten Bismarcks »Nach Canossa gehen wir nicht«, die sich auf die Ablehnung des Kardinals Hohenlohe als deutscher Botschafter bei Papst Pius IX. beziehen, allgemein bekannt geworden. Bismarck hatte dies am 14. Mai 1872 im Deutschen Reichstag erklärt. Er spielte damit auf den Bittgang Heinrichs IV. an, der durch persönliche Demütigung vor Papst Gregor VII. im Schloss Canossa (südlich von Parma) im Jahre 1077 seine Lösung vom Kirchenbann erwirkte.

Jemanden beim Kanthaken kriegen, nehmen

umgangssprachlich: *beim Genick, beim Kragen fassen, um ihn zu strafen,* auch übertragen gebraucht: Der seit dem 17. Jh. belegte (norddeutsche) »Kanthaken« war ein großer Eisenhaken zum Kanten und Fortbewegen schwerer Kisten, Fässer, Ballen, der besonders beim Beladen von Schiffen verwendet wurde. Seine Gleichsetzung mit »Genick, Nacken« ist wenig überzeugend (die Präposition »beim« ist unpassend); deshalb nimmt man seit Adelung an, dass das Substantiv eine Entstellung aus volkssprachlichem »Kammhaken« ist, das »Genick« bedeutete. Der »Kamm« war der Nacken, der Schopf des Menschen; eine ältere Wendung lautete »einen beim Kamm nehmen«.

Ein unsicherer Kantonist sein

umgangssprachlich: *unzuverlässig sein:* »Kantonist« hieß der Militärpflichtige im 1733 eingeführten preußischen Kantonssystem, das gelegentlich auch von anderen Ländern, z. B. dem Kurfürstentum Hessen-Kassel, übernommen wurde. Jedes Regiment bekam einen Kantonsdistrikt zugewiesen, aus dem die Mannschaften ergänzt wurden. Da der Militärdienst sehr unbeliebt war, suchten sich viele auf diese Weise Verpflichtete zu entziehen, sie galten als wenig verlässlich.

Schwer von Kapee sein

umgangssprachlich: *schwer begreifen, begriffsstutzig sein:* »Kapee« ist die französisierende Bildung eines 2. Partizips zu »kapieren« = begreifen. Die Wendung ist vielleicht hervorgegangen aus einem an Erklärungen angehängten »kapee?« = verstanden? Vergleiche das italienische »capito?«.

Das ist ein Kapitel für sich

eine besondere Angelegenheit, die schwierig oder unangenehm ist: Gemeint ist hier nicht irgendein Kapitel in irgendeinem Buch, sondern ein Kapitel aus der Bibel, ein Bibelabschnitt, wie er in Klöstern bei bestimmten Gelegenheiten verlesen wurde. Ähnlich: **das ist ein ganz anderes Kapitel.**

Kapores gehen

umgangssprachlich: *entzweigehen,* auch: *sterben:* im 18. Jh. in Studentenkreisen aufgekommen. Das Wort stammt aus der Gaunersprache. Zugrunde liegt das hebräische Substantiv »kapara«, Plural: »kaparot« = Sühne, Versöhnung, Sühneopfer. Die gaunersprachliche Bedeutung (über das Jiddische) kommt von dem jüdischen Brauch, am Versöhnungstag (Jom Kippur) ein Sühneopfer zu leisten: Ein lebendes Huhn wird dreimal um den Kopf geschwungen; es übernimmt gleichsam die menschliche Schuld, anschließend wird es geschlachtet.

(Etwas) mit Karacho (tun)

umgangssprachlich: *mit hoher Geschwindigkeit, sehr schnell:* wohl aus dem spanischen Fluch »carajo« = (zum) Donnerwetter, zum Geier; »carajo« bedeutet ursprünglich »Penis«.

Die Hunde bellen, die Karawane zieht weiter

seine Ziele trotz Kritik weiterverfolgen: Das aus dem Orient stammende Sprichwort ist bei uns durch Helmut Kohl bekannt geworden, aber schon Heinrich Heine gebraucht es in der Vorrede zu den »Florentinischen Nächten« (1839): »›Der Hund bellt, die Karawane marschiert‹, sagt der Beduine.« Auch englisch »the dogs bark, but the caravan passes«. Türkisch »köpek ürür, kervan yürür« (ein Reimpaar); kurdisch »Bi ewtina segan kerwan ei reya xwa namine«.

Ab nach Kassel!

Vergleiche »ab«.

Für jemanden die Kastanien aus dem Feuer holen

für jemanden etwas Unangenehmes oder Gefährliches übernehmen, wobei nur dieser einen Vorteil hat: Das Motiv ist in Europa seit dem 16. Jh., in Deutschland seit dem 17. Jh. in verschiedenen Ausformungen einer alten Tierfabel bezeugt. Bekannt ist die Fabel von La Fontaine »Der Affe und die Katze«, in der der Affe die Katze veranlasst, für ihn mit ihrer Pfote die Kastanien aus dem Feuer zu holen, die er sogleich verspeist. Die Fabel spiegelt sich in Wendungen verschiedener europäischer Sprachen wider: außer dem französischen »tirer les marrons du feu«, das unsere deutsche Wendung wiedergibt, z. B. englisch »to pull the chestnuts of the fire« oder, mit abweichendem Bild, »act as a person's cat's-paw«, »to be made a person's cat's-paw«, wo der Geschädigte mit der lädierten Katzenpfote gleichgesetzt wird, ferner italienisch »cavare le castagne dal fuoco« u. a. Lessing lässt in seinem »Jungen Gelehrten« den Diener Anton zu Lisette sagen: »Ja, ja, mein Äffchen, ich merk es schon, du willst die Kastanien aus der Asche haben und brauchst Katzenpfoten dazu.« Die ältere Redensart »jemanden als Katzenpfote gebrauchen« variiert noch einmal die verschiedenen Formulierungen des Fabelthemas.

Etwas (nichts) auf dem Kasten haben

umgangssprachlich: *auf seinem Gebiet (nicht) viel verstehen, (nicht) begabt, (un)fähig sein:* Schon mittelhochdeutsch heißt der menschliche Kopf »kaste«. Früher wurden auch noch andere Körperteile mit einem Kasten verglichen: das Herz, die Gebärmutter, der Eierstock, der Magen, die Stirn, heute noch die Brust (Brustkasten). Auch der (Ge)hirnkasten und der Verstandskasten sind noch lebendig geblieben.

Einen Kater haben

umgangssprachlich: *nach reichlichem Alkoholgenuss unwohl sein:* »Kater« soll eine Umbildung von »Katarrh« sein, die im 19. Jh. aus der Leipziger Studentensprache in die Umgangssprache gelangte. Manche verbinden die Wendung allerdings auch mit dem »Kater«, dem Namen der männlichen Katze. Sie verweisen auf eine Redensart in der Lebensbeschreibung des Schriftstellers F. Chr. Laukhard, die Ende des 18. Jh.s erschienen ist: »besoffen wie ein Kater«, und führen an, dass der Rausch gelegentlich scherzhaft mit einem Tier verglichen wird, z. B. mit dem Affen.

Die Katze im Sack kaufen

umgangssprachlich: *etwas ungeprüft übernehmen, kaufen [und dabei übervorteilt werden]:* Die Wendung, ursprünglich in der Wendung »etwas im Sack kaufen«, bezieht sich darauf, dass früher auf Märkten oft eine wertlose Katze anstelle eines Ferkels, Kaninchens oder Hasen in den Sack getan wurde, um den unachtsamen Käufer zu übervorteilen.

Kauderwelsch reden, sprechen

eine radebrechende, mit fremdsprachigen Bestandteilen durchsetzte, verworrene, schwer verständliche Sprache sprechen: Das Grundwort »welsch« macht bei der Erklärung des Ausdrucks keine Schwierigkeiten, es ist das alte deutsche Wort für »romanisch« (d. h. italienisch, französisch, spanisch usw.), oft abschätzig gebraucht.
Nicht so einfach ist es mit der Herkunft des Bestimmungswortes »kauder«. Rudolf Hildebrand in Grimms »Deutschem Wörterbuch« (1873) bringt es zuerst mit »kaudern« = plappern in Verbindung, entschließt sich dann aber für ein (gleichlautendes) anderes Verb, nämlich für »kaudern« = Klein-, Zwischenhandel treiben. Danach wäre »Kauderwelsch« die schwer verständliche Sprache der italienischen Hausierer.
Nach anderen bedeutet »Kauderwelsch« soviel wie »Churwelsch«: Chur hieß mundartlich »Kauer« und erst dieser Name sei dann von dem oben genannten Verb »kaudern« = Kleinhandel treiben beeinflusst worden. Eine dritte, eher unwahrscheinliche Erklärung verbindet »Kauder-« mit dem Dialekt oder der Geheimsprache der

schwäbischen Kauderer, der Wanderhechler und Werghändler, die mit dem »Kauder«, dem Abfall von Hanf und Flachs, hausieren gingen. Sie würde man wohl kaum als »welsch« bezeichnen.

An jemandem geht der Kelch (nicht) vorüber

gehoben: *jemandem bleibt ein Leid, eine Prüfung, ein Schicksalsschlag (nicht) erspart:* nach einem alttestamentlichen Bild (z. B. Jesaja 51, 17; Psalmen 116, 13), vergleiche aber im Neuen Testament Jesu Worte in Gethsemane Matth. 26, 39: »Mein Vater, ist's möglich, so gehe dieser Kelch (sein Kreuzestod) von mir ...«

In dieselbe, in die gleiche Kerbe hauen

umgangssprachlich: *die gleiche Ansicht vertreten wie jemand anders und ihm dadurch zur Seite stehen:* Die gewöhnliche Erklärung ist, dass die Holzfäller mit ihrer Axt möglichst in die einmal geschlagene Kerbe im Baum hauen müssen, um diesen schneller zu fällen. Das »Deutsche Wörterbuch« von Grimm bietet eine etwas andere Deutung, die das Motiv des Beistandes noch mehr berücksichtigt: »Es rührt wohl von Zimmerleuten her, deren zwei an einer Kerbe hauen, sodass einer dabei leitet.«

Etwas (allerhand, viel) auf dem Kerbholz haben

umgangssprachlich: *etwas (Strafbares) begangen haben, sich vergangen haben:* Das bis ins 18. Jh. verwendete »Kerbholz« war ein längs gespaltener Holzstab, in den Zeichen für Leistungen, Lieferungen, Schulden u. Ä. eingekerbt wurden. Schuldner und Gläubiger erhielten je eine Hälfte zur gegenseitigen Kontrolle.

Das ist des Pudels Kern

ist die eigentliche Ursache, die hinter etwas steckt: Urheber der Redensart ist Goethe: »Das also war des Pudels Kern« (Faust 1, 1323), in diesem Fall Mephistopheles, der sich Faust in Gestalt eines schwarzen Pudels zeigt.

Jemanden auf dem Kieker haben

umgangssprachlich: *jemanden genau, misstrauisch beobachten, um ihn eventuell bei etwas zu ertappen und ihn dafür zur Verant-*

wortung ziehen zu können: Das Fernglas heißt seemännisch »Kieker«, Substantiv zu niederdeutsch, teilweise auch mitteldeutsch »kieken« (z. B. bei Luther), mittelniederdeutsch »kiken« = sehen, schauen, dessen weitere Herkunft nicht geklärt ist.

Mit Kind und Kegel

scherzhaft: *mit allen Familienmitgliedern:* In dieser seit der 1. Hälfte des 15. Jh.s bezeugten Fügung bedeutet »Kegel« nicht die Holzfigur des Kegelspiels, sondern »uneheliches Kind« (spätmittelhochdeutsch »kegel«, »kekel«). Es wird aber heute meist angenommen, dass das Substantiv etymologisch doch zum Spielkegel gehört und eine ähnliche Entwicklung wie »Bengel« (= Stock, Knüppel), »Knoten« (= knorriges Holzstück) oder »Flegel« (= Dreschflegel) durchgemacht hat, also eine abschätzige Bedeutung hatte, ein Scheltwort war. Das »Deutsche Wörterbuch« von Grimm denkt an »Penis« (was bezeugt ist), zweifelt aber dann doch: »Nachzuweisen bliebe freilich, warum dies ›Kegel‹ allein vom unehelichen Sohn gelten sollte.«

Kein (großes) Kirchenlicht sein

umgangssprachlich: *nicht besonders intelligent sein:* frühneuhochdeutsche Übersetzung (16. Jh.) von kirchenlateinisch »lumen ecclesiae« = Licht der Kirche, d. h. ein bedeutender christlicher Gelehrter wie Augustin, Ambrosius u. a. Der Ausdruck wurde schon bald ironisch verwendet. Das einfache »Licht« sowie »Leuchte« und »Armleuchter« werden in gleichem abschätzigem Sinn gebraucht. »Lumen« für eine bekannte Persönlichkeit geht bis auf die Antike zurück. Cicero z. B. nannte berühmte Männer »lumina civitatis« = Staatsleuchten. Positiv verwendet wird das gleichbedeutende lateinische »lux« in der Bibel: In Matth. 5, 14 spricht Christus zu den Jüngern: »Ihr seid das Licht der Welt (lux mundi).« Er wird auch selbst in der christlichen Liturgie als solches bezeichnet.

Arm wie eine Kirchenmaus sein

nichts oder nur ganz wenig besitzen: Mäuse, die in einer Kirche leben, finden dort nichts zu fressen; vergleiche auch englisch »poor as a churchmouse«. In anderen europäischen Sprachen tritt eine

Ratte an die Stelle der Maus, z. B. französisch »gueux comme un rat d'église«, niederländisch »kaal als eene kerkrot«, dänisch »fattig som en kirkerotte«. Vom Französischen beeinflusst war wohl Wieland: »... weil er so arm als eine Kirchenratte war.«

Mit jemandem ist nicht gut Kirschen essen

umgangssprachlich: *mit jemandem ist nicht gut zu sprechen, auszukommen, weil er unverträglich oder hochfahrend ist:* Diese Redensart ist die Kurzform eines einst ausführlicheren Ratschlags, dessen Inhalt noch eindeutig war: »Es ist mit Herrn nicht gut Kirschen essen, sie werfen einen mit den Stielen«, heißt es bei Luther, und: »Es ist nicht gut mit großen Herren Kirschen essen, sie werfen einem die Kerne ins Gesichte«, schreibt Chr. E. Steinbach in seinem Wörterbuch von 1734.

In den ältesten Belegen, die bis ins Spätmittelhochdeutsche zurückreichen, herrscht das Werfen der Stiele vor: »Es ist niht guot mit herren kirsen essen ... wer mit in kirsen essen wil, dem werfent si der kirsen stil in die ougen«, mahnt der Berner Dominikanermönch Ulrich Boner um 1349 in seiner Fabelsammlung »Der Edelstein«. Offenbar handelt es sich um einen nicht seltenen Scherz von Herren, den sie sich gegen Niedere erlaubten. Das Grimm'sche »Deutsche Wörterbuch« spricht sogar von einer »alten Hofsitte«.

Klappern gehört zum Handwerk

wer Erfolg haben, gehört werden will, muss laut auf sich aufmerksam machen: Mühlen, Webstühle, Maschinen aller Art klappern. Diese Beobachtung führte zu dem Sprichwort mit der tieferen Bedeutung, dass Großtun und Sprüchemachen zum Geschäft gehören.

Jemanden (etwas) über den grünen Klee loben

umgangssprachlich: *außerordentlich, übertrieben, über Gebühr loben:* Der Ursprung der Redensart liegt in dem Umstand, dass die Kleeblume in der älteren Zeit großes Ansehen besaß und schon von der mittelhochdeutschen Dichtung hochgelobt wurde. Besonders oft heißt es »der grüne Klee«, so bei Walther von der Vogelweide, Wolfram von Eschenbach u. a. Der Sinn der Redensart ist also »mehr als die Dichter den Klee loben«, und das ist zu viel des Guten.

Jemanden über die Klinge springen lassen

1. *töten, hinrichten.* 2. *zugrunde richten:* Während andere Redensarten mit »Klinge« die Fechtwaffe meinen (z. B. **die Klingen kreuzen; eine gute, scharfe Klinge schlagen**), ist die Klinge in dieser Wendung das Richtschwert: Der Kopf des Hingerichteten springt nach dem Schwerthieb sozusagen über die Klinge. In der Redensart tritt die ganze Person an die Stelle des Kopfes. Grimms »Deutsches Wörterbuch« (1873) spricht von »fürchterlichem Scherz« und nennt die Sache »ein rechtes Stück vom Kriegs- und Siegshumor unserer Vorfahren« (!). Die ältesten Belege (15./16. Jh.) bevorzugen das Verb »hüpfen«. Eine ganze Reihe von europäischen Sprachen bedient sich des gleichen Bildes.

Einen Klotz am Bein haben/ein Klotz am Bein sein

umgangssprachlich: *eine Verpflichtung übernommen haben und dadurch in seiner Bewegungs- und Handlungsfreiheit spürbar eingeengt, belastet sein:* Die Wendungen beziehen sich darauf, dass dem Vieh auf nicht eingezäunter Weide die Vorderbeine zusammengebunden werden bzw. ein Holzklotz daran befestigt wird, um es in seiner Bewegungsfreiheit einzuschränken. Auch Gefangene kettete man früher an einen Klotz, um ihnen die Bewegungsfreiheit zu nehmen.

Knall und Fall, Knall auf Fall

umgangssprachlich: *ganz plötzlich, unverzüglich:* Ursprung ist die Soldaten-, vielleicht auch die Weidmannssprache. Wurde geschossen, dann erfolgten der Knall des Schusses und der Fall des Gegners oder des Wildes fast gleichzeitig. Anfänglich (17. Jh.) bestand die Wortgruppe aus einem kurzen Satz: »Knall und Fall war eins«; später wurde sie adverbiell gebraucht. Die Präposition »auf« gelangte vermutlich in Anlehnung an »Schlag auf Schlag« in die Fügung.

Etwas übers Knie brechen

umgangssprachlich: *etwas übereilt, überstürzt, gewaltsam erledigen, besonders wenn geduldige, aber vergebliche Versuche vorausgegangen sind:* nach den rasch übers Knie gebrochenen Zweigen und kleineren Ästen, für die man nicht erst nach Axt und Säge greifen muss, die aber dann wegen ihrer ungleichen Länge und ihrer unregelmäßigen Bruchstellen den Eindruck des Ungeordneten hinterlassen. Verneint: **Das lässt sich nicht übers Knie brechen** = das ist ohne sorgsame Vorbereitung nicht so leicht und schnell zu erledigen.

Auf Spitze und Knopf stehen

Vergleiche »Spitze«.

Etwas an den Knöpfen abzählen

umgangssprachlich scherzhaft: *eine Entscheidung dem Zufall überlassen:* Die Wendung bezieht sich auf den [abergläubischen] Brauch, die Knöpfe eines Kleidungsstücks abwechselnd mit »Ja« und »Nein« durchzuzählen, wobei das »Ja« bzw. »Nein« des letzten Knopfes die Entscheidung fällt.

Den gordischen Knoten durchhauen

bildungssprachlich: *ein unlösbar scheinendes Problem, eine äußerst komplizierte, schwierige Situation in unkonventioneller Weise zwar gewaltsam, aber doch verblüffend einfach lösen:* Das Substantiv »Knoten« wurde schon früh bildlich gebraucht, bereits von mittelhochdeutscher Zeit an. Die Bedeutung war »Rätsel; Wirrsal; schwer zu lösende, verfängliche Frage; philosophische Schwierigkeit« u. a.

Das Adjektiv »gordisch« deutet auf eine andere Interpretation hin. Es bezieht sich auf die antike Stadt Gordion (lateinisch »Gordium«), die Hauptstadt Phrygiens (im nördlichen Kleinasien). Ihr Name stammt von dem mythischen König und Staatsgründer Gordios (lateinisch »Gordius«), der seinen Streitwagen mit einem als unauflösbar geltenden Knoten dem Zeustempel weihte. Von einem Orakel wurde demjenigen, der den Knoten löste, die Herrschaft über Kleinasien versprochen.

Alexander der Große, der auf seinem Feldzug gegen die Perser 333 v. Chr. nach Gordion kam, sah den Knoten, hörte sich das Orakel an und zerhieb den Knoten mit seinem Schwert, um sich dadurch seine Herrschaft über Kleinasien bestätigen zu lassen.

Diese Episode aus Alexanders Leben, von antiken Autoren überliefert, wurde in der Zeit der Renaissance von den Humanisten wieder bekannt gemacht und schlug sich in der Literatur nieder. Der »nodus Gordius« (bezeugt u.a. bei dem römischen Geschichtsschreiber Ammianus, 4. Jh. n. Chr.) wurde in der deutschen Lehnübersetzung zum »gordischen Knopf« oder »gordischen Knoten«. Auch die Gebildeten anderer europäischer Länder gebrauchten das Bild: französisch »trancher le noeud gordien«; englisch »to cut the Gordian knot« (so schon in Shakespeares »Heinrich V.«); italienisch »nodo gordiano«; niederländisch »Gordiaanse knoop« (= Knopf, vergleiche oben); russisch »gordiew usjel«; serbokroatisch »preseći Gordijev čvor« u.a.

Kobolz schießen

umgangssprachlich: *einen Purzelbaum machen:* Die Redensart stammt aus dem Niederdeutschen. Im älteren Neuhochdeutschen »Kobolt schießen«, nach dem lustigen, ausgelassenen Treiben der Kobolde, der Hausgeister. Die Betonung der Endsilbe ist gelegentlich schon mittelhochdeutsch (»kobólt«). Ihr -z ist vielleicht aus dem Genitiv -ts entstanden, der bei Spielnamen auftaucht. Die jüngere Schreibung mit -d (Kobold) erfolgt wohl in Anlehnung an die Nachsilbe -bold wie in Saufbold.

Kohldampf schieben

umgangssprachlich: *über eine längere Zeit zu wenig zu essen haben, Hunger leiden:* Die Redensart ist im 19. Jh. aus der Gaunersprache über die Soldatensprache in die Umgangssprache eingedrungen. Die Erklärungen gehen weit auseinander. Das »Schwäbische Wörterbuch« von Fischer bemühte sogar die »Cholera«, andere das russische »golod« = Hunger. Man meint heute, dass sich rotwelsch »Kol(er)« = Hunger und rotwelsch »Dampf« = Hunger zwecks Verstärkung des Ausdrucks zusammengefunden und eine so genannte Tautologie gebildet haben (z. B. ist »weißer Schimmel« eine Tautologie). »Schieben« soll aus rotwelsch »scheff(t)en« = sich befinden, sein, gehen, machen, tun (dem das deutsche Verb »schaffen« zugrunde liegt) »eingedeutscht« worden sein.

Feurige Kohlen auf jemandes Haupt sammeln

gehoben: *jemandem durch Großmut oder eine gute Tat Böses mit Gutem vergelten:* Wieder einmal ist die Bibel Quelle. In den Sprüchen Salomonis heißt es 25, 21 u. 22: »Hungert deinen Feind, so speise ihn mit Brot; dürstet ihn, so tränke ihn mit Wasser. Denn du wirst feurige Kohlen auf sein Haupt häufen und der Herr wird dir's vergelten« (vergleiche Römer 12, 20). Auch diese Wendung ist in anderen europäischen Sprachen (Englisch, Französisch, Niederländisch u. a.) verbreitet: Zugrunde liegt wohl ein tatsächlicher Ritus, der um das 3. Jh. v. Chr. aus Ägypten bezeugt ist (in einer volkstümlich geschriebenen Erzählung).

(Wie) auf (glühenden) Kohlen sitzen

erwartungsvoll, nervös, voll Unruhe sein: Durch das 1. Partizip »glühend« (das aber auch fehlen kann) wird die Redensart verständlicher: Jemand rutscht so ungeduldig auf seinem Sitz hin und her, als ob er auf glühenden Kohlen säße.

Kokolores machen

umgangssprachlich: *unnötige, unglaubwürdige, unsinnige Einwendungen machen, Unfug treiben:* Die Herkunft des Wortes »Kokolores« ist ungeklärt. Vielleicht gehört es mit pseudolateinischer Endung zu mundartlich »gokel«, »gogel« = ausgelassener Scherz; Possen, Übermut, verwandt mit »gaukeln«. Man hat auch an ein österreichisches Glücksspiel »Kakelorum« gedacht. Das »Südhessische Wörterbuch« verweist auf mitteldeutsch »ko(c)keln« = gaukeln.

Fünfte Kolonne

oft Sabotage ausübende Gruppe in einem Land, die mit dem Gegner des Landes zusammenarbeitet: Die Fügung geht auf eine Bemerkung des faschistischen Generals Mola im spanischen Bürgerkrieg zurück, der mit vier Kolonnen auf Madrid vorrückte und gefragt wurde, welche von ihnen Madrid erobern werde. Er beantwortete die Frage mit dem Hinweis auf eine fünfte Kolonne, womit er die Faschisten in Madrid meinte.

Ein Koloss auf tönernen Füßen/auf tönernen Füßen stehen

bildungssprachlich: *etwas Gewaltiges, was in Wirklichkeit so schwach und brüchig geworden ist, dass es einzustürzen droht:* Im Propheten Daniel 2 ff. wird erzählt, dass Nebukadnezar einen Traum hatte, der ihn so erschreckte, dass er davon aufwachte. Der Inhalt des Traumes aber war ihm entfallen. Der König berief »alle Weisen zu Babel« zu sich und verlangte von ihnen, dass sie seinen Traum deuteten. Als sie das nicht vermochten, befahl der König, sie alle zu töten.

Die Häscher suchten auch Daniel, den »Gefangenen aus Juda«; dieser erbat sich Bedenkzeit vom König und versprach ihm die Deutung. In der Nacht offenbarte Gott seinem Propheten Daniel den Traum Nebukadnezars: Eine riesenhafte Bildsäule stand vor dem König, deren »Füße waren eines Teils Eisen und eines Teils Ton ... bis dass ein Stein herabgerissen ward ohne Hände; der schlug das Bild an seine Füße, die Eisen und Ton waren und zermalmte sie ... Der Stein aber, der das Bild schlug, ward ein großer Berg, dass er die ganze Welt erfüllete.«

Der König lobte Daniel »und machte ihn zum Fürsten über die ganze Landschaft Babel«, erkannte aber nicht, dass er vom Untergang seines eigenen Reiches geträumt hatte. Die Redensart hat sich im Laufe der Zeit zur heutigen Form entwickelt; in der Bibel ist sie so nicht überliefert. Zum Wort »Koloss« beigetragen hat der berühmte Koloss von Rhodos, eine 34 m (nach anderen 37 m) hohe Bronzestatue des Stadtgottes Helios, die als eines der sieben Weltwunder galt.

Das Ei des Kolumbus

Vergleiche »Ei«.

Spät kommt Ihr – doch Ihr kommt!

scherzhaft gesprochen zu jemandem, über dessen spätes Erscheinen man zwar ein wenig verärgert, aber schließlich doch froh ist: Diese Worte spricht Wallenstein zu dem Grafen Isolani in Schillers »Piccolomini« (I, 1).

Nach Komplimenten fischen

ein wenig ironisch: von jemandem, der bewusst durch Hervorkehrung eigener Schwächen und durch gezielte Fragen an seinen Gesprächspartner Komplimente zu erzwingen versucht: eine Lehnübersetzung der englischen Redensart »to fish for compliments«.

Jemandem Kontra geben

umgangssprachlich: *jemandem heftig widersprechen:* bei Kartenspielen, besonders bei Skat und Bridge, Ansage, nach der das Spiel doppelt gezählt wird. Beim Skat bietet eine Partei vor Beginn des Spiels »Kontra« an, wenn sie glaubt, dass der Gegner zu schlechte Karten hat, um gewinnen zu können. Ein Kontra wird mit doppelter Punktzahl gewertet, wenn der Herausfordernde gewinnt; verloren gilt es dagegen vierfach. Herkunft: lateinisch »contra« = gegen.

Den Kopf in den Sand stecken

etwas, besonders eine Gefahr, nicht sehen wollen, davor die Augen verschließen; die realen Gegebenheiten nicht wahrhaben wollen: Man nahm früher an, der Vogel Strauß stecke bei Gefahr den Kopf in den Sand, weil er glaube, so nicht gesehen zu werden. In Wirklichkeit presst der Vogel seinen Körper möglichst flach auf das Nest, um es zu tarnen.

Den Kopf unterm Arm tragen

umgangssprachlich: *sehr krank sein:* Die Wendung bedeutet eigentlich »schon so gut wie tot sein« und beruht auf der Legende, dass Märtyrer als Zeichen ihrer Unschuld nach der Enthauptung mit ihrem Kopf unter dem Arm noch laufen konnten, so etwa der französische Nationalheilige Dionysius, der nach seiner Enthauptung in Paris noch bis zu dem (später nach ihm benannten Ort) Saint-Dénis nördlich von Paris gelaufen sein soll.

Jemandem den Kopf waschen

umgangssprachlich: *jemandem die Meinung sagen, ihn scharf tadeln:* Hier soll nicht die Reinigung angesprochen werden, sondern etwas Unangenehmes, Schmerzhaftes, das mit dem gewaltsamen Reiben beim Waschen verbunden sein kann. Auch Schuljungen, die sich im Winter gegenseitig das Gesicht oder den Kopf mit Schnee abzureiben versuchen, nennen das »waschen«. Eine alte Bedeutung von »waschen« war sogar »durchprügeln«. Auch andere Körperregionen wurden so behandelt (»jemandem den Bart, die Ohren, die Haut, den Pelz, den Hals, den Buckel, das Maul waschen«).

Kopf und Kragen riskieren

sein Leben aufs Spiel setzen: »Kopf und Kragen« entstammt der alten Rechtssprache, wobei »Kopf« die Hinrichtung mit dem Schwert, »Kragen« (veraltet = Hals) das Gehängtwerden ausdrückt.

Sich einen Korb holen/einen Korb bekommen/jemandem einen Korb geben

abgewiesen werden, besonders bei einem Liebes- oder Heiratsantrag/jemanden abweisen: nach dem früher (im 17./18. Jh.) geübten Brauch, einem unerwünschten Liebhaber einen Korb ohne Boden als Zeichen der Ablehnung zu übersenden. Dies war das Überbleibsel einer mittelalterlichen Sitte des »Fensterlns«, bei der das Mädchen einem Bewerber, den es nicht mochte, einen Korb mit angebrochenem Boden vom Fenster herabließ, durch den er hindurchfiel, wenn er emporgezogen wurde.

Jemanden, etwas aufs Korn nehmen

umgangssprachlich: *seine ungeteilte Aufmerksamkeit mit bestimmter, oft feindlicher Absicht auf jemanden richten, etwas heftig kritisieren:* Das Korn am Gewehrlauf, das hier gemeint ist, hat seinen Namen vom Getreidekorn, dessen Form es anfänglich nachahmte. »Aufs Korn« deshalb, weil das, worauf gezielt wird, für das Auge auf dem Korn liegend erscheint.

Von echtem Schrot und Korn sein

Vergleiche »Schrot«.

Etwas ist (nicht ganz) koscher

umgangssprachlich: *unbedenklich, einwandfrei,* meist verneint: *bedenklich, nicht geheuer:* Das aus der Gaunersprache stammende

Wort kommt über jiddisch »koscher« = nach den jüdischen Speisegesetzen genießbar vom hebräischen »kascher« = tauglich, recht, zum Genuss erlaubt.

Vor jemandem (s)einen Kotau machen

bildungssprachlich: *sich gegenüber jemandem demütig-unterwürfig verhalten:* nach dem Begrüßungszeremoniell am ehemaligen kaiserlichen Hof in China, bei dem man mit dem Kopf den Boden berühren musste. Chinesisch »kotou« = mit dem Kopf auf den Boden schlagen, aus »ko« = schlagen und »tou« = Kopf.

Kotzen wie ein Reiher

salopp: *sich wiederholt heftig übergeben:* Der Vergleich geht auf die Beobachtung zurück, dass der Reiher seine Jungen aus dem Kropf füttert, die Nahrung also herauswürgt.

Jemandem den Kragen umdrehen

umgangssprachlich: *jemanden umbringen:* Hier wie in einigen anderen Redensarten mit »Kragen« (**den Kragen kosten; an den Kragen wollen, gehen; Kopf und Kragen riskieren; sich um Kopf und Kragen bringen** u. a.) hat das Substantiv noch die alte Bedeutung »Hals« (althochdeutsch, mittelhochdeutsch, neuhochdeutsch bis ins 18. Jh.).

Die Kränke kriegen

umgangssprachlich: *zum Verrücktwerden, zum Verzweifeln sein:* »Kränke« ist ein altes Wort für »Krankheit«, das gerne in Flüchen verwendet wurde (wie »Krätze«) und hier besonders »Krämpfe«, »Epilepsie« oder »Pest« bedeutete. »Dass dich die Kränke, du Mistfinke du!«, heißt es einmal bei Wieland in dem Roman »Die Abenteuer des Don Sylvio von Rosalva«.

(S)einen Kratzfuß machen

scherzhaft: *jemanden förmlich, betont höflich begrüßen:* »Kratzfuß« hieß früher die Bewegung eines Herrn mit dem linken oder rechten Fuß im Bogen nach hinten, wenn er jemand Höherem Reverenz erwies. Dabei streifte (kratzte) die Fußspitze den Boden.

Die Sitte entstand in galanten Kreisen im 16./17. Jh.; vergleiche auch englisch »to make a leg«.

Wie Kraut und Rüben

umgangssprachlich: *wild durcheinander:* Es gibt verschiedene Erklärungen: entweder von dem Bild des Rübenackers, auf dem bei der Ernte die abgeschnittenen Blätter und die Rüben ungetrennt durcheinanderliegen, oder nach einem Fleischgericht mit »Kraut« (= Kohl) und Rüben. Eine dritte Erklärung, dass auf einem Feld »Kraut« (= Kohl) und Rüben durcheinanderwachsen, erscheint weniger schlüssig.

Kreide fressen

umgangssprachlich: *sich scheinbar friedlich, friedfertig verhalten:* In dem Grimm'schen Märchen »Der Wolf und die sieben jungen Geißlein« frisst der Wolf Kreide, um seine raue Stimme, an der die Geißlein ihn erkennen sollten, »fein« zu machen. Bei der Kreide handelt es sich übrigens weder um Malerkreide, d. h. Kalkpulver, noch um Kreide zum Schreiben o. Ä. aus Gips, sondern um die sogenannte Kirschkreide, worunter man im Preußischen »Kirschmus« versteht. So wie Honig gegen Heiserkeit hilft, hat die Süße der Kirschkreide vermutlich einen ähnlichen Effekt.

In der Kreide stehen

umgangssprachlich: *Schulden haben:* nach der früher üblichen Sitte, die Zechschulden eines Gastes im Wirtshaus mit Kreide auf eine schwarze Tafel zu schreiben.

(Immer weitere) Kreise ziehen

immer mehr Menschen bekannt werden oder sie betreffen: nach den kleinen Wellen, die sich kreisförmig ausbreiten, wenn man einen Stein in ein ruhiges Gewässer wirft. Diese Beobachtung findet sich schon bei Meister Eckhart (13./14. Jh.).

Krethi und Plethi

bildungssprachlich veraltet, abwertend: *alle möglichen (nicht vertrauenswürdigen) Leute, eine bunt zusammengewürfelte Menge, gemischte Gesellschaft:* nach 2. Sam. 8, 18, wo von der aus Krethi und Plethi bestehenden Leibwache Davids die Rede ist. Ihrer Herkunft nach waren sie Kreter bzw. Philister, also Angehörige verschiedener Volksgruppen. Manche erklären die Fügung mit »Krethi« = Scharfrichter, Töter (zu hebräisch »kraj«) und »Plethi« = Läufer (zu »palath« = laufen). Sie ist durch Luthers Bibelübersetzung, der sie nicht in abschätzigem Sinn gebrauchte, bekannt geworden. Erst im 18. Jh. wurde sie üblicher. Die Bedeutungsverschlechterung ist verständlich, wenn man bedenkt, dass eine Leibwache als Ausdruck unumschränkter Königsmacht im Volk nicht sonderlich beliebt ist.

Alles, was da kreucht und fleucht

scherzhaft: *alle Tiere auf der Erde und in der Luft:* »Kreucht« ist die veraltete (frühneuhochdeutsche) Form von »kriecht«. Beeinflusst durch den sich anbietenden Reim und mundartliche Aussprache wird fälschlich auch »fleucht« gesagt, obwohl es richtig »fleugt« (von »fliegen«) heißen müsste. Schiller, durch den die Fügung bekannt wurde, schrieb im »Tell« (III, 1) korrekt: »... das ist seine (= des Schützen) Beute, was da kreucht und fleugt.«

Kreuz

Die Redensarten mit »Kreuz« beziehen sich fast alle entweder auf das Kreuz Christi (**ein Kreuz sein; sein Kreuz tragen; ein Kreuz schlagen; drei Kreuze machen; zu Kreuze kriechen;** die letzte Redensart geht auf die mittelalterliche Sitte zurück, zu Karfreitag als Zeichen strenger Buße auf den Knien zum Kreuz zu kriechen), oder sie verweisen auf »Kreuz« = unterer Rücken: **aufs Kreuz fallen; es im Kreuz** (umgangssprachlich: *Rückenschmerzen*) **haben; jemanden aufs Kreuz legen** (umgangssprachlich: *jemanden betrügen*); **jemandem etwas aus dem Kreuz leiern** (umgangssprachlich: *mit viel Mühe von jemandem erhalten*) u. a.
Dieses »Kreuz« ist nach dem Kreuzbein des menschlichen Skeletts benannt, einem dreiseitigen und daher kreuzähnlichen Knochen, der als letzter Teil der Wirbelsäule die hintere Wand des Beckens bildet. Die Mediziner nannten ihn früher lateinisch »os sacrum« (= heiliger Knochen) nach griechisch »hieron osteon«.

Das Kriegsbeil ausgraben/begraben

umgangssprachlich: *einen Streit beginnen/beenden:* nach einem entsprechenden Brauch nordamerikanischer Indianer, der durch die »Lederstrumpf«-Erzählungen des amerikanischen Schriftstellers James Fenimore Cooper (1789–1851) in Europa bekannt wurde (englisch »to bury the hatchet« = begraben, »to take« oder »dig up the hatchet« = ausgraben). In dem Versepos »The Song of Hiawatha« des amerikanischen Dichters H. W. Longfellow (1807–82), das indianische Mythologie behandelt, stehen im 13. Gesang die folgenden Verse:

Buried was the bloody hatchet,
buried was the dreadful war club,
buried were all warlike weapons,
and the war-cry was forgotten.
There was peace among the nations.

Krokodilstränen vergießen/weinen

umgangssprachlich: *heuchlerische Tränen vergießen:* Grimm, »Deutsches Wörterbuch« (1873): »wie sie (= die Tränen) ein Krokodil weint, nach dem Glauben, dass das Krokodil seine Opfer anlocke durch Weinen wie ein Kind oder dass es sein Opfer während des Mordes beweine.« Grimm gibt hier die Überlieferung wieder, die seit dem 14. Jh. in Deutschland bekannt ist. Im 15. Jh. kam dann die übertragene Bedeutung von »Krokodilstränen« als heuchlerischen, unaufrichtigen Tränen auf, als unehrlichen Beileidsbezeigungen.

Die Naturwissenschaften sind der Erscheinung auf den Grund gegangen. Das Weinen kommt von den noch im Ei steckenden Jungen, die ein bis zwei Tage vor dem Ausschlüpfen ihrer Wache haltenden Mutter durch Quäktöne anzeigen, dass es bald soweit ist. Tränen kommen den Krokodilen deshalb, weil Speichel und Tränendrüsen so nahe beieinander sitzen, dass Letztere beim Fressen mit angeregt werden. Andere Forscher meinen, dass die Krokodile durch besondere Drüsen das Salz, das durch Nahrung und Wasser aufgenommen wird, in einem tränenähnlichen Sekret wieder ausscheiden.

Auch andere Sprachen kennen den Ausdruck: englisch »crocodile tears«, französisch »larmes de crocodile«, italienisch »lacrime di coccodrillo«, niederländisch »krokodilletranen«, serbokroatisch »liti krokodilske suze«, ebenso das Russische.

Einer Sache die Krone aufsetzen

umgangssprachlich ironisch: *nicht zu überbieten sein:* vermutlich nach der Richtkrone auf fertiggestellten Rohbauten. »Krone« = Kopf, Schädel liegt vor in folgenden umgangssprachlichen Wendungen: **jemandem in die Krone fahren** *(jemanden verärgern);* **jemandem steigt etwas in die Krone** *(sich etwas auf eine Sache einbilden);* **einen in der Krone haben** *(betrunken sein).* Ein Scherz ist die bewusste Vermischung dreier Redensarten: Das schlägt dem Fass die Krone ins Gesicht.

Kuckuck

In den Wendungen **(das) weiß der Kuckuck, hol's der Kuckuck!, zum Kuckuck (noch mal), sich den Kuckuck um etwas scheren, jemanden zum Kuckuck jagen** ist der Vogelname Ersatz- und Hüllwort für den Teufel. Der lutherische Teufelsglaube machte das 16. Jh. zu einem Jahrhundert der Teufelsbücher; so gab man z. B. 33 verschiedenen Lastern Teufelsgestalt: Fluch-, Zauber-, Tanz-, Spiel-, Ehe-, Hosenteufel usw. In Grimms »Deutschem Wörterbuch« heißt es: »Es ergibt sich daraus, dass dem Vogel einst eine göttliche Bedeutung beiwohnte, die durch den Einfluss des Christenthums in eine teuflische verkehrt ward.« Im Volksglauben spielte und spielt er noch eine große Rolle. Er gilt als Glücksvogel und als Frühlingsvogel; die Anzahl seiner Rufe verkündet die Lebensjahre des Hörers.

Jemandem ein Kuckucksei ins Nest legen

jemandem ein fragwürdiges Geschenk machen oder ein Ansinnen an jemanden stellen, das sich später als höchst unpassend oder unangenehm herausstellt und der Person nur Schwierigkeiten verursacht: Das Kuckucksweibchen brütet nie selbst, sondern legt seine Eier in Abständen in die Nester anderer Vögel. Bevorzugt werden Bachstelze, Neuntöter, Teichrohrsänger, Grasmücke, Gartenrotschwanz, Rotkehlchen, Heckenbraunelle und Zaunkönig, wodurch diese geschädigt werden. Da das Kuckucksjunge alle Eier und Jungen der Wirtsvögel aus dem Nest wirft, verringert es deren Bestand, was allerdings nie zur Ausrottung führt.

Eine ruhige Kugel schieben

umgangssprachlich: *bei der Arbeit keine besondere Eile an den Tag legen (müssen):* Die Herkunft dieser bei den Soldaten sehr beliebten Redensart ist nicht geklärt. Man nimmt an, dass damit die Kegelkugel gemeint ist.

Auf keine Kuhhaut gehen

umgangssprachlich: *unerhört, unbeschreiblich sein, jedes Maß übersteigen:* Nach mittelalterlichem Glauben legt der Teufel beim Jüngsten Gericht einem Auferstandenen dessen Sündenregister schriftlich auf einem aus einer Kuhhaut gefertigten Pergament vor. Was auf dieser Liste keinen Platz mehr findet, übersteigt alles Zumutbare.

Mein lieber Freund und Kupferstecher

umgangssprachliche Anrede an jemanden, den man für etwas tadelt, dem man Vorwürfe macht oder droht: Warum gerade der »Kupferstecher« gewählt wurde, ist nicht geklärt. Voraus gingen Anreden mit »Bildermann« (= Verkäufer von Bildern, Kupferstichen u. a.) und »Petschaftsstecher« (= Siegel- und Wappenstecher), sodass »Kupferstecher« mehr oder weniger eine Variation darstellt. Literarisch ist der Kupferstecher bei Theodor Fontane in seinem Roman »Frau Jenny Treibel« (1892) belegt: »Das hat so sein sollen, Freund und Kupferstecher; mitunter fällt Ostern und Pfingsten auf einen Tag.«

Sich einen Kuppelpelz verdienen

umgangssprachlich: *eine Heirat vermitteln:* Ursprünglich handelte es sich wohl um einen wirklichen Pelz, den Preis für die Überlassung der Vormundschaft über die Frau an den Mann bei der Eheschließung.

Jemanden unter Kuratel stellen/unter Kuratel stehen

unter strenge Aufsicht, Kontrolle stellen/darunter stehen: In der mittelalterlichen Rechtssprache, die auf der Sprache des römischen Rechts beruhte, bedeutete »curatela« etwa das, was man heute unter »Pflegschaft« versteht. Das Wort ist eine Mischform aus lateinisch »cura(tio)« = Besorgung, Pflege und lateinisch »(tu)tela« = Obhut, Fürsorge.

Den Kürzeren ziehen

unterliegen, zu kurz kommen, benachteiligt werden: Wer beim Verlosen mit Halmen o. Ä. den kürzeren (Halm) zieht, hat verloren. Das Verfahren spielte im mittelalterlichen Rechtsleben eine gewisse Rolle. Losentscheid war oft so etwas wie ein Gottesurteil. In seinem »Narrenschiff« (um 1500) beobachtet der Kanzelredner Johann Geiler von Kaysersberg einen menschlichen Zug ganz richtig (in heutigem Deutsch): Unser Leben ist nichts anderes als ein Halmeziehen; wenn einer glaubt, er zieht das längste Hälmchen, dann zieht er vielleicht gerade das kürzeste.

L*l*

Ein langer Laban

umgangssprachlich: *ein hochgewachsener, hagerer, schlaksiger Mann:* nach gängiger Auffassung eine Anspielung auf die lange Zeit (20 Jahre), die Jakob bei Laban bleiben und arbeiten musste. Seine Mutter Rebekka hatte ihn zu Laban geschickt, weil sie fürchtete, ihr Sohn Esau, den Jakob um sein Erstgeburtsrecht betrogen hatte, könnte Jakob töten. Von Labans auffälliger Größe ist im Alten Testament allerdings nirgendwo die Rede. Es könnte sich um eine Wortform handeln, die im slawisch-deutschen Grenzbereich entstanden ist und weitergetragen wurde. Die pommerschen, preußischen, schlesischen und schleswig-holsteinischen Mundartwörterbücher registrieren das Wort seit dem 18. Jh.

Aus der Lamäng

umgangssprachlich: *ohne Hilfsmittel oder Vorbereitung, aus freier Hand:* Hier handelt es sich um die phonetische Schreibung des französischen Wortes »la main« = die Hand.

Wie ein Lamm zur Schlachtbank geführt werden, sich führen lassen

sich in sein Schicksal ergeben haben: Ursprung ist Jesus als »Lamm Gottes« während seiner Passion. In Jesaja 53, 7 wird prophetisch darauf hingewiesen: »Da er gestraft und gemartert ward, tat er seinen Mund nicht auf wie ein Lamm, das zur Schlachtbank geführt wird ...«

Einen auf die Lampe gießen

umgangssprachlich: *reichlich Alkohol zu sich nehmen:* Die Redensart wird meist mit der alten Öllampe erklärt, in die Öl nachgegossen werden musste, damit sie weiter leuchtete (wie die rote Nase des Trinkers). Andere verweisen auf französisch umgangssprachlich »lamper« = übermäßig trinken, aber das ist wohl mehr eine zufällige Ähnlichkeit.

Durch die Lappen gehen

umgangssprachlich: *jemandem entgehen, entwischen, entschwinden:* nach dem alten Jägerbrauch, das Wild im Kessel durch aufgehängte bunte Lappen am Ausbrechen zu hindern.

Lärm schlagen

auf eine drohende Gefahr aufmerksam machen: Ursprünglich bedeutet die Wendung »die Alarmtrommel schlagen«. »Lärm(en)«, frühneuhochdeutsch »lermen«, »lerman«, »lerma«, »lerme« kommt (über das Niederländische, mit Abfall des unbetonten Anlautes) von französisch-burgundisch »al erme«, italienisch »all'arme« = zu den Waffen! Alarm wurde auch mit Pfeifen und Trompeten gegeben, das hieß dann »Lärm(en) blasen«.

Viel Lärm um nichts

viel Aufhebens wegen einer Kleinigkeit, einer harmlosen Sache: eine Lehnübersetzung des Titels einer Komödie von Shakespeare: »Much Ado about nothing« (um 1598). Es handelt sich um ein Stück voller Intrigen, Verleumdungen und Verwechslungen, bei dem aber die Liebe der beiden im Mittelpunkt stehenden Paare am Ende triumphiert und die Wahrheit über Täuschung und Fälschung siegt.

Ein Lärm wie in einer Judenschule

Vergleiche »Judenschule«.

Last, (but) not least

nicht zu vergessen; zuletzt in der Reihenfolge, aber nicht der Wertschätzung nach: Die englische Fügung zitiert eine Stelle aus Shakespeares »King Lear« (I, 1), wo der König zu seiner jüngsten Tochter sagt: *Although our last, not least* (»Obwohl unsere Letzte, nicht die Geringste«).

Ein langes Laster

umgangssprachlich: *sehr großer Mensch:* Das Laster (zusammen mit der Tugend) wurde nicht nur gerne personifiziert, sondern auch als reale lasterhafte Person aufgefasst. Grimm, »Deutsches Wörterbuch«, versteht unter dem Ausdruck nur eine weibliche Person, was heute nicht mehr gilt. Vergleiche »langer Laban, langes Leiden«.

(Nicht) für lau zu haben sein

umgangssprachlich: *(nicht) umsonst zu haben sein:* Nicht »lau« = mäßig warm liegt hier zugrunde, sondern das jiddische »lau« = nein, nichts, ohne (hebräisch »loj, lo«).

Sich wie ein Lauffeuer verbreiten

sehr rasch bekannt werden: Mit »Lauffeuer« (laufendes Feuer) bezeichnete man ursprünglich einen Streifen ausgeschüttetes Pulver, der Gegenstände in größerer Entfernung in Brand stecken sollte. Das Pulver wurde auch in Röhren verbrannt, die die Flammen nach allen Seiten verbreiteten, besonders auf sogenannten Brandern (Brandschiffen). Das Gefechtsschießen, bei dem ein Mann nach dem anderen vom Flügel aus sein Gewehr abfeuerte, wurde ebenfalls »Lauffeuer« genannt.

Jemandem den Laufpass geben

umgangssprachlich: *jemanden aus einem (Dienst-)Verhältnis entlassen, wegschicken:* »Laufpass« hieß vor 1800 die geschriebene oder gedruckte Entlassung aus einem Dienst, besonders aus dem Soldatendienst. Das ältere Wort war »Laufzettel«.

Jemandem ist eine Laus über die Leber gelaufen

umgangssprachlich: *jemand ist über etwas verstimmt, verärgert, erbost:* Die Leber galt im Altertum als Urheber des Blutes und als Sitz von Trieben, die mit dem Blut zusammenhängen, der Liebe und des Zorns.
Unmut tut sich durch das Gefühl kund, dass etwas über die Leber kriecht und sie bedrückt. Für die Laus hat man zwei Begründungen herangezogen: die Alliteration von »Laus« mit »Leber« (Gleichklang der Wortanlaute, Stabreim) und die Kleinheit des Tieres, die den nichtigen Anlass kennzeichnen soll, aus dem man sich oft ärgert. **Frei von der Leber weg** wird durch das oben Gesagte ebenfalls verständlich: frei von allem, was das Gemüt bedrückt.

Etwas läuten hören

umgangssprachlich: *als Gerücht vernommen haben:* Gemeint sind die Kirchenglocken, gekürzt aus der Wendung »etwas läuten hören, aber nicht zusammen schlagen« (bei Luther) = etwas Einzelnes kennen, aber nicht das Ganze erfasst haben. Nach dem kirchlichen Brauch, zum Hauptgottesdienst zweimal mit einer einzelnen Glocke und erst das dritte Mal mit allen Glocken zusammen zu läuten.

Herrlich und in Freuden leben

höchst angenehm und ohne Sorgen leben: In Lukas 16, 19 heißt es vom reichen Mann und vom armen Lazarus: »Es war aber ein reicher Mann, der kleidete sich mit Purpur und köstlicher Leinwand und lebte alle Tage herrlich und in Freuden.«

Leben, ein Leben führen wie Gott in Frankreich

herrlich und in Freuden leben: im Grunde ungeklärt, aber vielleicht mit Bezug auf eine Folge der Französischen Revolution, die Gott »absetzte« (und durch den Kultus der Vernunft ersetzte), sodass Gott in Frankreich nichts mehr zu tun und zu sorgen hatte. Andere sind der Ansicht, dass mit »Gott in Frankreich« der französische Klerus gemeint gewesen sei, dem es außerordentlich gut gegangen sei. Im älteren Französisch: »vivre comme Dieu en France«.

Jemandem den Lebensfaden abschneiden

gehoben: *jemanden töten; jemandem dasjenige nehmen, was für sein Leben am wichtigsten ist:* Diese Redewendung geht auf die alte Vorstellung von den Schicksalsgöttinnen zurück, die den Lebensfaden des Menschen spinnen und diesen bei seinem Tod durchschneiden.

Jemandem das Lebenslicht ausblasen

umgangssprachlich: *jemanden töten:* In der Volksüberlieferung wird das Leben oft mit [Kerzen]licht in Verbindung gebracht. So ist z. B. im grimmschen Märchen »Gevatter Tod« von unendlich vielen brennenden Kerzen die Rede, die für die lebenden Menschen stehen. Erlischt eine solche Kerze, dann stirbt ein Mensch. Auf diese alte Vorstellung nimmt die Wendung Bezug.

Jemandem ist eine Laus über die Leber gelaufen

Vergleiche: »Laus«; **frei von der Leber weg:** Ebenda.

Die beleidigte (gekränkte) Leberwurst spielen

umgangssprachlich: *aus nichtigem Anlass beleidigt, gekränkt sein:* Ganz der bloßen Fantasie entsprungen ist die »Leberwurst« nicht. Das Wort ist eine scherzhafte Weiterbildung von »Leber«, die schon von alters her als Sitz von Gemütsbewegungen betrachtet wurde (vergleiche Laus).

Leder

In den umgangssprachlichen Redensarten **jemandem das Leder gerben** *(verprügeln),* **jemandem ans Leder wollen** *(angreifen wol-*

len), **auf dem Leder knien** *(Druck, Zwang anwenden)* ist »Leder« so viel wie die menschliche Haut (schon mittelhochdeutsch). Bei **vom Leder ziehen** *(laut schimpfen)* bedeutet »Leder« ursprünglich die lederne Schwertscheide (spätmittelhochdeutsch).

(Etwas) außerhalb der Legalität sein

in gesetzwidriger Weise: Am 8. 11. 1962 gab der damalige Bundesminister des Innern Hermann Höcherl (1912–89) im Bundestag auf die Zusatzfrage des Abgeordneten Wittrock wegen der Festnahme des Spiegelredakteurs Conrad Ahlers in Spanien (sogenannte Spiegelaffäre) folgende Antwort: »Das ist, ich möchte einmal sagen, etwas außerhalb der Legalität.« Seitdem gilt die Wendung als »geflügelt«.

Die Zahl der .../ihre Zahl ist Legion

es gibt unendlich viele davon: Mark. 5, 1 ff. berichtet von einem besessenen Menschen mit einem unsauberen Geist, der Jesus trifft und von diesem gefragt wird, wie er heiße. Der Besessene antwortet: »Legion heiße ich; denn unser ist viel.« Jesus erlaubte den vielen unsauberen Geistern (den Teufeln) in eine Herde Säue zu fahren, »und die Herde stürzte sich von dem Abhang ins Meer (ihrer waren aber bei zweitausend) und ersoffen im Meer«. Lukas 8, 26 ff. erzählt die Geschichte ebenfalls, allerdings ohne Zahlen zu nennen, ebenso Matth. 8, 28 ff., wo von zwei Besessenen die Rede ist. Die römische Legion, eine militärische Einheit, bestand seit dem 2. Jh. v. Chr. aus zehn Kohorten; ihre Sollstärke betrug 6000 Mann, die aber oft unterschritten wurde. In einem vereinzelten mittelhochdeutschen Beleg (mitteldeutsch, 14. Jh.) wird »ein leyo« als eine Anzahl von 6666 erläutert.

Lehrgeld zahlen (müssen)

Erfahrungen erst nach vorangehenden Misserfolgen gewinnen: Seine Ausbildungskosten musste der Auszubildende (älter: Lehrling) früher selbst bezahlen. Erst seit den 60er-Jahren »ist dem Auszubildenden eine angemessene, nach Monaten zu berechnende Vergütung zu gewähren«.

Eine Leiche im Keller (haben)

umgangssprachlich: *mit etwas Bloßstellendem, Belastendem, Ehrenrührigem aus seiner Vergangenheit konfrontiert sein, was noch unentdeckt geblieben war:* Die Nachwirkung mancher Kriminalstücke und -romane ist bei dieser Redensart unverkennbar. Erinnert sei an das Bühnenstück (und den Film) »Arsen und Spitzenhäubchen« (»Arsenic and old lace«) von Joseph Kesselring.

Mit einer (wahren) Leichenbittermiene (umhergehen u. Ä.)

mit traurigem Gesicht, betrübter Miene: Der »Leichenbitter« war eine Person, die im Namen der Hinterbliebenen zu einem Leichenbegängnis »bittet« (das Wort hat also nichts mit dem Adjektiv »bitter« zu tun) und dabei eine betrübte Miene zeigt oder zeigen muss. Vorbild war wohl die Fügung, die Schiller im »Fiesko« (I, 7) gebraucht: »Mit einer wahren Leichenbittersmiene«.

Ein langes Leiden

umgangssprachlich: *ein sehr großer Mensch:* vermutlich nach den überlang dargestellten Gliedmaßen Christi auf Passionsgemälden, wie sie z. B. der Maler El Greco (gest. 1614) schuf. Als man ihm vorwarf, er ziehe seine Gestalten zu sehr in die Länge, antwortete er: »Zwergenhaft zu sein, ist das Schlimmste, was irgendeiner Form passieren kann.« Je älter Greco wurde, desto länger wurden seine Gestalten.

(Immer) die alte/dieselbe/die gleiche/die nämliche Leier

umgangssprachlich: *die längst bekannte, trotzdem ständig wiederholte Sache, Klage:* Das Streichinstrument, auf das die Redensart zurückgeht, ist die sogenannte Rad- oder Drehleier (mittellateinisch »organistrum«), eine Erfindung des 10. Jh.s. Ihre 4 bis 6 Saiten werden durch ein im Inneren des Resonanzkörpers angebrachtes, mit Kolophonium bestrichenes Scheibenrad gleichzeitig angestrichen; dieses Rad wird durch eine Kurbel in Drehung versetzt.

Grimm (»Deutsches Wörterbuch«, 1885): »Dieses Instrument hält sich namentlich in Bauren- und Vagantenkreisen durch das ganze Mittelalter als höchst beliebtes und ist selbst heute unter dem

Namen ›Baurenleier‹, ›deutsche Leier‹ noch nicht ganz vergessen.« Das Urteil Grimms gilt auch heute noch. Kupferstiche des 17. und 18. Jh.s. zeigen, dass die Drehleier eine nicht seltene Beigabe auf Abbildungen von Freudenmädchen war. Sie wurde auch »Hurenleier« genannt.
Grimm weiter: »Häufig, nach der beschränkten Tonfähigkeit des Instruments, die den Vortrag nur weniger einfacher Stücke erlaubt, die Redensart ›die alte Leier, immer dieselbe Leier‹ für etwas eintönig Wiederholtes.« Mittelhochdeutsch »lire«, althochdeutsch »lira« kommt von lateinisch-griechisch »lyra«, das wiederum aus einer nichtgriechischen Sprache des Mittelmeergebietes stammt.

Jemandem auf den Leim gehen

umgangssprachlich: *sich täuschen lassen, auf jemandes List, Betrug hereinfallen;* **jemanden auf den Leim führen** (umgangssprachlich: *täuschen, überlisten*): Gemeint ist der Vogelleim (mittelhochdeutsch »fogel lim«), die Leimrute des Vogelfängers (bei uns verboten). Schon mittelhochdeutsch (Gottfried von Straßburg) wird der konkrete Sachverhalt in übertragenem Sinn gebraucht für den Menschen, der von der Minne gefangen ist. Auch die Zusammensetzung »Vogelleim« wird schon früh übertragen verwendet: »Vogelleim in den Händen haben/die Hände mit Vogelleim (über)salben« = auf Geschenke erpicht sein.

Leine ziehen

umgangssprachlich: *sich eilig entfernen,* auch: *klein beigeben:* heute nur noch in der Befehlsform (im Imperativ) gebräuchlich: Zieh Leine! Man bringt den Ausdruck meist mit der früheren Flussschifffahrt in Verbindung: Flussaufwärts mussten sogenannte »Schiffzieher« (Schiffsleinzieher) das Schiff mit einem oder mehreren Pferden auf dem Leinpfad längs des Ufers ziehen, um vorwärtszukommen. Es kann deshalb durchaus sein, dass die Form ursprünglich der Befehl an die Schiffzieher war, sich auf den Weg zu machen, mit der »Leine« zu »ziehen«.

(Alles) über einen Leisten schlagen

alles in gleicher Weise behandeln, keine Unterschiede machen, nicht differenzieren, wobei Nachteile entstehen: Der »Leisten« ist die Muster- oder Modellform des Schuhmachers, die zur Herstellung oder Reparatur von Schuhen in bestimmten Größen gebraucht wird. Möglichst viele verschiedene Leisten, die allen Maßen eines Kunden entsprechen können, sind daher das Erfordernis eines guten Schuhmachers. Benutzt er ein und denselben Leisten für verschiedene Größen, kann eine fehlerhafte Arbeit entstehen.

Eine lange Leitung haben

umgangssprachlich: *langsam im Denken sein, schwer begreifen*; **auf der Leitung stehen** (umgangssprachlich: *begriffsstutzig sein, etwas nicht sofort verstehen*): in neuerer Zeit entstandene Redensarten, die sich wohl auf die Telefonleitung beziehen. Lange Leitungen waren in der Frühzeit des Telefons störanfällig, die Gespräche deshalb manchmal schwer verständlich. Bei der zweiten Redensart liegt die Vorstellung zugrunde, dass die aufklärende Mitteilung durch eine Leitung fließt (wie Wasser durch einen Wasserschlauch): Steht man auf der Leitung, kann die Erkenntnis nicht im Gehirn ankommen.

Einen ruhigen Lenz schieben/sich einen (faulen) Lenz machen

umgangssprachlich: *wenig (zu) arbeiten (brauchen):* nicht zu »Lenz« = Frühling, sondern unter Einfluss von »faulenzen« entstanden aus der Fügung »fauler Lenz« = fauler Lorenz. Der lateinische Personenname »Laurentius« (= jemand, der aus der römischen Stadt Laurentum stammt) hat, je nach Betonung, zwei Kurzformen entwickelt: Die deutsche Anfangsbetonung brachte »Lorenz«, die lateinische (»Lauréntius«) »Len(t)z« hervor. Während sich »Lorenz« bis heute gehalten hat, ist das bei dem im 16. Jh. gängigen »Len(t)z« nicht der Fall gewesen, höchstens in der Mundart.
Der früher häufige Gebrauch des Namens bewirkte den Wechsel zum Appellativum, zur Gattungsbezeichnung im Sinne von »Mensch, Kerl, Narr« u. a. (vgl. Hans, Heini, Liese). Üblich wurden auch Benennungen mit Adjektiven: guter, frommer, armer, langer

und dann auch fauler Lenz (dies unter Einfluss von »faulenzen«). Ende des 15. Jh.s ermahnt Johann Geiler von Kaysersberg in seinen Predigten über die Narren in Sebastian Brants »Narrenschiff« den Faulen: »O du fauler Lenz, gehe zu der Omeisz und lehrn von ir.« Eine anfängliche Redensart lautete »jemanden sticht der faule Lenz«. »Schieben« (= etwas längere Zeit hindurch tun) stammt aus der Soldatensprache (»Wache, Posten, Kohldampf, eine ruhige Kugel schieben«). Das Verb soll von gaunersprachlich »scheffften« = tun beeinflusst sein.

Zu guter Letzt

zum guten Abschluss von etwas, schließlich; öfter ironisch gebraucht: Zugrunde liegt das mittelhochdeutsche Substantiv »letze« = Abschied(smahl), Abschiedsgeschenk, Ende, besonders in der Fügung »zuo letze« = zum Abschied. Im Neuhochdeutschen schlich sich unter Einfluss von »letzte« ein unorganisches t ein, das ursprünglich nicht vorhanden war.

Der Letzte der Mohikaner

Vergleiche »Mohikaner«.

Die Letzten werden die Ersten sein

die in einer Rangfolge ganz unten Stehenden werden einmal ganz oben sein: von Jesus (Matth. 19, 30) in religiösem Sinne verstanden: »Aber viele, die da sind die Ersten, werden die Letzten und die Letzten werden die Ersten sein« (vergleiche Luk. 13, 30).

Den Letzten beißen die Hunde

umgangssprachlich: *der Letzte, der sich einer unangenehmen Sache nicht mehr entziehen kann, hat den Schaden:* Der Anlass für diese sprichwörtliche Redensart ist die Jagd mit einer Hundemeute, wobei vor allem das letzte der gejagten Tiere der Meute zum Opfer fällt.

(K)eine große Leuchte sein

oft scherzhaft oder ironisch: *führend in einer Wissenschaft sein;* meist verneint: *nicht viel von etwas verstehen;* vergleiche »kein (großes) Kirchenlicht sein«: »Lux doctrinarum altera«, eine zweite Leuchte der Wissenschaft (nach Homer) nannte der römische Schriftsteller Plinius den römischen Staatsmann, Redner und Schriftsteller Cicero. Geistige Fähigkeiten werden vielfach mit einem Licht verglichen. »Leuchte« = Laterne (mittelhochdeutsch »liuhte«, althochdeutsch »liuhta«) wurde oft in der Bibelsprache und sonst in gehobener Rede konkret und bildlich verwendet.

Jemandem die Leviten lesen

umgangssprachlich: *jemanden gehörig zurechtweisen, ihm Vorhaltungen machen:* eigentlich Geistlichen aus dem »Leviticus« (3. Buch Mose, hebräisch »Wajikra«), den Vorschriften für Priester und Leviten, vorlesen (und ihnen anschließend eine Strafpredigt halten). Die mittelalterliche Sitte dieses Vorlesens ist seit dem 8. Jh. bezeugt. »Levit« = Gehilfe des Priesters beim feierlichen Hochamt, aus gleichbedeutend mittel- und spätlateinisch »levita«, »levites«, von griechisch »leuites« = Angehöriger des israelischen Stammes der Leviten, die (ohne eigenes Stammgebiet) ursprünglich als Priester, dann als Tempeldiener tätig waren und alle sieben Jahre das Gesetz vorlesen mussten (5. Mose 31, 9–11). Sie leiten sich von »Levi« (= der Anhängliche), dem dritten Sohn Jakobs und Leas, her.

Kein großes Licht sein

Vergleiche »kein (großes) Kirchenlicht sein«.

Sein Licht (nicht) unter den Scheffel stellen

seine Verdienste, seine Leistung (nicht) aus Bescheidenheit zu verkleinern suchen: Der »Scheffel« war ein hölzernes Gefäß, mit dem Getreide abgemessen wurde. Stellte man eine Lampe unter das umgestülpte Gefäß, verbreitete diese kein Licht mehr. Vergleiche das Folgende.

Sein Licht leuchten lassen

umgangssprachlich: *sein Wissen und Können vor anderen ausbreiten:* In Matth. 5, 15 heißt es: »Man zündet auch nicht ein Licht an und setzt es unter einen Scheffel, sondern auf einen Leuchter;

so leuchtet es denn allen, die im Hause sind. Also lasst euer Licht leuchten vor den Leuten, dass sie eure guten Werke sehen ...« Die heutige Redensart bezieht das Bild nicht mehr auf jemandes gute Werke, sondern auf seine geistigen Fähigkeiten.

Einer Sache, jemandem grünes Licht geben

erlauben, etwas in Angriff zu nehmen, einer Sache freien Lauf lassen, sich nicht dagegenwenden: Das sprachliche Bild bezieht sich auf das grüne Licht von Verkehrsampeln o. Ä. Vermutlich ist die Redensart eine Lehnübersetzung von englisch »to give green light«, »to get the green light«, französisch »feu vert«.

Jemanden hinters Licht führen

jemanden täuschen: »hinter das Licht«, d. h., wo es dunkel ist, wo man nicht richtig sehen kann, was vorgeht. Im 17. Jh. waren auch andere Präpositionen in Gebrauch (um das Licht, unter das Licht führen), die sich aber nicht durchsetzen konnten.

Lieber ... (als) ...

Die redensartlichen Vergleiche mit »lieber ... (als)« bieten schier unerschöpfliche Möglichkeiten zu pfiffigen, witzigen, geistreichen, schlagfertigen, frechen, komischen, spaßigen, spöttischen, bissigen, mitunter auch zynischen Einfällen und Aussprüchen. Sie beziehen sich auf eine breite Palette menschlicher Denk- und Verhaltensweisen, von der Politik bis zur Liebe.

Der Vergleich ist keineswegs eine junge Erfindung; in der Prosa und im Sprichwort ist er schon lange bekannt: Lieber gehe ich nach Hamburg als nach Berlin; lieber heute als morgen; lieber sich den Bauch verrenkt, als dem Wirte was geschenkt; lieber warmer Mief als kaltes Ozon; lieber den Spatz in der Hand als die Taube auf dem Dach. Lieber lasse ich mir ein Loch ins Knie bohren (als diesen Film anzusehen); lieber hüte ich einen Sack (voll) Flöhe; lieber scheintot im Massengrab; lieber einen Ranzen vom Essen als einen Buckel vom Schaffen; lieber krankfeiern als gesundschuften; lieber durch Glück dumm als durch Schaden klug; lieber von Picasso gemalt als vom Schicksal gezeichnet; lieber fernsehmüde als radioaktiv; lieber instand setzen als kaputtbesitzen (aus der Hausbesetzerszene); lieber rot als tot; lieber gemeinsam als einsam; lieber reich und schön als arm und hässlich usw. usw.

Es gibt einige bekannte Aussprüche dieser Art, die in den Zitatenschatz eingegangen sind: »Ich möchte lieber der Erste hier als der Zweite in Rom sein« (Cäsar beim Anblick einer kleinen Stadt in den Alpen); »lieber ein Ende mit Schrecken als ein Schrecken ohne Ende« (Ferdinand v. Schill; vergleiche »Ende«); »lieber einen Freund verlieren als einen Witz« (tadelnd bei Quintilian, der dabei Bezug auf eine Satire von Horaz nimmt).

Vergebliche (verlorene) Liebesmüh(e) sein

vergeblich, umsonst sein: Mit »Verlorne Liebesmüh« übersetzte Karl Simrock den Titel der Komödie »Love's labour's lost« von Shakespeare.

Geliefert sein

umgangssprachlich: *verloren, am Ende, ruiniert sein:* Die Wendung besagt, dass man dem Gericht ausgeliefert ist, das einen womöglich zu schwerer Strafe verurteilt. Eine alte Bedeutung von »liefern« war »einen Gefangenen, einen Verbrecher an die zuständige Obrigkeit abgeben« (15. Jh.). Noch verschiedentlich taucht dies bei Schiller auf, wohl da schon altertümelnd: »Man hat tausend Louisdor geboten, wer den großen Räuber lebendig liefert« (»Räuber«); »die Acht ist ausgesprochen über ihn, und ihn zu liefern, lebend oder tot, ist jeder treue Diener aufgefordert« (»Wallenstein«).

Linie

auf der gleichen Linie *(gleichwertig);* **auf der ganzen Linie** *(völlig);* **in erster Linie** *(zuerst, hauptsächlich);* **in zweiter Linie** *(von geringerer Wichtigkeit):* Man rechnete früher auf Linien, d. h., die (erste) Linie für die Tausender stand über der (zweiten) Linie für die Hunderter, Zehner und Einer. Dieses System ist auch in damaligen Buchtiteln angedeutet; z. B. Adam Ryse (Riese): »Rechenbuch auff Linien und Ziphren« ..., Frankfurt 1581.

Jemanden/etwas links liegen lassen

Jemanden/etwas bewusst übersehen, sich um jemanden/etwas nicht kümmern. Diese Wendung geht darauf zurück, dass die linke Seite im Volksglauben als die Seite des Bösen, Unheilvollen gilt, mit dem man nichts zu tun haben will.

Etwas für ein Linsengericht hergeben/verkaufen

etwas Wertvolles, Kostbares billig verkaufen: Im Alten Testament (1. Mose 25, 29 ff.) wird berichtet, dass Esau, der Sohn von Isaak und Rebekka, sein Erstgeburtsrecht für ein Linsengericht an seinen Zwillingsbruder Jakob verkaufte. Als Esau einmal müde und hungrig vom Feld heimkam und Jakob ein Gericht zubereiten sah, bat er ihn, ihm davon zu essen zu geben (»Lass mich kosten das rote Gericht ...«). Jakob stimmte unter der Bedingung zu, dass Esau ihm sein Erstgeburtsrecht verkaufe. Esau willigte ein. »Da gab ihm Jakob Brot und das Linsengericht und er aß und trank ... Also verachtete Esau seine Erstgeburt.«

(Immer) die alte/dieselbe/die gleiche Litanei

umgangssprachlich: *die längst bekannte, trotzdem ständig wiederholte Sache, Klage:* Die »Litanei« ist in der katholischen Kirche die bittende Anrufung Gottes und der Heiligen im Wechselgebet zwischen Priester und Gläubigen. Da sie meist in eintöniger Weise gesungen oder gesprochen und so immer wiederholt wurde, kam es zur allmählichen Bedeutungsverschlechterung. Anfänglich waren es die wechselnden Gesänge von Zechenden, die so genannt wurden, dann bezeichnete man damit eine lange, eintönige, sich wiederholende Herzensergießung oder Darlegung. Zugrunde liegt griechisch »litaneia« = Flehen, Bittruf (vergleiche »Leier«).

Auf (aus) dem letzten Loch pfeifen

umgangssprachlich: *finanziell, körperlich am Ende sein:* Die Redensart knüpft an die Löcher eines Blasinstruments an: Wenn man beim Blasen am letzten Loch angekommen ist, geht es nicht weiter.

Löffel

Die übertragene umgangssprachliche Bedeutung »Ohr« ist schon im Mittelhochdeutschen bezeugt. Sie stammt aus der Jägersprache, in der die Ohren des Hasen nach ihrer Form »Löffel« genannt werden. Redensarten: **die Löffel spitzen** *(aufmerksam hinhören);* **die Löffel aufsperren** *(aufpassen, zuhören);* **ein paar hinter die Löffel bekommen** *(geohrfeigt werden);* **sich etwas hinter die Löffel schreiben** *(sich etwas gut merken).*

Lorbeeren pflücken/ernten

sich Lob erwerben, Erfolg haben: Der Lorbeer galt als Baum Apollos. Ein Kranz aus Lorbeerzweigen war ein Ehrenzeichen für seinen Träger, ein Symbol des höchsten Ruhmes. Er gebührte dem Sieger, dem Dichter, dem Künstler. **Sich auf seinen Lorbeeren ausruhen/auf seinen Lorbeeren eingeschlafen sein** *(sich nach einem Lob oder Erfolg nicht mehr weiter bemühen).* Der »Laurus Delphica« mit seinen dunkelgrünen Blättern von stets gleicher Farbe und seinen großen Beeren spielte eine bedeutende Rolle im antiken Kult und in der antiken Volksmedizin. Er diente als Preis und Schmuck für die Sieger in den zu Ehren Apollos abgehaltenen Pythischen Spielen in Delphi und für die römischen Triumphatoren.

Etwas (wieder) ins (rechte) Lot bringen

wieder in Ordnung bringen; **(wieder) ins Lot kommen** *(in Ordnung kommen);* **(nicht) im Lot sein** *([nicht] in Ordnung sein):* Die Redensarten beziehen sich auf das Richtblei (Lot, Senkel) der Maurer, mit dem die Senkrechte (Lotrechte) einer aufgeführten Mauer geprüft wird.

Sich in die Höhle des Löwen wagen

Vergleiche »Höhle«.

Den Löwenanteil bilden

den größten Teil einer Sache bilden: nach einer Fabel Äsops, in der sich der Löwe gegenüber seinen Gefährten Esel und Fuchs den größten Teil der gemachten Beute sichert. Schon Luther erzählt sie.

Gesiebte Luft atmen

umgangssprachlich scherzhaft: *eine Gefängnisstrafe verbüßen:* Die engen Gitter in den Fenstern des Gefängnisses werden mit einem Sieb verglichen.

Lügen wie gedruckt

umgangssprachlich: *unverschämt lügen:* Meist wird die Redensart als volkstümlicher Vorwurf gegen den mangelnden Wahrheitsgehalt von Zeitungen und Büchern gedeutet. Man könnte sie aber auch anders erklären: Der Lügner geht so geschickt vor, dass seine Lügen den Anschein erwecken, man könne ihnen genauso vertrauen wie dem gedruckten Wort, im Sinne des Zitats aus Goethes »Faust«: »Denn was man schwarz auf weiß besitzt, kann man getrost nach Hause tragen.«

Haut (ihn,) den Lukas!

umgangssprachlich: bei einer Schlägerei von Umstehenden gesagt: *schlag(t) fest zu, hau(t) zu!:* »Lukas« heißt ein Kraftmesser einer bestimmten Art, wie sie noch heute auf Jahrmärkten stehen. Dieser Apparat wird folgendermaßen betätigt: Mit einem großen Holzhammer (Schlaghammer) schlägt man auf einen Holzklotz (Stopsel), der auf einem Waagebalken ruht; dadurch wird ein Metallstück (der sogenannte Frosch) an einer 5–7 m hohen Messlatte (Laufschiene) hochgetrieben, das – bei ausreichender Schlagkraft – bis zur Lattenspitze geschleudert wird. Dort bringt es manchmal eine an ihm befestigte Zündkapsel zum Knallen, manchmal auch eine Figur zum »Koppheisterschieten«, wie es im »Mecklenburgischen Wörterbuch« heißt.

Warum dieser Apparat »Lukas« genannt wird, ist nicht geklärt. Auch (Mundart-)Wörterbücher, die das Stichwort »Lukas« in der Bedeutung des Kraftmessers aufführen, bieten keine Erklärung.

Sich nicht lumpen lassen

umgangssprachlich: *freigebig sein:* Eine alte Bedeutung des Verbs »lumpen« war »wie ein Lump gehen, sich verlottert zeigen«. Die Redensart wäre dann so zu erklären, dass man nicht zulassen sollte, als armer Lump betrachtet zu werden, der kein Geld hat.

Lunte riechen

umgangssprachlich: *eine Gefahr wittern, eine noch verborgene, unangenehme Sache schon frühzeitig bemerken:* nach dem scharfen Geruch der glimmenden Lunte, der den unsichtbaren Schützen verriet: »Die Hellebardierer hatten sich auf den Bauch in das Dickicht gelegt, die Schützen standen weiter hinten, dass man die brennenden Lunten nicht riechen sollte« (Schiller). Der übertragene Gebrauch ist ein sprachliches Überbleibsel aus längst vergangenen Zeiten (17. Jh.). »Lunte« selbst ist schon im 16. Jh. bezeugt; die ursprüngliche Bedeutung war »Docht«.

Die Lunte ans Pulverfass legen/mit der Lunte am Pulverfass spielen

leichtsinnig einen Krieg provozieren, auch abschwächend: *zulassen, dass eine gespannte Situation in offenen Streit ausbrechen könnte* sind jüngere Redensarten.

Mm

Eine Macke haben

umgangssprachlich: *eine absonderliche Eigenart, einen geistigen Defekt haben:* aus dem Rotwelschen, der Gaunersprache. Zugrunde liegt jiddisch »makke« = Hieb, Schlag. Es ist wohl die Vorstellung, dass der geistige Defekt durch einen Schlag auf den Kopf hervorgerufen wird. Im Kartenspiel ist »Makke« auch der falsche Stich.

Makulatur reden

umgangssprachlich: *Unsinn reden:* Das Wort stammt aus dem Druckwesen. »Makulatur« (mittellateinisch »maculatura« = beflecktes, schadhaftes Stück zu lateinisch »maculare« = beflecken, zu »macula« = Fleck, Fehler, Makel) sind beim Druck beschmutzte oder beschädigte Bogen, auch Bogen eines unverkäuflichen Buches.

Bei jemandem ist Hopfen und Malz verloren

Vergleiche »Hopfen«.

Jemanden in die Mangel nehmen/durch die Mangel drehen

umgangssprachlich: *jemanden mit bohrenden Fragen verhören* oder *jemandem mit heftigen Scheltworten zusetzen:* Gemeint ist die Wäschemangel (Rolle), mit der feuchte Wäsche unter großem Druck geglättet wird. Im Mittelalter bezeichnete man damit eine große Glättmaschine zum Appretieren von Stoffen, deren Walze mit Steinkästen beschwert war. Der Begriff wurde aufgrund der Ähnlichkeit übernommen von dem Namen einer mittelalterlichen, im Krieg gebrauchten Steinschleudermaschine, bei der das Geschoss durch niederfallende Steinkästen fortgeschleudert wurde (mittelhochdeutsch »mange«, von mittellateinisch »manga«, »manganum« = Hebelgeschütz, Wurfmaschine, aus gleichbedeutendem griechischem »manganon«).

Mann Gottes!

umgangssprachlich: tadelnde Anrede an einen männlichen Erwachsenen: Ursprünglich war der »Mann Gottes« ein frommer, Gott wohlgefälliger Mensch, der in der Bibel öfter vorkommt, z. B. 5. Mose 33, 1: »Mose, der Mann Gottes«. Heute wird die Anrede nur abschätzig gebraucht, was sie mit manchen anderen Wörtern und Redensarten gemein hat, die ursprünglich durchaus in positivem Sinne verwendet wurden.

Manschetten haben

umgangssprachlich: *Respekt, Angst haben:* Im 18. Jh. kam in vornehmen Studentenkreisen die Mode langer, weit überfallender Manschetten auf, die das schnelle Degenziehen behinderte. Das Französische, aus dem das Wort »Manschette« stammt (französisch »manchette«), kennt die Redensart nicht, sie ist erst im Deutschen entstanden. Grimm (»Deutsches Wörterbuch«): »Sie geht von der Beobachtung aus, dass der, dessen Hände mit Manschetten geziert sind, einem festen Anfassen seinerseits und einem rauen Zupacken von anderer Seite aus dem Wege gehen muss ...« Es blieb dabei nicht aus, dass solche jungen Leute, die die Mode höher schätzten als männliche Kampfbereitschaft, als Angsthasen betrachtet wurden.

Den Mantel/sein Mäntelchen nach dem Wind hängen

umgangssprachlich: *sich charakterlos der herrschenden Ansicht, dem herrschenden Regime anpassen:* Diese Redensart ist ein Beispiel dafür, wie ein ursprünglich positiver Ausdruck negative Bedeutung erhält (vergleiche »Mann Gottes«). Konkret bedeutet die Wendung, sich mit dem Mantel bei stürmischem Wetter gegen den Wind schützen. Der nachfolgende übertragene Gebrauch (schon mittelhochdeutsch) war ebenfalls noch nicht tadelnd: Die Redensart bedeutete da nur »sich in die Zeit schicken«. Der seit dem 16. Jh. auftretende Nebensinnn des Charakterlosen wurde dann allmählich zur Hauptbedeutung.

Durch Mark und Pfennig gehen

umgangssprachlich: von Tönen, Geräuschen o. Ä.: *als sehr unangenehm empfunden werden:* Das scherzhafte Missverstehen von »Mark« (= Knochenmark) als »Mark« (= Münzbezeichnung) führte zum Ersatz von »Bein« (= Knochen) durch »Pfennig« (wohl zuerst in Berlin).

Jemandem den Marsch blasen

umgangssprachlich: *jemanden tadeln, zu besserem Verhalten mahnen:* Die ursprüngliche Bedeutung war »den rastenden Soldaten mit der Trompete das Zeichen zum Abmarsch geben«. Der heutige abschätzige Sinn entstand wohl aus der Vorstellung, dass man einen Menschen aus der Ruhe aufscheuchen muss, um ihn in Bewegung zu setzen.

Der lange Marsch (durch die Institutionen)

die geduldige, zähe Arbeit innerhalb des bestehenden Systems mit dem Ziel der Verwirklichung gesellschaftspolitischer Veränderungen: Die Fügung nimmt Bezug auf den langen Marsch der chinesischen Roten Armee unter Mao Tse-tung 1934/35 von Kiangsi nach Schensi. Den langen Marsch verklärte die Kommunistische Partei Chinas später zum politischen Mythos; er wurde zum Symbol für eine lang andauernde, letztlich aber doch erfolgreiche Revolution.

Den Marschallstab im Tornister tragen

durch Verstand und Tüchtigkeit die Möglichkeit haben, es weit zu bringen, besonders im militärischen Bereich: Die Wendung ist nur noch historisch von Interesse. Das folgende Wort wird Napoleon zugeschrieben: »Tout soldat français porte dans sa giberne le bâton de maréchal de France« = Jeder französische Soldat trägt den Marschallstab von Frankreich in seiner Patronentasche.
Aber erst der französische König Ludwig XVIII. überliefert 1819 in einer Rede an die Zöglinge der Militärschule in Saint Cyr den Gedanken in etwas abweichender Form. Auf dem Weg nach Deutschland wurde aus der »Patronentasche« ein »Tornister«, offenbar, weil man sich den Marschallstab besser im Tornister vorstellen konnte.

Ein gerüttelt Maß von/an/voll etwas

sehr viel von etwas: Eine Bibelstelle in der Übersetzung Luthers (Luk. 6, 38) hat diese Fügung fest werden lassen: »Gebt, so wird euch gegeben. Ein voll, gedrückt, gerüttelt und überflüssig Maß wird man in euren Schoß geben ...« »Gerüttelt« ist das Messgefäß, wenn sein Inhalt gerüttelt wurde und glatt bis an den Rand reicht. Luther zählt hier die verschiedenen Füllungsarten auf: »voll«, »weniger voll« (gedrückt), »dicht voll« (gerüttelt) und »gehäuft voll« (überflüssig = überfließend). Daran schließen sich die Wendungen **das Maß ist voll** und **das Maß voll machen** an.

Bei jemandem ist Matthäi am Letzten

umgangssprachlich: *mit jemandem steht es schlimm, mit ihm ist es zu Ende:* Meist wird die im 17. Jh. entstandene Wendung auf Matth. 28, 20 bezogen, wo der letzte Satz des Evangeliums lautet: »Und siehe, Ich bin bei euch alle Tage bis an der Welt Ende.« Manche bringen sie auch mit Matth. 24 in Verbindung, wo von der Zerstörung Jerusalems und dem Ende der Welt die Rede ist, vielleicht als Predigttext »(Evangelium) Matthäi am letzten (Sonntag des Kirchenjahres)« verkündet.

Eine Mattscheibe haben

umgangssprachlich: *nicht klar denken können, nicht durchblicken:* Die »Mattscheibe« ist eine mattierte Glasscheibe bei Türen, die den Durchblick verhindert. Zur Erklärung ist es nicht nötig, die (ehemalige) Fototechnik heranzuziehen.

Mätzchen machen

umgangssprachlich: *Ausflüchte machen, sich sträuben:* »Mätzchen« ist die Verkleinerungsform von »Matz«, die sich, über »Matt(h)es« aus dem Vornamen »Matthäus« entstanden, zur abschätzigen Gattungsbezeichnung entwickelt hat, als »dummer, einfältiger, närrischer Mensch«. Das Wort wechselte dann von der Person zur Sache.

Maulaffen feilhalten

umgangssprachlich veraltend, abschätzig: *mit offenem Mund zusehen, gaffen:* Das seit dem 15. Jh. nachgewiesene »Maulaffe« (mittelhochdeutsch auch als »Mundaffe« oder »Gähnaffe« überliefert) war ein Scheltwort für einen Narren, der mit offenem Mund dasteht. Im Südhessischen hat sich das Wort bis heute erhalten.

»Maulaffen« hießen auch tönerne Kienspanhalter in Form eines Kopfes mit einem breitgezogenen Mund, in den der Kienspan gesteckt wurde. Das Verb »feilhalten« bleibt dagegen rätselhaft.

Die Maulsperre kriegen

umgangssprachlich scherzhaft: *sprachlos sein vor Verwunderung:* Übertreibend wird hier angenommen, dass derjenige, der erstaunt ist, den Mund so weit aufreißt, dass sich seine Kaumuskulatur verkrampft. Diese bei Mensch und Tier vorkommende, weniger derb als »Mundsperre«, »Kiefersperre« oder »Kieferklemme« bekannte Verminderung der Möglichkeit, die Kiefer zu öffnen, heißt bei den Medizinern »Trismus«.

Der Berg kreißte und gebar eine Maus

bildungssprachlich: *ein großer Aufwand zeitigt ein mageres Ergebnis:* Das Motiv stammt vermutlich von dem griechischen Fabeldichter Äsop, aber wir kennen es in der Fassung des römischen

Dichters Horaz (1. Jh. v. Chr.) in seiner »Ars poetica« auf Deutsch: »Gewaltig kreißen die Berge, zur Welt kommt ein lächerliches Mäuschen.« Horaz kritisierte damit die Reimereien von Dichterlingen.

Da(von) beißt die Maus keinen Faden ab

umgangssprachlich: *das ist nicht zu ändern, dagegen kann man nichts machen;* auch umgekehrt üblich: **Da beißt keine Maus einen Faden ab,** mundartlich in doppelter Verneinung: **Da beißt kei Maus kein Fade ab.** Für die Entstehung der Redensart gibt es unterschiedliche Erklärungen.

Lutz Röhrich bringt die Wendung mit der Verehrung der heiligen Gertrud von Nivelles in Verbindung, deren Attribut die Maus ist. Sie ist Patronin der Früchte in Feld und Garten, deren Bestellung am 17. März, dem Tag der heiligen Gertrud, beginnt. »Wenn am Gertrudentag noch gesponnen wurde, so behauptete man, werde der Flachs von den Mäusen zerfressen oder der Faden abgebissen« (Röhrich). Wer das Gebot beachtet, dem beißt die Maus keinen Faden ab. Die heilige Gertrud – so geht die Legende – verhinderte durch ihr Gebet eine Mäuse- und Rattenplage und vertrieb auch die Mäuse, die sie beim andächtigen Spinnen störten und versuchten, ihren Faden abzubeißen.

Andere erklären die Redensart mit der Versicherung des Schneiders, dass der Stoff des Kunden bei ihm so gut aufgehoben sei, dass selbst die Mäuse keinen Faden davon abbeißen würden.

Wieder andere ziehen die Fabel vom Löwen und der Maus heran: Die Maus, die einmal vom Löwen verschont wurde, befreit ihn, als er gefangen wird, aus Dankbarkeit, indem sie seine Stricke oder sein Netz zerbeißt. Von einem Faden oder von Fäden ist allerdings in der Überlieferung nicht die Rede. Röhrich weist noch auf einen bestimmten Typ von Mausefallen hin, bei dem die Maus einen Faden abbeißen muss, um an den Köder zu gelangen. Hat sie ihn abgebissen, fällt die Falle zu.

Sich mausig machen

umgangssprachlich: *unangenehm auffallen, sich übermütig, frech, unverschämt benehmen:* Auf den ersten Blick ist man geneigt, das

Adjektiv »mausig« mit der »Maus« in Zusammenhang zu bringen, wie es in dem Sprichwort »Wer sich mausig macht, den frisst die Katze« geschieht. Dem ist aber nicht so.
Das Wort gehört zu »Mauser«, dem Federwechsel der Vögel, entweder zum Substantiv frühneuhochdeutsch »Mause« (mittelhochdeutsch »muze«, aus mittellateinisch »muta«, zu lateinisch »mutare« = ablegen, ändern, wechseln) oder zum Verb »mausen« (mittelhochdeutsch »sich muzen«, althochdeutsch »muzon«), für das seit dem 18. Jh. das heute übliche »sich mausern« eintritt. Die Redensart bezieht sich auf den Federwechsel der Vögel und hier namentlich auf den des Jagdfalken, der nach der Mauser besonders kräftig und gut für die Jagd geeignet war. Wieder ist der Wandel vom Positiven zum Negativen zu beobachten.

Eine Meise haben

umgangssprachlich: *nicht recht bei Verstand sein:* Ein Berliner suchte einen bestimmten Vogel für die Redensart »einen Vogel haben« und entschied sich für die »Meise« als Stellvertreter.

Meister Petz

Bezeichnung für den Bären in Fabeln und Märchen: »Petz«, älter »Betz«, ist eine Koseform des Vornamens »Bernhard«.

Das Mekka für etwas sein/zum Mekka werden

ein idealer Ort für etwas sein/werden: Mekka ist die heiligste Stadt des Islams, die auf die Moslems eine große Anziehungskraft ausübt. Jeder volljährige Moslem ist verpflichtet, einmal im Leben nach Mekka zur Kaaba zu wallfahren. Mekka ist der Geburtsort Mohammeds.

Ein Menetekel für etwas sein

bildungssprachlich: *ein furchterregendes Warnzeichen für eine drohende Gefahr oder Katastrophe sein:* Das Wort ist gebildet aus den aramäischen Anfangsworten der rätselhaften Schrift, die dem babylonischen König Belsazar in der Nacht seiner Ermordung bei einem Gelage an der Wand seines Palastes erschien und die »Mene mene tekel upharsin« lautete. »Mene« = gezählt (von den Tagen der

Regierung Belsazars); »tekel« = gewogen (aber von Gott als zu leicht befunden); »upharsin« = Stücke (in Stücke zerteilt, bezogen auf das Reich Belsazars). Daniel deutete die Schrift (Daniel 5, 25–30).

Mens sana in corpore sano

in einem gesunden Körper [sollte auch] ein gesunder Geist sein: Dieses lateinische Zitat stammt aus den Satiren des römischen Dichters Juvenal.

Der Mensch lebt nicht vom Brot allein

der Mensch hat auch geistige Bedürfnisse: In Matth. 4 wird erzählt, wie Jesus vom Satan versucht wird: »Und der Versucher trat zu ihm und sprach: Es stehet geschrieben: Der Mensch lebet nicht vom Brot allein, sondern von einem jeglichen Wort, das durch den Mund Gottes gehet.«

Der deutsche Michel

spöttisch: *der deutsche Biedermann:* Der Ausdruck ist darauf zurückzuführen, dass der heilige Michael als Schutzpatron besonders der Deutschen galt. Bereits im 16. Jahrhundert ist der »deutsche Michel« in der heutigen spöttischen Bedeutung literarisch belegt.

Gute Miene zum bösen Spiel machen

etwas wohl oder übel hinnehmen, sich den Ärger nicht anmerken lassen: Die Wendung ist eine Lehnübersetzung des französischen »faire bonne mine à mauvais jeu«, das aus dem Bereich des Glücksspiels stammt.

Jemanden zur Minna machen

umgangssprachlich: *jemanden scharf tadeln, heftig zurechtweisen:* »Minna« ist die Kurzform des Mädchennamens »Wilhelmine«, die es wegen ihrer Beliebtheit bis zur Gattungsbezeichnung (= Dienstmädchen) brachte. Die Dienstmädchen in der Zeit vor dem 1. Weltkrieg wurden oft zurechtgewiesen, oft schlecht behandelt, daher die Redensart.

Der letzte Mohikaner/der Letzte der Mohikaner

umgangssprachlich scherzhaft: *der oder das Übriggebliebene,* auch: *der zuletzt Angekommene, das letzte Stück von etwas:* nach dem 1826 erschienenen Roman »The last of the Mohicans« des amerikanischen Schriftstellers James Fenimore Cooper (1789–1851). »Mohikonnius« ist ein Wort aus der Algonkinsprache der Mohikaner, eines Delawarenstammes, gedeutet als »Wolf« oder als »gute Bootsleute«. Coopers Roman ist ein (fiktiver) Bericht über das Jahr 1757. Das reale Schicksal der Mohikaner spiegelt sich hier nicht. »Chingachgook« hieß im Roman der Letzte seines Stammes, nachdem sein Sohn Uncas getötet worden war.

Einem Moloch opfern

bildungssprachlich: *einem grausamen System, dem gegenüber man völlig machtlos ist, immer wieder neue Opfer bringen:* Als »der Moloch« wurde eine in Israel verehrte fremde (heidnische, kanaanäische) Gottheit bezeichnet, der Kinderbrandopfer dargebracht wurden (3. Mose 18, 21). Die Bezeichnung ist die griechische Wiedergabe des hebräischen »Molek«, das »König, Herr« bedeutet. Seine Kultstätte wurde von Josia zerstört (2. Könige, 23, 10). Vielleicht wurde die phönizisch-punische Bezeichnung des Kinderopfers als Name des Gottes missdeutet.

Einen blauen Montag machen

Vergleiche »blau«.

Montezumas Rache

umgangssprachlich scherzhaft: *Durchfall, den man sich in südlichen Ländern wegen der veränderten Ernährungsgewohnheiten gelegentlich zuzieht:* Montezuma (genauer: Moctezuma) II. (1467–1520) war der 9. Herrscher des aztekischen Königreichs, der 1519 von dem spanischen Eroberer Cortés gefangen genommen wurde und 1520 in Gefangenschaft starb. Der Durchfall wird scherzhaft als seine Rache für die erlittenen Demütigungen bezeichnet.

(Viel) Moos/Möpse haben

umgangssprachlich: *reich sein:* 1. »Moos« als Geld ist aus der Studentensprache volkstümlich geworden. Quelle ist die Gaunersprache (»mesz«, »mäsz«), die wiederum auf jiddisch »moos« beruht; hebräisch »maoth« (Plural) = kleine Münzen.
2. Die Wahl des Ausdrucks »Möpse« ist nicht geklärt. Die Haltung der kleinen, stämmigen, ringelschwänzigen Hunderasse »Mops« war Ende des 17. und im 18. Jh. in Deutschland weit verbreitet; der Schoßhund war damals Mode.

Aus seinem Herzen keine Mördergrube machen

sich freimütig, offenherzig äußern: »Mördergrube« war ursprünglich ein unterirdischer Schlupfwinkel von Mördern, eine Räuberhöhle, und in diesem Sinne gebrauchte es Luther (Jeremias 7, 11): »Haltet ihr denn dies Haus, das nach meinem Namen genannt ist, für eine Mördergrube?« Der heutige Sinn ist erst verhältnismäßig spät bezeugt; die Redensart ist durch Bismarck geflügelt geworden. Wer seine Meinungen und Ansichten in seinem Herzen wie in einer Räuberhöhle versteckt, ist unehrlich, nicht offen.

Jemanden Mores lehren

umgangssprachlich veraltend: »Mores« ist der Plural des lateinischen Wortes »mos« (= Art und Weise, Brauch, Sitte) und wurde schon in römischer Zeit im Sinne von »Benehmen, Betragen, Sitten« gebraucht. Die Schulmeister der Humanistenzeit (16. Jh.) suchten die »Mores« bei ihren Zöglingen durchzusetzen. Auch »lernen« sollten sie es: »damit nun aber unsere Jugend auch Mores lerne, Zucht und Tugend« (Clemens Stephani in »Eine geistliche Action«, 1568). »Mores lehren« hat sich bis heute als einziges Verb in der Schriftsprache erhalten; andere Verben wie »Mores haben, beibringen, treiben, kriegen, auf Mores halten« überlebten nicht.

Morgenluft wittern

die Chance eines eventuellen Vorteils, einer günstigen Entwicklung sehen: In Shakespeares »Hamlet« (I, 5) sagt der Geist von Hamlets ermordetem Vater: »Doch still! Mich dünkt, ich wittre Morgenluft« (in der Schlegel-Tieckschen Übersetzung von »But soft! Me thinks,

I scent the morning air«). Ganz ähnlich hatte schon vorher im Jahre 1773 G. A. Bürger in seinem Gedicht »Lenore« dieses Motiv ausgedrückt. Der tote Bräutigam auf seinem Rappen ruft: »Mich dünkt, der Hahn schon ruft – bald wird der Sand verrinnen, rapp, rapp, ich wittre Morgenluft ...« Die positive Bedeutung kann aus dem Shakespeare-Text nicht herausgelesen werden: Der Geist muss ins Fegefeuer zurück und seine Sünden abbüßen. Konkret könnte diese Wendung aber bedeuten, dass das Vieh, besonders das Pferd, im Stall »Morgenluft wittert«.

In Morpheus' Armen ruhen

in ruhigem, ungestörtem Schlaf, in süßem Schlummer liegen: Der römische Dichter Ovid schildert in seinen Verwandlungssagen, den »Metamorphosen«, eine Grotte in Kimmerien, eine Höhle der Träume, in der Hypnos, der Gott des Schlafes, mit seinen Söhnen Morpheus, Ikelos und Phantasos wohnt. Diese Traumgötter hatten keine kultische Bedeutung; vermutlich sind sie teils die eigene Erfindung Ovids, teils die seiner Vorgänger. »Morpheus« gehört zu dem griechischen Substantiv »morphe« = Gestalt, nach den vielen von Morpheus erzeugten Traumgestalten. Ovid deutete ihn als »kunstfertigen Nachahmer menschlicher Gestalt«.

Wissen, wo Barthel den Most holt

Vergleiche »Barthel«.

Die Motten haben

salopp: *an Lungentuberkulose leiden:* Die Wendung beruht auf einem Vergleich der tuberkulösen Lunge mit einem von Motten zerfressenen Gewebe.

(Keinen) Mumm haben

umgangssprachlich: *(keine) Kraft, Energie für etwas aufbringen:* Die Redensart ist wohl studentischer Herkunft und hieß ursprünglich »keinen Animum haben« (lateinisch »animus« = Mut, Herzhaftigkeit). Die Endsilbe -mum verselbstständigte sich zu »Mumm«. Andere bringen das Wort mit jiddisch »momon« = Geld, Vermögen (vergleiche »Mammon«) in Verbindung.

Mumpitz sein/(keinen) Mumpitz reden

umgangssprachlich: *Blödsinn sein/(keinen) Unsinn reden:* In der Berliner Börsensprache des 19. Jhs. bedeutet »Mumpitz« so viel wie »Schwindel, Unsinn«. Überliefert ist ein hessisches »Mombotz« = Schreckgestalt, Gespenst, zusammengesetzt aus »Mumme« = Maske und »Butz« (»Butzemann«) = Vogelscheuche, Popanz, also eigentlich ein Gerede, mit dem man Eindruck machen, einschüchtern, schrecken will. Das Wort ist in den Mundarten weit verbreitet, so auch im Südhessischen.

Jemanden mundtot machen

zum Schweigen bringen; jemandem die Möglichkeit nehmen, sich öffentlich zu äußern: Der Bezug des Adjektivs auf das Sprechorgan Mund ist Volksetymologie. Ursprünglich gehörte es zu »Mund« = Schutz, Gewalt, Vormundschaft und war ein Rechtsausdruck des 17. Jh.s. mit der Bedeutung »nicht fähig, sich selbst zu verteidigen; unmündig«. Die anfängliche Bedeutung der Redensart war also »jemanden entmündigen«.

Im Dunkeln ist gut munkeln

Vergleiche »Dunkeln«.

Etwas für bare Münze nehmen

jemandes scherzhaft gemeinte, in Wirklichkeit nicht zutreffende Behauptung, Äußerung, jemandes Lügen für zutreffend, glaubwürdig halten, nicht bezweifeln: Gemeint ist wohl »etwas als gängige Münze, als gültiges Geld, nicht als Falschgeld betrachten«. Die Bedeutung »etwas mit einem bestimmten sicheren Wert versehen« liegt auch der Redensart »Münzwert haben« zugrunde (z. B. von einer unglaubhaften Geschichte, die erzählt wird).

Etwas auf jemanden münzen

auf jemanden zielen, beziehen, anspielen, ohne ihn direkt mit Namen zu nennen: »Dieser Satz in seiner Rede war auf den Bundeskanzler gemünzt.« Grimm (»Deutsches Wörterbuch«): »Eine Redensart, die vor dem 17. Jh. nicht nachzuweisen und aufgekommen zu sein scheint, nachdem man seit dem 16. Jh. allerlei

Gedächtnismünzen mit allegorischem und sehr oft satirischem Bildwerk geprägt hatte, dessen versteckte Andeutungen Nachdenken und Witz herausforderten.« Die älteste Bedeutung von »münzen« ist »Metalle zu Münzen prägen, Münzen schlagen«. Daran schließt sich ein heute nicht mehr üblicher bildlicher Gebrauch im Sinne von »amtlich kenntlich machen« (wie ein Stück Metall durch einen Münzstempel). »Kann der Herzog Gesetze der Menschheit verdrehen oder Handlungen münzen wie seine Dreier?« (Schiller, Kabale und Liebe).

N*n*

Nacht der langen Messer

umgangssprachlich: *nachts stattfindender grausamer Mord [an einer bestimmten Gruppe von Menschen]:* Der Ausdruck wird am häufigsten auf das Massaker der Nationalsozialisten an der SA-Führungsspitze am 30. Juni 1934 bezogen. Er geht auf die englische Geschichte zurück: Im Jahr 472 soll es eine Schlacht zwischen den Briten und den Angelsachsen unter der Führung des legendären Hengist gegeben haben, bei der die Briten vernichtend geschlagen wurden. Zur Bewaffnung der Angelsachsen gehörte der sogenannte Scramasax, ein schwertähnliches langes Messer mit einschneidiger Klinge.

Nachtigall, ich hör' dir trapsen

berlinisch: »Nachtijall, ick hör' dir trapsen«; umgangssprachlich, besonders berlinisch: *ich merke schon, worauf das hinausläuft:* vielleicht eine bewusste Vermischung von zwei Verszeilen eines Liedes aus der Volksliedersammlung »Des Knaben Wunderhorn«, die Achim von Arnim und Clemens Brentano 1806–08 gemeinsam herausgegeben hatten. Die eine Zeile lautet »Nachtigall, ich hör' dich singen«, die andere »Nachtigall, ich seh' dich laufen«.

Zu (in, bei) nachtschlafender Zeit

spät nachts; zu einer Zeit, in der man gewöhnlich schläft: Der Ausdruck, der schon im Mittelhochdeutschen existiert (»bi nahtslafender zit«), ist ein Beispiel für eine (unlogische) Sprachkühnheit. Die lange Fügung »zu einer Zeit in der Nacht, in der man schläft« wird irregulär verkürzt zu »zu nachtschlafender Zeit«, als ob nicht der Mensch, sondern die Zeit in der Nacht schliefe.

Etwas mit der heißen Nadel/mit heißer Nadel nähen, stricken

umgangssprachlich: *etwas eilig und ohne Sorgfalt ausführen:* Gemeint ist wohl, nicht abwarten können oder wollen, bis die Nadel kalt ist und man dann genügend Zeit und Ruhe hat, etwas zu nähen, oder auch: Wer mit einer heißen Nadel näht, muss schnell arbeiten, damit er sich nicht verbrennt.

Leichter (eher) geht ein Kamel durch ein Nadelöhr als ...

etwas ist ganz unmöglich, wird mit Sicherheit nicht geschehen: In Matth. 19, 16 ff. wird die Begegnung Jesu mit einem reichen Jüngling geschildert. Jesus schlägt ihm als letztes Erfordernis für ein vollkommenes Leben den Verzicht auf seinen Reichtum vor, was den Jüngling betrübte, »denn er hatte viele Güter«. Jesus wendet sich darauf an die Jünger und stellt fest: »Es ist leichter, dass ein Kamel durch ein Nadelöhr gehe, denn dass ein Reicher ins Reich Gottes komme.«

Die Nennung eines Kamels in diesem Zusammenhang ist nicht einleuchtend, es sei denn, es handelt sich um eine falsche Lesart im griechischen Urtext: Nicht »kamelos« (= Kamel) sei gemeint, sondern das spätgriechische »kamilos« (= Ankertau, Schiffstau). Ein dickes Tau würde dem Sinn des Bildes besser entsprechen.

Der gelegentliche Hinweis, dass eine enge, kleine, nur von einem einzelnen Menschen passierbare Pforte in der alten Stadtmauer von Jerusalem zur Zeit Jesu »Nadelöhr« genannt wurde, ist ebenfalls bedenkenswert: Das griechische Wort für »Nadelöhr« (»trema rhaphidos« = Loch, Öhr der Nadel) müsste dann ein aramäisches Wort gleicher Bedeutung wiedergegeben haben, da die damalige Verkehrssprache des Vorderen Orients das Aramäische war (mit dem

Hebräischen nicht verwandt, aber von ihm beeinflusst). Ein Zweig des Aramäischen, das Jüdisch-Palästinensische, war Jesu Muttersprache. Diese Deutung würde den Ausspruch von Jesus etwas abschwächen: nicht völlig unmöglich, aber höchst unwahrscheinlich.

Den Nagel auf den Kopf treffen

umgangssprachlich: *in einer Äußerung das Wesentliche, den Kernpunkt einer Sache erfassen:* Hier ist ursprünglich nicht der Kopf des Nagels gemeint, den man mit dem Hammer treffen sollte (wie es bei der Redensart **Nägel mit Köpfen machen** der Fall ist); »Nagel« war in der alten Schützensprache die Mitte der Scheibe, die durch einen Nagel gekennzeichnet war.

Jemandem brennt etwas auf den Nägeln

umgangssprachlich: *etwas ist sehr dringlich für jemanden:* Die Redensart ist weder auf eine mittelalterliche Folter noch auf die Sitte der Mönche zurückzuführen, sich Wachskerzen auf den Daumen zu kleben, um zur Frühmesse besser lesen zu können. Grundlage für die Entstehung der Wendung war die simple Vorstellung, eine brennende Kerze mit der bloßen Hand tragen zu müssen. Wenn die Kerze bis auf die Finger oder die Nägel niederzubrennen drohte, dann war Eile geboten. Kerzenleuchter und -ständer waren nicht überall und jederzeit zur Hand, sodass die Vorstellung, ohne sie auskommen zu müssen, keineswegs ungewöhnlich ist.

Die Nagelprobe machen

eine Sache so genau prüfen, dass sich erweisen muss, ob sie stimmt oder nicht: Die Redensart bedeutete ursprünglich ein beim Zuprosten ausgetrunkenes Glas umzudrehen und über den linken Daumennagel zu halten, um festzustellen, ob das Glas wirklich geleert wurde. Ein Rest wäre auf den Daumennagel gefallen, und dann hätte jeder gesehen, dass die Trinksitte nicht erfüllt wurde (was sich nicht schickte).

Interessant ist, dass das mittelalterliche Latein den Germanismus »super nagulum« (= über den Nagel) bildete und dass dieser Ausdruck samt der Sitte auch zu den Franzosen und Engländern wanderte (z. B. englisch »to drink supernaculum«, 16. Jh.).

Aus dem Nähkästchen plaudern

umgangssprachlich: *anderen Einblick in intime häusliche und andere Bereiche gewähren:* Das Nähkästchen, das (ältere) Nähkörbchen und der Nähtisch (bei den Bessergestellten) waren Gegenstände im Haushalt, die dem speziellen Gebrauch durch die Hausfrau vorbehalten waren. Wenn die Frauen gemeinsam nähten, wurden oft auch Intimitäten ausgetauscht. Der Nähkasten wurde überdies gern als Versteck genutzt, wenn etwas vor den Augen des gestrengen Herrn Gemahls zu verbergen war. In Fontanes Roman »Effi Briest« (1895) stößt Herr von Innstetten durch Zufall auf die kompromittierenden Briefe von Major Crampas an seine Frau, die »ganz zuunterst« in einem Fach ihres Nähtisches gelegen hatten.
Eine ältere Parallelbildung des 16. Jh.s ist die Wendung »aus der Schule plaudern«. Hier ist unter »Schule« nicht die pädagogische Institution gemeint, sondern z. B. Ärzte- oder Philosophenschulen.

Blass/gelb/grün vor Neid sein/werden

umgangssprachlich: *so neidisch sein, dass man es der betreffenden Person deutlich ansehen kann:* Die Farbzuschreibungen beziehen sich auf Körperreaktionen: Die Verengung der Blutgefäße verursacht hier die Blässe und der Gallenstau die gelbgrüne Färbung.

Etwas auf einen (gemeinsamen) Nenner bringen

in Übereinstimmung bringen: In der Mathematik ist der »Nenner« die unter dem Bruchstrich stehende Zahl, die angibt, in wie viel Teile die Einheit zerlegt wird (Divisor). Ungleichnamige Brüche kann man auf einen gemeinsamen Nenner bringen.
Das Wort ist die spätmittelhochdeutsche Verdeutschung von mittellateinisch »denominator« und findet sich bereits 1483 in Petzensteiners »Rechenbuch«; im 18. Jh. setzte sich der Terminus durch Chr. Wolffs »Mathematisches Lexicon« (1716) endgültig durch. »Nenner« wurde in der alten Grammatik auch für Nominativ gebraucht.

(Ach) du grüne Neune

umgangssprachlich: *um Himmels willen:* Die Herkunft der Wendung ist nicht eindeutig geklärt. Im 19. Jh. gab es in Berlin, Blumenstraße 9, Eingang »Am Grünen Weg«, ein Vergnügungslokal »Conventgarten«, das im Volksmund »die grüne Neune« hieß. Da das Lokal bald herunterkam und öfter die Polizei alarmiert werden musste, wurde der Ausdruck zum Schreckensruf, später – abgemildert – zum Ruf der Überraschung. Andere meinen, dass die »grüne Neune« eine schlechte Karte im Kartenspiel gewesen sei.

An die Nieren gehen

umgangssprachlich: *jemanden sehr bewegen, hart treffen, ungemein aufregen:* Wie Herz, Leber und Lunge bezeichnen auch die Nieren seit alters den Sitz der Lebenskraft (und der Affekte): »Meine Nieren sind froh, wenn deine Lippen reden, was recht ist«, heißt es in den Sprüchen Salomos (23, 16). Die Verbindung mit »Herz«, wie sie in der Redensart **jemanden auf Herz und Nieren prüfen** vorliegt, ist ebenfalls alt und stammt aus Psalm 7, 10: »Lass der Gottlosen Bosheit ein Ende werden, und fördere die Gerechten; denn du, gerechter Gott, prüfest Herzen und Nieren«, d. h. das verborgene Innere des Menschen. Oder Psalm 26, 2: »(Herr) läutere meine Nieren und mein Herz.«

Nolens volens

bildungssprachlich: *wohl oder übel, wider Willen:* Hier sind die ersten Partizipien der beiden lateinischen Verben (Infinitive) »nolle« (= nicht wollen) und »velle« (= wollen) im Singular nebeneinander gestellt. Es gibt Belege aus dem 17. Jh., der Ausdruck ist aber vermutlich älter und gilt bereits als mittellateinisch (das Mittellatein endet etwa um 1500).
Hingewiesen wird auf eine Stelle in einem Werk des Kirchenvaters Augustinus (4./5. Jh. n. Chr.), in der die beiden Partizipien allerdings voneinander getrennt stehen. Lateinisch belegt, wenn auch als unklassisch, ist »volens« = absichtlich, mit Willen, gern. Voraus geht die klassische Form (bei Cicero): »velim nolim« = ich mag wollen oder nicht.

Nomen est omen

bildungssprachlich: *schon der Name ist verräterisch und sagt manches über seinen Träger aus:* wörtlich übersetzt: Der Name ist

Vorbedeutung (lateinisch »nomen« = Name, »est« = ist, »omen« = Vorbedeutung). Die zugrunde liegende Fügung bei dem römischen Komödiendichter Plautus (3./2. Jh. v. Chr.) lautet »nomen atque omen« = Name und zugleich Vorbedeutung. Heute wird die Stelle stets mit »est« zitiert.

Das Nonplusultra sein

bildungssprachlich: *etwas sein, was nicht übertroffen werden kann:* »non plus ultra« = nicht darüber hinaus, eine neulateinische, dem klassischen Latein fremde Wortgruppe (»non« = nicht, »plus« = mehr, »ultra« = weiter, darüber hinaus).

Nach Noten

umgangssprachlich: *tüchtig, sehr:* Nach Noten (nach bestimmten Tonzeichen) singen war im Mittelalter nichts Selbstverständliches. Lieder wurden vom Volk nach Gehör gesungen. Der Gesang nach Noten (im frühen Mittelalter die sogenannten Neumen, Tonzeichen über den Silben des Textes, ab dem 13. Jh. die viereckigen Choralnoten) galt als die bessere, höhere, wahre musikalische Ausdrucksform. »Nach Noten« bedeutete daher so viel wie regelrecht, vorschriftsmäßig, wie es sich gehört. Von da war es dann nicht mehr weit zur heutigen Bedeutung »gehörig, tüchtig, sehr«.
Es gibt aber noch eine andere Erklärung. Der frühneuhochdeutsche Ausdruck »nach Not« (= so, wie es nötig ist, den Bedürfnissen entsprechend) könnte, da er allmählich in Vergessenheit geriet, durch eine Art Volksetymologie zu »nach Noten« entstellt worden sein.

Nullachtfünfzehn

umgangssprachlich: *alltäglich, gänzlich unoriginell:* Diese Zahlenkombination kam durch den deutschen Schriftsteller Hans Helmut Kirst (1914–89) ins allgemeine Bewusstsein, nachdem dieser seiner Romantrilogie aus den Jahren 1954/55 den Titel »08/15« gegeben hatte. Zugrunde liegt die militärische Bezeichnung für ein Maschinengewehr aus dem Jahr 1908, das 1915 technisch verändert wurde und die Bezeichnung LMG 08/15 bekam. Die Zahlen wurden dann zunächst zu einer Metapher für den geistlosen militärischen Drill.

Bei jemandem eine gute Nummer haben

bei jemandem gut angeschrieben sein, in jemandes Gunst stehen: Die »Nummer« ist in dieser Redensart die Zeugnisnote, wie sie uns aus der Schule bekannt ist.

Oo

Das A und O von etwas sein

Vergleiche »A«.

Die Oberhand haben/behalten/gewinnen

der Stärkere sein, sich als stärker erweisen: Die Redensart wird meist auf die Ringersprache zurückgeführt: Sieger ist der, dessen Hand über seinem Gegner verbleiben und ihn niederhalten kann. Aber schon mittelhochdeutsch ist »oberhant« (»obere hant«) allgemein so viel wie Übermacht, Übergewicht, Oberherrschaft, Sieg. Die rechte Hand als siegreiche, herrschende Hand galt als Symbol des Besitzes und der Gewalt über eine Sache oder über Personen.

Nicht ganz richtig im Oberstübchen sein

umgangssprachlich: *nicht bei Verstand sein:* Der Mensch und sein Haus werden hier gleichgesetzt. Das Oberstübchen als kleines Zimmer im oberen Teil des Hauses, oft unterm Dach, wird zum »Kopf«, in dem der Verstand wohnt.

Auch das Dach selbst muss in Redensarten für den Kopf und den Schädel stehen: **eins aufs Dach bekommen, kriegen** *(einen Schlag auf den Kopf bekommen*; übertragen: *zurechtgewiesen werden).*

Oberwasser haben/bekommen/behalten

umgangssprachlich: *im Vorteil sein, in Vorteil kommen:* eine Redensart, die aus dem Mühlenwesen stammt. Das Wasser des Mühlbachs oder Mühlgrabens wurde durch ein Wehr gestaut; das überfließende Wasser (Oberwasser) trieb dann das Mühlrad (oberschlächtig) an. Das unterhalb der Mühle abfließende Wasser heißt dementsprechend »Unterwasser«.

Seinen Obolus entrichten

bildungssprachlich: *einen geringen finanziellen Beitrag für etwas leisten, spenden:* Lateinisch »obolus«, griechisch »obolos« war als sechster Teil der Drachme eine Münze von geringerem Wert. Die ursprüngliche Bedeutung des Wortes war »kleiner Spieß«; sechs von diesen Obolen füllten die Hand (»drachme«, eigentlich = Handvoll). Es handelt sich hier um eine alte Münzform, die später durch die runde Form abgelöst wurde.
Im griechischen Volksglauben war der Obolos der Lohn für den Fährmann Charon, der die Toten über die Ströme der Unterwelt an das Tor des Hades brachte. Voraussetzung für die Überfahrt waren die Bestattung auf der Oberwelt und die Entrichtung des Fährlohns, der in Gestalt eines Obolos dem Toten unter die Zunge oder zwischen die Zähne geschoben wurde. Häufig findet man die Falschschreibung »Obulus« statt des richtigen »Obolus«.

Die Ochsentour machen

umgangssprachlich: *auf dem vorgeschriebenen, langen Dienstweg mühsam vorankommen* (meist von Beamten und Offizieren): Der Ochse ist ein ausgesprochen langsames Zugtier. »Ochsenpost« hieß früher eine extrem langsame, wie von Ochsen gezogene Post (ähnlich: Schneckenpost). Der übertragenen Redewendung liegt die ursprüngliche Bedeutung »eine übliche beschwerliche Reiseroute absolvieren« zugrunde. Auf die Trägheit und den schleppenden Gang des Ochsen spielt schon Homer in »Ilias« und »Odyssee« an.

Jemanden übers Ohr hauen

umgangssprachlich: *jemanden betrügen, übervorteilen:* entstanden in einer Zeit, wo man noch mit Knüppeln, Schwertern oder Säbeln aufeinander losging. Wer den Gegner zuerst oberhalb der Ohren auf den Kopf traf, war im Vorteil. Die Redensart bedeutete also ursprünglich »jemandem einen Hieb auf den Kopf versetzen« bzw. »ihn ohrfeigen«.

Sich etwas hinter die Ohren schreiben

umgangssprachlich: *sich etwas gut, sorgfältig merken, es nicht vergessen:* Die Redensart spiegelt einen alten Rechtsbrauch wider: Bei Abschluss eines Vertrages, besonders auch bei Grenzbegehungen und Setzungen von Grenzsteinen gab es im Mittelalter »testes per aures tracti« (lateinisch = an den Ohren gezogene Zeugen).
Das Kneifen in die Ohren, das Ziehen an den Ohren oder sogar das Ohrfeigengeben, eventuell verbunden mit Geschenken, sollte dazu beitragen, dass sich die Zeugen, vor allem Kinder und jüngere Leute, im Alter noch an die vereinbarten Rechtsbestimmungen erinnerten. Diese schriftlich niederzulegen und die Dokumente dann zu archivieren, war eine aufwendige Angelegenheit, die nicht überall und zu jeder Zeit zu realisieren war. Bei Rechtsstreitigkeiten oder rechtlichen Zweifelsfällen wurden daher öfter ältere Leute befragt, wie in ihrer Jugend die Rechtslage gewesen sei.
Von alten abergläubischen Vorstellungen getragen ist die Erklärung in einem 1690 erschienenen Werk des deutschen Rechtsphilosophen Christian Thomasius (1655–1728), die Lutz Röhrich in seinem »Lexikon der sprichwörtlichen Redensarten« mitteilt: Thomasius bezieht sich hier auf die alte Schädel- und Säftelehre, die die Meinung vertrat, dass ein Aderlass hinter den Ohren unfruchtbar mache. Die Menschen, denen dies geschehen sei, würden sich zeitlebens daran erinnern, da es ihnen gleichsam hinter die Ohren geschrieben worden sei.

Noch nicht trocken hinter den Ohren sein

umgangssprachlich: *zu unreif sein, um von der Sache etwas zu verstehen:* Die Redensart bezieht sich auf die Geburt des Menschen. Das neugeborene Kind ist vom Fruchtwasser noch feucht hinter den Ohren.

Es (faustdick) hinter den Ohren haben

umgangssprachlich: *schlau, verschmitzt, verschlagen, durchtrieben sein, obwohl der Betreffende gar nicht danach aussieht:* Die Redensart ist gekürzt aus einer Vollform des 16. Jh.s: den Schalk, den Schelm, den Narren usw. hinter den Ohren (d. h. versteckt) haben, sodass er von anderen nicht sogleich bemerkt wird. »Der

Schalck schläft offt hinter den Ohren; wenn er erwacht, so läst er sich erst sehen«, heißt es bei einem Schriftsteller des 17. Jh. s. »Faustdick« bezieht sich auf den alten Aberglauben, dass sich der Sitz der Verschlagenheit im Knochen hinter den Ohren befindet: je dicker die Wulst, desto größer die Verschlagenheit.

Bis über beide Ohren verliebt sein

umgangssprachlich: *sehr, »rettungslos« verliebt sein:* Hier steht das Bild eines Ertrinkenden oder im Sumpf Versinkenden vor Augen, der nicht mehr zu retten ist, weil das Wasser bereits über den Ohren zusammenschlägt.

Öl auf die Wogen gießen

Vermittelnd, ausgleichend, besänftigend [in eine Auseinandersetzung] eingreifen. Die Wendung bezieht sich darauf, dass die Wellen des Meeres bei stürmischer See durch darauf gegossenes Öl geglättet werden können.

Wie ein Ölgötze (dastehen u. a.)

umgangssprachlich: *stumm und steif, teilnahmslos, dumm, langweilig:* Das im 1. Drittel des 16. Jh.s zuerst bezeugte Wort »Ölgötze« bedeutete ursprünglich eine mit Ölfarbe angestrichene hölzerne Götzenfigur. Luther und seine Anhänger gebrauchten es als Schimpfwort für die mit dem heiligen Öl geweihten katholischen Priester, Bischöfe und Päpste sowie für die Heiligenstandbilder in den katholischen Kirchen einschließlich ihrer Anbeter.

Seit (zu, aus, vor) Olims Zeiten

bildungssprachlich veraltend: *schon seit usw. sehr langer Zeit:* eine Fügung, die aus der Studentensprache des 17. Jh.s stammt. Das lateinische Adverb »olim« = einst wird scherzhaft als Personenname verwendet.

Olle Kamellen

Vergleiche »Kamellen«.

On the rocks

mit Eiswürfeln: Diese englische Wendung bedeutet ursprünglich »auf die bzw. den [Fels]brocken«. Sie bezieht sich darauf, dass man im Allgemeinen zuerst die Eiswürfel in das Glas gibt und darüber dann das alkoholische Getränk gießt.

Über den großen Onkel gehen

umgangssprachlich: *die Füße beim Gehen einwärts setzen:* Die Wendung beruht vermutlich auf einem Missverständnis des mit dem deutschen Wort »Onkel« lautähnlichen französischen »ongle« (= »Zehennagel«).

Frech wie Oskar

umgangssprachlich: *äußerst frech:* Die Herkunft ist ungeklärt, obwohl es Versuche gab, herauszubekommen, welcher Oskar dahinter stecken könnte, so z. B. der Kritiker Oskar Blumenthal (1852–1917), der freche Kritiken schrieb, oder der Leipziger Jahrmarktsverkäufer Oskar Seifert, der freche Ausdrücke gebrauchte. Auch das Jiddische kommt in Betracht (jiddisch »Ossoker« = Frecher). Die Wendung scheint von Berlin ausgegangen zu sein.

Otto Normalverbraucher

umgangssprachlich: *der statistische Durchschnittsmensch, der Durchschnittskonsument:* Diese Bezeichnung wurde durch die gleichnamige Hauptfigur des Films »Berliner Ballade« aus dem Jahr 1948 bekannt und gebräuchlich. Der von Gert Fröbe gespielte Durchschnittsbürger erlebt in dem satirischen, auf ein Kabarettprogramm zurückgehenden Film die Nachkriegswirklichkeit in Deutschland.

Pp

Zu Paaren treiben

veraltend: *in die Flucht schlagen, bändigen, Aufrührer u. Ä. auseinandertreiben:* wohl volksetymologisch umgebildet aus »zum Barn treiben« (16. Jh.). Das heute ausgestorbene Wort »Barn« bedeutet »Krippe, Raufe« und Grimm (»Deutsches Wörterbuch«) deutet die Wendung entsprechend als »(entlaufenes Vieh) an die Krippe zurückbringen, -treiben«. Andere stellen »Paaren« zu »Bäre« = sackförmiges Fischernetz (mittelhochdeutsch »bere«), wobei der Vokalwechsel ä (e) zu a nicht einleuchtet. Die eigentliche Bedeutung wäre dann »in ein (Fisch-, Fang-)Netz treiben«. Die missverständliche Schreibung »Paaren« kommt im 18. Jh. auf, wohl weil man das alte Wort nicht mehr verstand.

Sich etwas auf sein Panier schreiben

bildungssprachlich veraltend: *unbeirrt ein Ziel verfolgen:* »Panier« und »Banner« stammen aus derselben Sprachwurzel: »Panier« ist eine Nebenform des 15. Jh.s von mittelhochdeutsch »banier(e)«, das auf französisch »bannière« = Fahne, Banner beruht. Dieses geht wiederum auf ein westgermanisches Wort mit der Bedeutung »(Feld-)Zeichen« zurück. Auf der Fahne war das Zeichen angebracht, das die Sache versinnbildlichte, für die gekämpft wurde, z. B. das Kreuz der Kreuzritter.

Aus den Pantinen kippen

umgangssprachlich: *zusammenbrechen, ohnmächtig werden; die Fassung verlieren:* »Pantine« ist der norddeutsche Ausdruck für »Pantoffel, Schuh«. Die Wendung drückt übertreibend aus, dass jemand vor Entsetzen oder Entkräftung umfällt und dabei seine Füße aus den Pantoffeln gleiten.

Pantoffel

Das Ende des 15. Jh.s aus dem Französischen (»pantoufle«) übernommene Substantiv »Pantoffel« ist – ebenso wie sein Oberbegriff »Schuh« (der den Fuß bekleidet) – ein spätmittelalterliches Symbol für Herrschaft und Macht. Der Pantoffel war früher die typische Bekleidung für den Fuß der (Haus)frau. Wer dem anderen auf den Fuß tritt, hat Gewalt über ihn (der Fuß gilt dabei als Pars pro toto, als Teil für das Ganze). Wer also bei der Trauung seinem Partner zuerst auf den Fuß tritt, wird in der Ehe über ihn herrschen. Die Redensart **unter dem Pantoffel stehen** (umgangssprachlich: *von der Ehefrau beherrscht werden*) ist so zu erklären.

Weitere Wendungen beruhen auf dem gleichen Symbolgehalt: **den Pantoffel schwingen** (umgangssprachlich: *in der Ehe den Mann beherrschen; das Hausregiment führen*); **unter den Pantoffel kommen** u. a. Das heute veraltete Verb »pantoffeln« bedeutete »jemanden mit dem Pantoffel bearbeiten, schlagen«.

Nicht von Pappe sein

umgangssprachlich: *stark, kräftig, nicht zu unterschätzen sein:* »Pappe« ist hier nicht der aus grobem Papierbrei hergestellte feste Werkstoff, Kartonpappe, sondern das umgangssprachliche und mundartliche Wort für den Kleinkinderbrei aus Mehl (Mehlpapps). Wer nicht mit diesem Brei, sondern mit kräftigem, nahrhaftem Essen ernährt wurde, war »nicht von Pappe«.

Seine Pappenheimer kennen

umgangssprachlich: *die Leute, mit denen man zu tun hat, Leute dieses Schlages kennen; wissen, wie sie sich in bestimmten Situationen verhalten werden:* In Schillers Drama »Wallensteins Tod« (3, 15) sagt Wallenstein zu dem Gefreiten Mercy, der mit zehn Kürassieren des Reiterregiments unter dem Grafen Gottfried Heinrich zu Pappenheim (1594–1632) vor Wallenstein tritt und ihn trotz des Vorwurfs des Landesverrats seiner Treue versichert: »Daran erkenn' ich meine Pappenheimer.« Der Satz drückt lobende Anerkennung aus, was in der Redensart verloren gegangen und ins Gegenteil verkehrt worden ist. Pappenheims Truppen taten sich übrigens bei der Erstürmung Magdeburgs im Mai 1631 sehr unrühmlich hervor.

Ein Pappenstiel

umgangssprachlich: *eine Kleinigkeit, Wertloses, wenig Geld* in den Wendungen **kein Pappenstiel sein, etwas für einen Pappenstiel bekommen, kaufen, hergeben** u. Ä. Die im 17. Jh. auftretende Zusammensetzung »Pappenstiel« ist vermutlich eine sogenannte Klammerform aus »Pappen(blumen)stiel«. Niederdeutsch »Papenblome« (eigentlich Pfaffenblume) ist der Löwenzahn. Sein Stängel ist Inbegriff des Wertlosen.

Andere meinen, dass das Wort aus »Pappelstiel« verderbt sei und ursprünglich einen Stiel aus Pappelholz bedeutet habe, der nichts wert sei, weil Pappelholz weich sei und deshalb leicht breche. Eine »Pappenblume« gibt es schon bei Luther, aber mit der Bedeutung »Papierblume«. Das Bestimmungswort von »Papenblome« (Pfaffenblume) ist übrigens eine volksetymologische Umdeutung von lateinisch »pappus« = Samen-, Federkrone des Löwenzahns.

Jemandem in die Parade fahren

jemandem energisch widersprechen, jemandem den eigenen abweichenden Standpunkt unmissverständlich klarmachen: »Parade« bedeutet hier »Abwehr eines Angriffs«. Das Wort stammt aus der Fechtersprache (spätmittelhochdeutsch »parat«), die italienisch beeinflusst war (italienisch »parata«). Die deutsche Schreibung mit -d- beruht auf der Einwirkung der französischen Wortform (»parade«).

Jemandem/einer Sache Paroli bieten

veraltend: *wirksam, energisch entgegentreten, Widerstand leisten:* »Paroli« stammt aus der Sprache des Kartenspiels (»Pharo«). Das Wort gelangte über französisch »paroli« zu uns, das wiederum aus dem Italienischen übernommen wurde. »Paroli« ist eigentlich der Plural von älter italienisch »parolo« = Verdoppelung des Einsatzes (wodurch im Spiel mit- oder gegengehalten wurde), zu »pari« = gleich (lateinisch »par«), also eigentlich = das Gleiche noch einmal.

Jemandem aus der Patsche helfen

umgangssprachlich: *jemanden aus einer Notlage, Verlegenheit befreien:* Die »Patsche« heißt hier ursprünglich so viel wie »Matsch, aufgeweichte Straße« (in der man stecken bleibt).

Pech haben

umgangssprachlich: *ein Hindernis, Missgeschick, Unglück, ein unglückliches Zusammentreffen erleben:* Grimm (»Deutsches Wörterbuch«): »Eine Menge von Redewendungen und sprichwörtlichen Ausdrücken knüpfen sich seit alter Zeit an das siedende, klebende Pech oder an die Farbe des Pechs.« Für unsere Vorfahren war das siedende oder brennende Pech ein unabdingbarer Bestandteil einer Höllenstrafe. Im vorliegenden Fall jedoch handelt es sich um das Pech (Leim), mit dem man Vögel fing. Der Vogel, der daran kleben blieb, war ein ganz konkreter Pechvogel. Die Redensart verbreitete sich im 18. Jh. in studentischen Kreisen und gelangte von da in die Umgangssprache.

Den Pegasus besteigen

bildungssprachlich veraltend, scherzhaft: *dichten, sich als Dichter versuchen:* »Pegasus« (griechisch »Pegasos«) hieß in der griechischen Mythologie das geflügelte Dichterross als Symbol der Dichtkunst, des beschwingten dichterischen Schaffens, das von der Erde zu den Göttern schwebte und durch dessen Hufschlag der Musenquell Hippokrene (= Pferde-, Rossbrunnen) entstand. Wer aus ihm trank, wurde zum Dichter.

Der Name Pegasus gehört vermutlich zu griechisch »pege« = Quelle, weil Pegasus an den Quellen des Okeanos geboren war. Hier lebt noch die homerische Vorstellung des Okeanos als eines um die scheibenförmige Erde fließenden Flusses. Er wurde als Grenze der Erde aufgefasst.

Perlen vor die Säue werfen

umgangssprachlich: *jemandem etwas Wertvolles geben, was dieser gar nicht zu würdigen weiß:* nach Matth. 7, 6. Dort heißt es: »Ihr sollt das Heiligtum nicht den Hunden geben, und eure Perlen sollt ihr nicht vor die Säue werfen, auf dass sie dieselbigen nicht zertre-

ten mit ihren Füßen und sich wenden und euch zerreißen.« Luther hat die Redensart allerdings nicht erfunden, sie ist schon im 12. Jh. bezeugt.
Auch andere europäische Sprachen kennen sie: englisch »to cast pearls before swine«; französisch »jeter les perles devant les pourceaux«; italienisch »buttare perle ai porci«; dänisch »kaste perler for svin«; niederländisch »paarlen voor de zwijnen werpen«; im Latein der Vulgata: »mittere margaritas vestras ante porcos«.

Jemandem einen Persilschein ausstellen

umgangssprachlich: *jemandem bescheinigen, dass er sich nichts hat zuschulden kommen lassen*/**einen Persilschein erhalten:** Die Redensart ist ein Produkt der deutschen Nachkriegsgeschichte. Durch die auf der Jalta-Konferenz 1945 beschlossene und im Potsdamer Abkommen zu einem Hauptziel der alliierten Besatzungspolitik erklärte sogenannte »Entnazifizierung« sollten alle Deutschen, die sich in nationalsozialistischen Organisationen betätigt hatten, überprüft werden, inwieweit sie an Menschenrechtsverletzungen beteiligt gewesen waren. Die Betroffenen sollten anhand einer 99 Fragepunkte umfassenden Liste in fünf Kategorien eingestuft werden: 1. Hauptschuldige, 2. Belastete (Aktivisten), 3. Minderbelastete, 4. Mitläufer, 5. Entlastete. Wer entlastet wurde, erhielt seinen »Persilschein«, d. h., er wurde durch diese Bescheinigung – wie schmutzige Wäsche durch das bekannte Waschmittel Persil – von aller Schuld »reingewaschen« und hatte nun eine weiße Weste. Der Name »Persil« ist aus den Anfangssilben zweier in ihm enthaltener Wirkstoffe (**Per**borat und **Sil**ikat) gebildet.

Etwas in petto haben

Vergleiche »in«.

Pfahl

Der **Pfahl im Fleisch, in jemandes Fleisch** (gehoben: *etwas, was beständig peinigt*) ist biblischen Ursprungs. Im 2. Brief an die Korinther (12, 7) schreibt Paulus: »Und auf dass ich mich nicht ... überhebe, ist mir gegeben ein Pfahl ins Fleisch, nämlich des Satans Engel, der mich mit Fäusten schlage, auf dass ich mich nicht über-

hebe.« Die auf die Bibel zurückgehenden Redensarten sind oft auch in den anderen Sprachen der christlichen Völker Europas – manchmal leicht abgewandelt – lebendig.
Im Englischen ist es kein Pfahl, sondern ein Dorn: »thorn in the flesh«, ebenso im Niederländischen: »een doorn in het vlees«. Vergleiche »jemandem ein Dorn im Auge sein«.

Etwas auf der Pfanne haben

umgangssprachlich: *etwas Besonderes vorhaben, leisten können:* Hier ist es nicht die Bratpfanne, die in der umgangssprachlichen Redensart **jemanden in die Pfanne hauen** *(erledigen, vernichten)* gemeint ist, sondern die Pfanne der früheren Lunten- und Steinschlossgewehre, die kleine Mulde für das Zündpulver. Die Wendung bedeutete also ursprünglich »zum Schießen bereit sein« (und dadurch einem Gegner überlegen sein).

Pfeffer im Hintern haben

salopp: *lebhaft, zappelig sein, nicht still sitzen können:* Die Wendung geht möglicherweise auf die frühere Gepflogenheit betrügerischer Pferdehändler zurück, den Pferden Pfeffer in den After zu reiben, um sie lebhafter, feuriger erscheinen zu lassen.

Wo der Pfeffer wächst

umgangssprachlich: *sehr weit weg, der entlegenste Ort auf der Welt:* Der Pfeffer war das Hauptgewürz des Mittelalters und bei den damaligen Verkehrsverhältnissen entsprechend teuer. Eine ausführliche Darstellung der Ableitungen und Zusammensetzungen des Wortes mit den dazugehörigen Redensarten könnte ein kleines Büchlein füllen. Im Mittelalter galt Indien als weit entferntes Herkunftsland. Kolumbus wollte in das gewürzreiche Indien gelangen und entdeckte dabei Amerika. Die Redensart ist seit dem 16. Jh. bezeugt.

Durch Mark und Pfennig gehen

Vergleiche »Mark«.

Mit jemandem Pferde stehlen können

umgangssprachlich: *sich auf jemanden absolut verlassen können, mit jemandem alles Mögliche unternehmen können:* Die Wendung bezieht sich darauf, dass ein Pferdedieb sehr mutig und für seine Kumpane absolut zuverlässig sein musste, da Pferdediebstahl besonders in früherer Zeit sehr streng bestraft wurde.

Einen Pferdefuß haben

umgangssprachlich: *einen verborgenen, bisher nicht sichtbaren Nachteil, einen Haken haben:* Da der Teufel die Menschen in allerlei wechselnden Gestalten versucht, wird auch sein Äußeres verschieden dargestellt. Meist hatte er Klauen, Vogel- oder Bocksfüße. Als ihm ein Pferdefuß verpasst wurde (was übrigens in der christlichen Kunst des westeuropäischen Mittelalters nicht allzu häufig ist), musste er auch hinken, was er zu verbergen trachtete. In Goethes »Faust« sagt eine Hexe zu Mephisto: »O Herr, verzeiht den rohen Gruß! Seh ich doch keinen Pferdefuß.«
Der Aberglaube des Volkes sah den Teufel in vielerlei Gestalten lauern: als Affe, Bock, Rabe, Kuckuck, Drache, Hummel, Mücke. Er erscheint als graues, schwarzes Männchen, alter Mann, schöne Frau, als wilder Jäger oder Freischütz, der auf die Hostie und das Kruzifix schießt. Da sein wirklicher Name tabu ist, erfindet das Volk eine Fülle von Decknamen (Gottseibeiuns, der Leibhaftige, der Böse, der Schwarze, der Unreine, Hämmerlein u. a.). Im 16. Jh. erreichte die Teufelsmotivik einen gewissen Höhepunkt; Verfehlungen und Laster verband man gern mit dem Teufel, vom Spiel- und Tanzteufel bis zum Ehe- und Zauberteufel.
Auch Luther war vom Teufelsglauben stark beeinflusst. Doch tröstete er seine Anhänger: »Und wenn die Welt voll Teufel wär und wollt uns gar verschlingen, so fürchten wir uns nicht so sehr, es soll uns doch gelingen.« Berühmt ist Dürers Kupferstich »Ritter, Tod und Teufel« von 1513. Vielleicht hat er dazu beigetragen, den Pferdefuß in Redensarten zu verankern. **Da zeigt sich der Pferdefuß/da schaut, guckt der Pferdefuß heraus** sind weitere Beispiele sprachlicher Verwendung.

Keinen Pfifferling wert sein

umgangssprachlich: *gar nichts wert sein:* Der nach seinem pfefferähnlichen Geschmack benannte Pilz (mittelhochdeutsch »pfefferlink«) ist ein gutes Beispiel dafür, dass Wörter oder Redensarten nicht mehr »stimmen«, weil sich die ihnen zugrunde liegenden Verhältnisse geändert haben. Der früher in Massen auftretende Pilz ist heute durch die Umweltzerstörung zu einer teuren Rarität geworden.

Zu den Wörtern und Wendungen, die nicht mehr zu ihrem Ursprung passen, gehören z. B. Papier (nicht mehr aus Papyrus), Brille (ihre Gläser sind nicht mehr aus Beryll), Bleistift (heute nicht mehr aus Blei, sondern aus Grafit), zur Feder greifen (die Vogelfeder zu diesem Zweck hat ausgedient) und viele andere (vergleiche **Feder**).

Geschmückt wie ein Pfingstochse

umgangssprachlich: *übertrieben, geschmacklos herausgeputzt, aufgedonnert:* Dieser Wendung liegt ein alter Brauch besonders der süddeutschen Weidewirtschaft zugrunde. Zur Pfingstzeit wurde das Vieh wieder auf die Sommerweiden getrieben. Das erste Tier (meist ein Ochse), bekränzt und mit Bändern und Blumen geschmückt, eröffnete den Zug der Weidetiere. Vielleicht ist der Brauch auf der Grundlage einer uralten rituellen Opferhandlung entstanden, die mit einer Schlachtung verbunden war.

Einen Pflock zurückstecken

geringere Ansprüche stellen, in seinen Forderungen bescheidener werden: Diese Redensart ist nicht sicher geklärt. Es gibt zwei mögliche Deutungen. Die erste bringt den Pflock mit dem Stellpflock an den alten Pflügen in Verbindung, mit dem das Pflugmesser (Sech) verstellt werden konnte. Wenn er zurückgesteckt wurde, drang das Messer nicht so tief ein, und es ließ sich leichter pflügen. Die zweite Erklärung geht von den Markierungspflöcken aus, die früher bei bestimmten Spielen auf Zählbrettern angebracht waren und die Punktzahl der Spieler anzeigten. Hatte sich ein Spieler absichtlich oder unabsichtlich zu viele Punkte gutgeschrieben, musste er seinen Markierungspflock zurückstecken.

Vermutlich ist die englische Wendung »to take someone down a (or two) peg« = jemandem einen Dämpfer aufsetzen, ihn herabsetzen, demütigen auf ebendiese Weise zu erklären (wörtlich = jemanden einen Pflock (oder zwei Pflöcke) hinunterbringen).

Mit seinen (anvertrauten) Pfunden wuchern

gehoben: *seine Fähigkeiten, Talente, Anlagen, die man mitbekommen oder sich erworben hat, gut anwenden, nutzen:* In dieser zwar auf der Bibel (Lukas 19, 11–28; abgewandelt Matth. 25, 14–30) beruhenden, aber im Text so nicht enthaltenen Redensart handelt es sich in Jesu Gleichnis ursprünglich um Geld, das früher gewogen wurde; daher die Ausdrücke »Pfund« (Lukas) und »Zentner« (Matth.).

In der Lukas-Darstellung erzählt Jesus ein Gleichnis: Die 10 Knechte, denen von dem abwesenden Herrn (einem Edlen) je 1 Pfund anvertraut worden war, nutzen dieses ganz unterschiedlich. Als der Edle zurückkehrt, hat der eine Knecht mit seinem Pfund deren 10 erhandelt, ein anderer 5 (wofür sie gelobt und beschenkt werden), ein Dritter aber hat sein Pfund nicht genutzt, sondern es aus Furcht, es zu verlieren, im Schweißtuch versteckt.

Der Edle tadelt ihn heftig: »Warum hast du denn mein Geld nicht in die Wechselbank gegeben? Und wenn ich kommen wäre, hätte ich's mit Wucher (= Zinsen) erfordert.« Zu den Umstehenden sagt der Edle dann: »Nehmet das Pfund von ihm und gebet's dem, der zehn Pfund hat.« Das Gleichnis beendet Jesus mit den bekannten Worten: »Wer da hat, dem wird gegeben werden, von dem aber, der nicht hat, wird auch das genommen werden, das er hat.«

Das wirkliche Ideal von Jesus ist die Armut, d. h. keine Anhäufung von Reichtum, von irdischen Schätzen und Gütern, wie aus der Erzählung »Vom reichen Jüngling« hervorgeht (Matth. 19, 16): »Willst du vollkommen sein, so gehe hin, verkaufe, was du hast, und gib's den Armen, so wirst du einen Schatz im Himmel haben ... Ein Reicher wird schwer ins Himmelreich kommen.«

Aber wer kann vollkommen sein? Auch Jesus muss zugestehen: »Bei den Menschen ist's unmöglich.«

Wie ein Phönix aus der Asche steigen/sich wie ein Phönix aus der Asche erheben

bildungssprachlich: *sich aus einer Niederlage, einem völligen Zusammenbruch, einer scheinbaren Vernichtung neu belebt erheben:* nach dem Wundervogel einer orientalischen (arabischen oder indischen?) Sage, der sich alle 500 (1000) Jahre durch Selbstverbrennung erneuerte. Aus seiner Asche wuchs ein neuer junger Vogel Phönix hervor.

Der Ursprung ist in der ägyptischen Götter- und Tierwelt zu suchen, während die spätere Legende von der Selbstverbrennung nicht auf den ägyptischen Sonnenvogel zurückgeht. Er symbolisierte bereits die Ewigkeit Roms und erscheint auf kaiserlichen Münzen; in der altchristlichen Kunst wurde er zum Symbol der Auferstehung, auch von Jesus selbst.

Schon früh dringt die Sage über das Französische (»phénix«) in den deutschen Sprachraum (seit dem 12. Jh., mittelhochdeutsch »fenix«). Der Name (zu griechisch »phoinos« = rot, purpurrot, nach dem Gefieder) wurde früher auch übertragen gebraucht für etwas Seltenes und Einzigartiges: »O Haydn, Phönix der Instrumentalmusik!«, heißt es einmal bei dem Schriftsteller J. J. W. Heinse Ende des 18. Jh.s. Heute ist diese Verwendungsweise nicht mehr üblich.

Zu mancherlei geografischen Namen hat der Wundervogel beigetragen: Die Hauptstadt Arizonas heißt Phoenix; zwei Dörfer in Illinois und New York tragen den gleichen Namen, ebenso eines der acht Atolle der Phönix-Inseln im Stillen Ozean. 1720 nannten deutsche »refugees« den Ort in Pennsylvanien, an dem sie sich niedergelassen hatten, Phoenixville. Ein Sternbild des südlichen Himmels trägt den Namen des Vogels. Ein elegantes japanisches Zierhuhn mit langen Rückenfedern und bis zu 3 m langen, besonders gepflegten Schwanzfedern nennt sich »Phönixhuhn«. Und schließlich heißt auch noch eine Palmengattung »Phönix«, die bekannte Dattelpalme, der Charakterbaum Nordafrikas. Ihr Name hat jedoch nichts mit dem Vogel zu tun; die Griechen nannten den Baum so, weil sie ihn durch die Phöniker (= Purpurhändler, zu griechisch »phoinos« = rot) kennenlernten. Die Namen stammen allerdings aus der gleichen Sprachwurzel.

Piepe, piepegal sein

Vergleiche »schnurz«.

Einen Pik auf jemanden haben

umgangssprachlich: *jemandem heimlich grollen, mit dem Wunsch nach Vergeltung:* »Pik« ist über das Niederdeutsche und Niederländische aus dem französischen »pique« = Groll übernommen worden. Das französische Substantiv ist nichts anderes als unsere »Pike« = Spieß, Lanze, in übertragenem Sinne verwendet; es gehört zu »piquer« = stechen. Vergleiche »von der Pike auf dienen«.

Von der Pike auf dienen

ursprünglich *als gemeiner Soldat von der untersten Stufe an dienen;* dann auch auf andere Dienstverhältnisse übertragen.

Etwas von der Pike auf lernen

Die »Pike« ist der Spieß des Infanteristen, bereits im 15. Jh. aus dem gleichbedeutenden französischen »pique« entlehnt (vergleiche »Pik«). In einem Leichengedicht von Mühlpforth (gest. 1681) auf einen gefallenen Soldaten heißt es: »Bist von der Picken an zum Hauptmannsstab gestiegen.«

Von Pontius zu Pilatus laufen

Vergleiche »Pontius«.

Auf den Plan treten

*auftreten, erscheinen/***jemanden auf den Plan rufen** *(jemanden herausfordern, zu erscheinen und tätig zu werden):* Dieses »Plan« ist nicht verwandt mit dem gleichlautenden »Plan« = Vorhaben, Absicht; im Mittelhochdeutschen »plan« = freier Platz, Ebene, Wiese, Turnier-, Kampfplatz. Die Redensart bedeutet also eigentlich »auf dem Kampfplatz erscheinen; jemanden herausfordern, auf dem Kampfplatz zu erscheinen«. Das Substantiv geht über französischen Einfluss (mittelfranzösisch »plan«) zurück auf mittellateinisch »planum« = Ebene, Fläche zu lateinisch »planus« = eben, flach.

Platonische Liebe

rein geistige, von Sexualität freie Liebe: In dem Werk »Das Gastmahl« (»Symposion«) des griechischen Philosophen Platon (427–347 v. Chr.) unterhalten sich einige Teilnehmer über die verschiedenen Formen und Funktionen der Liebe (des Eros). Platon preist allerdings in seinem um 380 v. Chr. verfassten philosophischen Dialog keineswegs die nicht sexuelle Liebe zwischen Mann und Frau, sondern durch den Mund des Sokrates die zwischen Männern und Jünglingen, die er aus dem sinnlichen in den geistig-seelischen und metaphysischen Bereich erhebt.

Schon Pausanias, einer der Gesprächsteilnehmer, hatte in seiner Lobrede auf den Gott Eros dessen zwei Seiten geschildert: den himmlischen Eros (den Eros uranios, der mehr der Seele als dem Leibe zugetan sei und mehr dem männlichen Geschlecht, weil dieses verständiger sei) und den irdischen, den Eros pandemos (den Allerweltseros, der nur der sinnlichen Lust fröne).

Die Möglichkeit einer nicht sexuell bestimmten Liebe wurde schon früh angezweifelt, z. B. meinte Samuel Richardson, ein englischer Schriftsteller, in seinem Briefroman »Pamela« von 1740: »I am convinced, and always was, that Platonic Love is Platonic nonsense« (Ich bin überzeugt – und war es immer –, dass platonische Liebe platonischer Unsinn ist).

Platte

In einigen umgangssprachlichen Redensarten steht »Platte« kurz für »Schallplatte«: **die Platte kennen** *(wissen, wie sich etwas verhält, worauf etwas hinausläuft; etwas schon gehört haben);* **die alte Platte auflegen/spielen/laufen lassen** *(etwas längst Bekanntes erzählen).* Diese heute noch leicht verständlichen Redensarten werden in einigen Jahrzehnten nicht mehr so leicht zu verstehen sein, weil die alte Schallplatte ausstirbt. – In anderen umgangssprachlichen Wendungen bedeutet »Platte« die ehemalige fotografische Platte: **jemanden auf die Platte bannen** *(jemanden fotografieren);* **nicht auf die Platte kommen** *(nicht infrage, in Betracht kommen).* – **Die Platte putzen** (umgangssprachlich: *verschwinden, sich davonmachen*) hat nichts mit einer im Haushalt verwendeten Platte (Servierplatte o. Ä.) zu tun, sondern stammt vermutlich aus der Gaunersprache: jiddisch »p'lat« = Flucht und »puz« = auseinandergehen. Die neueren Wendungen **auf der Platte** (von Nichtsesshaften gesagt: Leben ohne Wohnung) und **Platte machen** (im Freien auf der Straße nächtigen) könnten vom Schlafen auf der platten Erde hergeleitet sein.

Sein Plazet geben

bildungssprachlich: *etwas erlauben, billigen, einer Sache zustimmen;* **jemandes Plazet einholen/sein Plazet verweigern:** »Plazet« (lateinisch »placet« = es gefällt, es entspricht meinen Vorstellungen) ist ein Ausdruck der alten Kanzleisprache (16. Jh.), häufig gebraucht als Aktenvermerk.

Pleite machen/pleitegehen

umgangssprachlich: *bankrott werden:* im 19. Jh. aus der Berliner Gaunersprache in die Umgangssprache gelangte Wendungen. Zugrunde liegt hebräisch »peleta« (jiddisch »pleto«) = Entrinnen, Rettung, Flucht, aus der Vorstellung heraus, dass sich der Zahlungsunfähige der Schuldhaft nur durch die Flucht entziehen konnte. Der »Pleitegeier« war ursprünglich der »Pleitegeher«. Die Bedeutungsverschiebung ist verständlich: Der aasfressende Vogel lebt von toten Tieren, vom Pleitegeher profitieren seine Konkurrenten.

Krethi und Plethi

Vergleiche »Krethi«.

Der ruhende Pol

jemand, der immer ruhig bleibt, die Übersicht behält, um den sich gleichsam alles dreht: Die Fügung ist durch Schillers Gedicht »Der Spaziergang« sprichwörtlich geworden. Die 134. Zeile lautet: (Der Weise) »sucht den ruhenden Pol in der Erscheinungen Flucht«. Die Fügung ist übertragen der unverrückbare Endpunkt der Achse, um die sich die Erde, der Himmel, eine Kugel dreht.

Noch ist Polen nicht verloren

umgangssprachlich: *die Lage ist noch nicht so verzweifelt, dass man aufgeben müsste:* Der polnische General Jan Henryk Dom-

browski kämpfte unter Napoleon I. 1799 für die Wiederherstellung Polens, das 1795 eine 3. Teilung zwischen Russland, Österreich und Preußen hatte über sich ergehen lassen müssen. Für seine Legion entstand ein Marschlied, dessen Anfangsworte in deutscher Übersetzung »Noch ist Polen nicht verloren« lauten und das später polnische Nationalhymne wurde. Es legte Widerspruch ein gegen eine angebliche Äußerung des im Nordamerikanischen Unabhängigkeitskrieg bis zum General aufgestiegenen polnischen Offiziers Tadeusz Kosciuzko, der nach seiner Niederlage gegen die russisch-preußische Übermacht bei Warschau ausgerufen haben soll: »Finis regni Poloniae!« (= das Ende Polens!). Kosciuzko bestritt später diesen Ausruf.
Mit Polen verbinden sich noch andere Wendungen: **jetzt/dann ist Polen offen** (umgangssprachlich: *alles mögliche Schlimme, Zügellose kann jetzt passieren*): Der Zusammenhang ist ungeklärt; **eine polnische Wirtschaft** (umgangssprachlich: *eine große Unordnung, Schlamperei*) ist eines der vielen Beispiele in der Sprache, in denen man negative Erscheinungen gern anderen, besonders den benachbarten Völkern in die Schuhe schiebt.

Die Polizei, dein Freund und Helfer

Dieser heute meist ironisch gebrauchte, von der Polizei selbst nicht akzeptierte Slogan hat einen durchaus ernst gemeinten, wenn auch historisch problematischen Hintergrund. Urheber ist der nationalsozialistische Politiker Heinrich Himmler, der 1933 Polizeipräsident von München, danach politischer Polizeikommandeur für Bayern wurde und sich als solcher am 17. 12. 1934 in einer Rede folgendermaßen über die Polizei äußerte: »Die Polizei im nationalsozialistischen Deutschland hat es sich zum Ziel gesetzt, vom deutschen Volk als sein bester Freund und Helfer, von Verbrechern und Staatsfeinden als schlimmster Gegner angesehen zu werden.«

Von Pontius zu Pilatus laufen

umgangssprachlich: *mit einem Anliegen von einer Stelle zur anderen laufen, besonders bei Ämtern, Behörden*/**jemanden von Pontius zu Pilatus schicken:** Die Redensart ist vermutlich im Bereich der Passionsspiele entstanden, die sich allmählich aus der Oster-

und Weihnachtsliturgie lösten, sich seit dem 12. Jh. verselbstständigten, aus der Kirche ins Freie verlegt und bald auch in deutscher Sprache aufgeführt wurden. Der römische Präfekt von Judäa, Pontius Pilatus (Amtszeit: 26–36 n. Chr.), schickte Jesus zu dessen Landesherrn, dem König Herodes Antipas; von dort wurde Jesus wieder zu Pontius Pilatus geschickt (vergleiche Luk. 23, 11).
Den zweiteiligen Namen einer Person zu zwei verschiedenen Personen zu machen, ist als scherzhaftes, stabreimendes Wortspiel aufzufassen. Landschaftlich ist der korrekte Sachverhalt ebenfalls belegt: jemanden von Herodes zu Pilatus schicken. Die alten literarischen Belege zeigen oft die lateinische Beugung des Namens: von Pontio zu (nach) Pilato.

Der Popanz für jemanden, jemandes Popanz sein/sich zum Popanz machen lassen u. Ä.

sich willenlos in starke Abhängigkeit von anderen begeben: »Popanz« ist seit dem 16. Jh. im Ostmitteldeutschen bezeugt (»popenz«, »popenze«) und bedeutete ursprünglich »Schreckgespenst, vermummte, Kindern und Vögeln Schrecken einjagende Gestalt, auch Trugbild«. Das Wort könnte vielleicht aus »Puppe« und »Hans« (= als Puppe vermummter Hans) zusammengezogen worden sein: »Pop-hans« wurde zu »Popans«, dann zu »Popanz«. Heute nimmt man slawische Herkunft an (vergleiche tschechisch »bubák« = Schreckgestalt).

Aus Posemu(c)kel kommen, sein

umgangssprachlich: *aus einem kleinen, abgelegenen, unbedeutenden Ort sein:* nach den heute in der Provinz Posen gelegenen, ehemals deutschen Dörfern Groß-Posemukel und Klein-Posemukel (polnisch »Podmokle wielkie« und »Podmokle male«). Warum ausgerechnet dieser Ortsname für einen Allgemeinbegriff verwendet wurde, ist nicht klar. Berliner Ursprung ist zu vermuten, da Berlin weniger als 150 km entfernt liegt. Dass der Ortsname keineswegs vergessen ist, zeigt eine Bemerkung des Berliner Sexualwissenschaftlers Erwin Haeberle, der von Berlin als einem in bestimmter Hinsicht »akademischen Posemuckel« sprach (Zeitungsnotiz Juli 1996).

Sich in Positur setzen/stellen/werfen

ein wenig spöttisch: *sich betont würdevoll, etwas gekünstelt hinsetzen usw.:* Zugrunde liegt lateinisch »positura« = Stellung, Lage. Die ältere Sprache und die Mundart (auch das Südhessische) machten sich das Substantiv in der Form »Postur« zu eigen.

Possen reißen

veraltend: *Unsinn machen, treiben:* Frühneuhochdeutsch »posse«, »bosse«, spätmittelhochdeutsch »posse« (aus französisch »bosse«) hieß schmückendes Beiwerk in der Form verschnörkelter, komischer, grotesker Figuren an Bauten, Brunnen, Kunstdenkmälern. Übertragen nahm dann das Substantiv die Bedeutung »närrisches Zeug, Narretei, Unfug« an. Wie jede andere Bildhauerarbeit musste die »Posse« auf dem Reißbrett entworfen werden; hier ist »reißen« im Sinne von »zeichnen« zu verstehen.

Post festum

bildungssprachlich: *im Nachhinein, hinterher – wenn alles zu spät ist:* Diese lateinische Fügung bedeutet eigentlich »nach dem Fest« (»post« = nach, »festum« = Fest, Festtag). Das seit dem 13. Jh. belegte Wort »Fest« stammt direkt aus dem Lateinischen.

Potemkinsche Dörfer errichten, aufbauen

eine bloße, glanzvolle Fassade von etwas errichten, die über schlechte Verhältnisse hinwegtäuschen soll; etwas vorspiegeln: nach dem russischen Feldherrn und Politiker Grigori Alexandrowitsch Fürst Potjomkin (1739–91), dem nachgesagt wurde, er habe der Zarin Katharina II., als sie 1787 Südrussland und die Krim bereiste, durch theatermäßig aufgebaute Dörfer ein blühendes Landleben vorgetäuscht. In Wahrheit hat er vorhandene Dörfer verschönern lassen. »Potemkin« ist die transliterierte Form des russischen Namens.

Zu Pott(e) kommen

umgangssprachlich: *mit etwas zurechtkommen, mit einer Aufgabe fertig werden:* »Pott« ist das niederdeutsche Wort für »Topf«. Es könnte sich hier um den »Nachttopf« handeln, dessen man im Dunkeln oft nicht gleich habhaft wird.

Das Prä haben

bildungssprachlich veraltend: *Vorrang haben:* lateinisch »prae« = vor. Die Wendung ist wahrscheinlich bei den Kartenspielern aufgekommen: Wer beim Spiel das Prä hat, darf als Erster ausspielen.

Jemanden an den Pranger stellen

öffentlich beschuldigen, bloßstellen: Der »Pranger« (mittelhochdeutsch »pranger«) war im Mittelalter ein Rechtswahrzeichen, ein hölzerner Pfahl oder ein Pfeiler aus Stein, an den Delinquenten mit einem Halseisen geschlossen und der Öffentlichkeit zur Schau gestellt wurden. Erst im 19. Jahrhundert verlor sich dieser Brauch. Die Prangerstrafe war eine Ehrenstrafe. Sie verbreitete sich seit etwa 1200 in mehreren europäischen Ländern, in Deutschland seit 1400. Das Substantiv gehört zu mittelniederdeutsch »prangen« = klemmen, drücken, hat aber mit »prangen« = in vollem Schmuck, Prunk glänzen nichts zu tun. Ein altes, von ihm abgeleitetes Verb »prangern« wurde im 19. Jahrhundert durch »anprangern« ersetzt.

Ein Prediger (Rufer) in der Wüste sein

bildungssprachlich: *vergeblich mahnen, warnen; kein Gehör finden, wenn man überzeugt ist, dass etwas unerfreulich verlaufen, sich negativ entwickeln wird:* In Jesaja 40, 3 (im sogenannten Deuterojesaja) heißt es: »Es ist eine Stimme eines Predigers in der Wüste: Bereitet dem Herrn den Weg …« Diese Worte wurden auf Johannes den Täufer bezogen. Die heutige, etwa um 1800 entstandene Bedeutung lässt sich daraus nicht entnehmen. Die revidierte Bibelausgabe (1964) bringt eine Berichtigung des Textes: »Es ruft eine Stimme: In der Wüste bereitet dem Herrn den Weg.« Die Prophezeiung war als Trost des Propheten an sein Volk im Exil gerichtet. Grimm (»Deutsches Wörterbuch«) beim Stichwort »Wüste«: »Die bis heute festen redensartlichen Wendungen vom ›Prediger in der Wüste‹ u. Ä. beruhen auf falscher Übersetzung von Jesaja 40, 3 im Griechischen, in der Vulgata und bei Luther …; die erheblich jüngere allgemeine Anwendung schwankt, zielt aber unter Verkennung des biblischen Tatbestandes vornehmlich auf die Vorstellung eines vergeblich wirkenden, unbeachtet bleibenden, ins Leere redenden Mahners.«

So schnell schießen die Preußen nicht

umgangssprachlich: *so schnell geht das nicht, kann das nicht gemacht, fertiggestellt werden:* Die Erklärung, dass die Redensart nach der Einführung des Zündnadelgewehrs in der preußischen Armee, das sehr viel schneller als andere schoss, entstanden sei, ist höchst unwahrscheinlich. Viel näher liegt die Deutung als beruhigende Parole vor drohendem Kriegsausbruch, deren Urheber bisher allerdings noch nicht nachgewiesen werden konnte. Man hat u. a. an Bismarck gedacht. – In Hessen waren die Preußen beim Volk nicht beliebt, wie die vielen herabsetzenden Zusammensetzungen (»Sau-, Scheiß-, Schnaps-, Stinkbrais«) und Attribute (»stinkige Braise«) zeigen.

The same procedure (as last year)

scherzhaft: *etwas immer in der gleichen Weise Ablaufendes, sich Wiederholendes:* Die Wendung ist ein Zitat aus dem englischen Fernsehsketch »Dinner for one«. Die alte Miss Sophie feiert ihren Geburtstag jedes Jahr nach demselben Ritual: Miss Sophie sitzt allein am Tisch, die Rolle der bereits verstorbenen Freunde, die an der Geburtstagsfeier teilnehmen, übernimmt während des mehrgängigen Menüs der Butler James. Er schlüpft jeweils in die Rolle des Gastes, dem Miss Sophie zutrinkt (wobei er sich jedes Mal vergewissert: »The same procedure as last year, Miss Sophie?«), was zur Folge hat, dass er immer betrunkener wird.

Proselyten machen

bildungssprachlich: *eifrig andere zu einem religiösen Glauben oder zu einer Ideologie zu bekehren suchen, ohne darauf zu achten, ob die Neubekehrten auch wirklich überzeugt sind:* kirchenlateinisch »proselytus«, griechisch »proselytos« = Neuhinzugekommener. In Matth. 23, 15 wendet sich Jesus gegen die Pharisäer mit dem Vorwurf, überall im Lande nur ihre Anhänger vermehren zu wollen: »Ihr Heuchler, die ihr Land und Wasser umziehet, dass ihr einen Judengenossen (proselyton) machet; und wenn er's worden ist, machet ihr aus ihm ein Kind der Hölle ...«

Drum prüfe, wer sich ewig bindet

wer heiraten will, sollte sich das gut überlegen: Diese Redensart ist ein Zitat aus Schillers »Lied von der Glocke«; sie rät zur Besonnenheit bei der Wahl des Lebensgefährten oder der Lebensgefährtin. Wie viele Verse dieses Gedichts wird sie heute gelegentlich in scherzhaft abgewandelter Form gebraucht, etwa erweitert um den Zusatz »ob sich nicht noch was Bessres findet«.

Das ist des Pudels Kern

Vergleiche »Kern«.

Die Lunte ans Pulverfass legen

Vergleiche »Lunte«.

Punkt

Ein dunkler Punkt (in jemandes Vergangenheit) = *ein zweifelhafter, verdächtiger, dubioser Sachverhalt in jemandes Leben.* Vielleicht beeinflusst durch die Vorstellung, dass jemandes Ehre dunkle Flecken bekommen kann. Napoleon III. sprach einmal von dunklen oder schwarzen Flecken (»points noirs«), die seinen Horizont umwölkt hätten. Es ist möglich, dass diese Aussage zu der festen Attribuierung beigetragen hat; **der springende Punkt** *(entscheidender Umstand, das Wichtigste)* ist eine Lehnübersetzung des lateinischen »punctum saliens«. Älter ist »der hüpfende Punkt« in der gleichen Bedeutung. Die lateinische, von den Humanisten geprägte Wortgruppe »punctum saliens« gibt eine Stelle aus der »Tiergeschichte« (»Historia animalium«) des griechischen Philosophen Aristoteles (384–322 v. Chr.) wieder, der dort schildert, wie sich bei der Entwicklung des Vogeleis als Erstes das Herz zeige »so groß wie ein Punkt, blutfarben im Weißen«. Dieser Punkt (griechisch »semeion« = Kennzeichen) springe und bewege sich wie ein lebendiges Wesen. Die Fügung wurde im Sinne von »Punkt, von dem das Leben ausgeht«, dann allgemeiner als »entscheidender, wichtigster Punkt« gebräuchlich; **der tote Punkt** *(ein Umstand, der verhindert, dass eine Sache weitergeht, fortschreitet):* ein Bild aus der Technik: Wenn Kurbel und Pleuelstange der Dampfmaschine eine gerade Linie bilden, befindet sich die Pleuelstange auf dem toten Punkt, sie bewegt sich dann weder vor noch zurück; **der wunde Punkt** *(jemandes empfindliche Stelle, die wie eine Wunde geheilt werden müsste).*

Pünktlichkeit ist die Höflichkeit der Könige

pünktliches Erscheinen sollte für die Prominenz Pflicht sein: Diese Sentenz wird dem französischen König Ludwig XVIII. (1755–1824) zugeschrieben: »L'exactitude est la politesse des rois.«

Bis in die Puppen

umgangssprachlich: *sehr lange, bis in den Morgen:* Die Herkunft dieser ursprünglich berlinischen Wendung ist nicht sicher geklärt. Eine mögliche Erklärung: Der Große Stern im Berliner Tiergarten (ein Platz mit französischen Hecken und acht einmündenden Alleen) erhielt zur Zeit Friedrichs II. durch den Architekten Freiherr Georg von Knobelsdorff Statuen aus der antiken Götterwelt, die die spöttischen Berliner »Puppen« nannten. Der Platz war damals noch weit entfernt, daher bedeutete die Redensart »bis in die Puppen gehen« einen ziemlich weiten Spaziergang. Die räumliche Bedeutung »sehr weit« wurde dann ins Zeitliche übertragen: sehr lange. Andere haben wenig überzeugend auf die »Puppe« = Getreidegarbe auf dem Feld verwiesen.

Auf den Putz hauen

umgangssprachlich: 1. *prahlen,* 2. *aufbegehren, sich beschweren, schimpfen,* 3. *ausgelassen sein,* 4. *Unfrieden stiften:* Die übliche Erklärung »kräftig gegen eine verputzte Wand schlagen, sodass der Mörtel abbröckelt« entbehrt der logischen Begründung. Die Redensart **mit der Faust auf den Tisch schlagen** (umgangssprachlich: *energisch werden*) hat wenigstens die Realität auf ihrer Seite. Bei der Bedeutung »prahlen« wird gelegentlich auf den Ordensschmuck verwiesen, auf den prahlerisch geschlagen wird, das ist ebenfalls wenig einleuchtend. Die Malerhandwerker hauen zwar auf den Putz, wenn sie ihn abklopfen müssen; ungeklärt bleibt jedoch die Frage, wie die übertragenen Bedeutungen entstanden sind.

Einen Pyrrhussieg erringen/sich als Pyrrhussieg herausstellen

bildungssprachlich: *einen sehr verlustreichen, zu teuer erkauften, einer Niederlage ähnlichen Sieg erringen; einen Erfolg zu teuer erkaufen:* vermutlich nach dem Sieg des Pyrrhos (319–272 v. Chr.), des Königs von Epirus in Thessalien, über die Römer im Jahre 279 bei Ausculum (Apulien) entstanden. Dieser Sieg war so verlustreich, dass Pyrrhos gesagt haben soll: »Noch ein solcher Sieg, und wir sind verloren (geschlagen).« Pyrrhos bedurfte allerdings noch zwei weiterer solcher Siege, um dazu bewogen zu werden, Süditalien zu räumen.

Andere bringen die Redensart mit Pyrrhos' Sieg über den römischen Konsul Valerius Laevinus ein Jahr vorher (280) bei Herakleia in der Nähe von Tarent in Verbindung. Einen dritten verlustreichen Sieg über die Römer erstritt Pyrrhos 275 bei den Arusinischen Feldern in Lukanien. Es ist offenbar nicht geklärt, nach welcher Schlacht Pyrrhos seinen berühmten Ausspruch getan hat; die meisten nennen die Schlacht von Ausculum 279.

In der Antike ist der »Pyrrhussieg« nicht belegt; man weiß nicht, wann das Wort bei uns aufkam, möglicherweise in der Humanistenzeit, wahrscheinlich sogar erst im 19. Jh. Der Ausdruck ist auch in anderen europäischen Sprachen bekannt: englisch »Pyrrhic victory«; italienisch »vittoria di Pirro«; niederländisch »Pyrrusoverwinning«; russisch »Pirrowa pobeda«; serbokroatisch »Pirova pobeda« u. a.

Qq

Mit jemandem quitt sein

umgangssprachlich: *mit jemandem durch keine Verpflichtung oder Verbindlichkeit mehr verbunden sein, gegenüber jemandem frei und ledig sein,* verschärfend: *bis zum Bruch:* Das Wort ist alt; mittelhochdeutsch »quit« kommt über das Niederländische aus dem französischen »quite« und weiter über das mittellateinische »quitus«, »quietus« aus dem lateinischen »quietus« = ruhig, ungestört, frei, losgelöst.

Auf dem Quivive sein

umgangssprachlich: *aufmerksam, wachsam, auf dem Posten sein:* Wenn ein französischer Soldat einen militärischen Werdaruf in seiner Sprache rufen musste, rief er nicht etwa: »Qui est là?« – Wer ist da?, sondern »Qui vive?«, eigentlich: Wer lebt (da)? Dieser Ruf ging Ende des 18. Jahrhunderts in die Redensart ein, zu einer Zeit, in der der Einfluss des französischen Militärs besonders groß war. Die Wendung wurde aus dem französischen »être sur le qui-vive« direkt übernommen.

Quod erat demonstrandum

bildungssprachlich: *was zu beweisen war:* Die alten Philosophen pflegten diese lateinische Fügung (»quod«: was, »erat«: war, »demonstrandum«: zu beweisen) an den Schluss ihrer Beweisführungen zu setzen. Sie kommt in der Humanistenzeit auf und findet sich zuerst bei dem Italiener Zamberti in dessen lateinischer Übersetzung der »Elemente« des griechischen »Mathematiklehrers« Euklid (um 300 v. Chr.), in der sie den griechischen Text wiedergibt. Euklid bringt in seinem Buch u. a. Lehrsätze (Theoremata), stellt Behauptungen dazu auf und beweist dann, dass sie wahr sind. Seine Formel lautet: »Was zu zeigen war.«

Quod licet Iovi, non licet bovi

bildungssprachlich: *Was den sogenannten Oberen erlaubt ist, ist ihren Untergebenen noch lange nicht erlaubt.* Es gibt Sprüche, deren Wahrheitsgehalt sich durch Jahrhunderte, ja Jahrtausende menschlicher Erfahrung hindurch unverändert erhält. Zu ihnen gehört auch der Bibelspruch »Wer da hat, dem wird gegeben werden, von dem aber, der nicht hat, wird auch das genommen werden, das er hat« (vergleiche »Pfund«). Wörtlich lautet o. g. Spruch: Was (dem Gott) Jupiter erlaubt ist, ist nicht dem Ochsen erlaubt. Das ist drastisch und bedarf keiner weiteren Erklärung.
Der Sage nach soll Zeus (Jupiter) Europa, die Tochter des phönizischen Königs Agenor, als Stier auf seinem Rücken entführt haben. Der witzige lateinische Spruch ist wegen des Reimes sicher erst im Mittelalter entstanden, aber der Gedanke als solcher ist alt. Schon der römische Dichter Terenz (2. Jahrhundert v. Chr.) meinte in seiner Komödie »Heautontimorumenos«: »Aliis si licet, tibi non licet« = Wenn es anderen erlaubt ist, ist es (deswegen noch lange) nicht dir erlaubt. Dies mag dem mittelalterlichen Urheber des Spruches vorgeschwebt haben. Von Terenz stammt auch die Allerweltsweisheit: »Wenn zwei dasselbe tun, ist es nicht dasselbe.«

Rr

Montezumas Rache

Vergleiche »Montezuma«.

Sich wie gerädert fühlen

sehr ermüdet, erschöpft sein: Dieser Wendung liegt die griechisch-römische und mittelalterliche Hinrichtungsart des Räderns zugrunde (mittelhochdeutsch »rederen«). Sie wurde bei Raub und Mord angewandt. In der griechischen Mythologie wird Ixion, König der thessalischen Lapithen, zur Strafe für ein Vergehen auf ein feuriges Rad geflochten, auf dem er ewig durch die Lüfte wirbeln und

den Satz ausstoßen muss: »Seid dankbar euren Wohltätern!« (so berichtet Pindar).
Caspar Stieler verzeichnet in seinem Wörterbuch Ende des 17. Jh.s »von unden auf rädern« = Arme und Beine brechen und »von oben hinab rädern« = das Genick brechen. Der noch Lebende wurde dann in das Rad »geflochten«. Eine Variante war »auf das Rad« mit Feuer oder spitzen Eisen darunter. Der barbarische Vorgang ist verschiedentlich auch bildlich dargestellt worden. In Preußen wurde das Rädern offiziell erst 1811 abgeschafft.

Den (seinen) Rand halten

umgangssprachlich: *schweigen, still sein:* Die umgangssprachliche Bedeutung von »Rand« = Mund meint wohl die Lippenränder.

Außer Rand und Band geraten/sein

umgangssprachlich: *ausgelassen, übermütig, fast zügellos werden/sein,* oft von Kindern: Hier werden Begriffe aus der Sprache der Böttcher für eine Redensart verwendet. »Rand« ist die Umfassung aller schmalen Bretter (Dauben) eines Fasses, die sich an den Boden schließen. Eiserne Bänder (Reifen) halten das Fass zusammen. Ein Fass, dessen Dauben aus dem Rand und aus den Reifen gekommen sind, fällt demnach zusammen.

Sich am Rande verstehen

selbstverständlich sein, ohne weitere Prüfung verständlich sein: Zu dieser Wendung gibt es unterschiedliche Erklärungen. Die einen leiten die Wendung von der »Randbemerkung« in Schriftstücken ab, andere gehen von der Vorstellung aus, dass schon der äußere Rand eines Gegenstandes zeige, worum es sich bei dem ganzen Gegenstand handelt. Wieder andere (auch Grimm im »Deutschen Wörterbuch«) meinen, es zeige schon der Rand eines Gefäßes, welchen Inhalt es hat. Grimm: »Doch bezieht man auch den ›Rand‹ auf den Saum eines Kleides.« Der Zusammenhang wird jedoch nicht erläutert.

Mit etwas/mit jemandem zurande (auch: zu Rande) kommen

umgangssprachlich: *etwas bewältigen, zustande bringen/mit jemandem auskommen:* Eine alte, ausgestorbene Redensart führt zur Erklärung dieser Wendung: »Zu Rand und Land kommen« sagte man vom Schiff, das glücklich am Ufer anlegen konnte (älter neuhochdeutsch »rand« = Ufer). Auch »Rand« allein wurde dann in diesem Sinne gebraucht. Der deutsche Dichter Martin Opitz (gest. 1639) dichtete einmal: »Ich walle wie ein Schiff, das durch das wilde Meer, von Wellen umbgejagt, nicht kann zurande finden.« Ohne den Zusatz »Land« geriet die ursprüngliche Bedeutung von »Rand« im Laufe der Zeit in Vergessenheit, und so kam es zur heutigen Redensart.

Jemandem den Rang ablaufen

jemanden übertreffen: Dieser »Rang« hat nichts mit der Bedeutung »bestimmte gesellschaftliche Stellung« zu tun, sondern ist das alte Wort »Rank« = Wegkrümmung (vergleiche »verrenken«). Die ursprüngliche Bedeutung der Wendung war also »jemandem auf einem geraden, abschneidenden Weg zuvorkommen«. Zu dem alten Substantiv gehört der Plural »Ränke«. »Rank« bedeutete übertragen auch »Kunstgriff, List« (umgangssprachlich »krumme Tour«), erhalten in der Redensart **Ränke schmieden.**

Ranzen

jemandem den Ranzen vollhauen (umgangssprachlich: *jemanden verprügeln*)/**sich den Ranzen vollschlagen** (umgangssprachlich: *unmäßig essen*): »Ranzen« in der ersten Wendung bedeutet »Rücken« (abgeleitet vom Ranzen, der auf dem Rücken getragen wird; das auf dem Rücken Getragene wird zum Rücken selbst). In der zweiten Wendung ist »Ranzen« so viel wie Bauch, analog der prall gefüllten Rückentasche.

Jemanden zur Räson bringen

veraltend: *jemanden dazu bewegen, wieder vernünftig, einsichtig, realistisch zu denken oder zu handeln:* Das aus dem französischen »raison« = Vernunft übernommene Substantiv »Räson« kommt fast nur noch in dieser und ähnlichen Wendungen vor: **Räson an-**

nehmen u. a. Zugrunde liegt lateinisch »ratio« = Vernunft. Als geläufiges Gebrauchswort ist es aus dem deutschen Wortschatz verschwunden. Man kann also nicht mehr sagen: Er hat keine Räson.

Die eiserne Ration angreifen

meist militärisch: *den nur für den Notfall bestimmten Proviant zur Verpflegung verwenden:* »Eisern« wird hier vermutlich im Sinne von fest, beständig, bleibend, immerwährend verwendet, ein beständig vorhandener Kernbestand an Proviant.

Wo nichts ist, hat der Kaiser sein Recht verloren

Vergleiche »Kaiser«.

(Nur) recht und billig sein

in jeder Weise angemessen und gerecht sein: »Billig« hat hier nichts mit dem heutigen »preiswert, niedrig im Preis« zu tun. In der Wendung zeigt sich noch die ursprüngliche Bedeutung des Adjektivs, nämlich »gerecht, berechtigt«. Anfänglich waren die Bedeutungen der zwei Adjektive, die heute als synonym gelten, verschieden: »Recht« war hier so viel wie »richtig, nicht falsch«, »billig« (entsprechend der Ableitung von dem heute veralteten Substantiv »Bill« = Recht, Gesetz) war so viel wie »dem Rechtsempfinden gemäß, nach dem Recht, gerecht«. Vergleiche noch »Was dem einen recht ist, ist dem andern billig«.

Jemandem Rede und Antwort stehen

sich gegenüber jemandem rechtfertigen müssen: Auf den ersten Blick ist das Verb »stehen« in dieser Redensart unverständlich. Es stammt aus der alten Gerichtssprache: Die Reden vor dem Richter wurden stehend vorgetragen. Ähnlich: **jemanden zur Rede stellen** *(von jemandem verlangen, sich zu rechtfertigen)* bedeutete ursprünglich = jemanden festnehmen und vor den Richter (hin)stellen.

(Große) Reden schwingen

umgangssprachlich: *nur schöne Reden halten, ohne den Worten Taten folgen zu lassen:* »Schwingen« bezieht sich hier auf das lebhafte Gestikulieren mit den Armen, mit dem manche Redner ihren Vortrag begleiten.

Nach allen Regeln der Kunst

den Vorschriften entsprechend verfahren, die für eine Kunst oder ein Sachgebiet gelten: Man muss bei dieser Fügung nicht unbedingt auf die alte Tabulatur zurückgehen, auf die Tafel, auf der im späten Mittelalter die Regeln des Meistergesangs, der Singkunst verzeichnet waren. Der Plural »Regeln« steht besonders seit dem vorigen Jahrhundert, aber auch schon früher als Begleitwort bei »Künsten« jeder Art, z. B. die allgemeinen Regeln der Poesie, die Regeln der Sprache, der Grammatik, des Verses. Hier fügt sich der Ausspruch Friedrichs II. ein, den er vor der Schlacht bei Leuthen 1757 vor seinen Offizieren getan haben soll: »Ich werde gegen alle Regeln der Kunst (d. h. der militärischen Strategie) die beinahe dreimal stärkere Armee des Prinzen Karl angreifen.«

Vom Regen in die Traufe kommen

umgangssprachlich: *aus einer schlimmen Lage in eine noch schlimmere geraten:* Diese Redewendung bedeutete ursprünglich, dass der vor dem Regen unter ein Dach Flüchtende, wenn er nicht aufpasste, in das gesammelte Wasser der Dachtraufe geraten konnte (was noch schlimmer ist als der Regen). Die Wendung soll vom Orient beeinflusst sein, zumindest verwenden die Araber schon früh das gleiche Bild; andere europäische Sprachen kennen es ebenfalls. Mittelhochdeutsch (noch ohne »Regen«): »in die troufe komen« (bildlich). Älter sind ähnliche Formulierungen wie »Wer offt dem regen will entlauffen, im grossen wasser thut ersauffen« (Burkhard Waldis in seiner Fabelsammlung »Esopus« von 1548). Auch Luther verbindet »Regen« mit »Wasser«: »Wenn man dem Regen entleuft, so kompt man mitten ins Wasser.«

Alle Register ziehen

alle verfügbaren Mittel einsetzen: Hier ist das Register der Orgel gemeint. Das »Register« war ursprünglich die als Merkzeichen in ein Buch eingelegte Zugschnur; das Wort wurde dann übertragen auf das Zugseil der Glocke und von hier auf eine Schiebevorrichtung der Orgel, die durch eine Zugschnur in Bewegung gesetzt wurde, wodurch eine Pfeifenreihe in Gebrauch genommen werden konnte.

(Seinen) Reibach machen

umgangssprachlich: *unverhältnismäßig hohen Gewinn bei etwas machen:* Das gaunersprachliche »Rebbach« = Gewinn, Verdienst, Nutzen, Zins ist seit dem 19. Jh. besonders von Berlin aus in die Umgangssprache eingedrungen. Zugrunde liegt jiddisch »rewach«, »rewech« = Profit, Reingewinn, Zins, dies aus dem Hebräischen.

Reif für die Insel

umgangssprachlich: *eine Erholung dringend nötig haben; urlaubsreif:* So lautet der Titel eines 1982 von dem österreichischen Liedermacher Peter Cornelius (*1951) geschriebenen Schlagers.

Etwas auf die Reihe kriegen/bekommen

umgangssprachlich: *etwas bewältigen, erledigen können:* Die Wendung ist erst in diesem Jahrhundert aufgekommen. Gemeint ist, etwas so arrangieren, dass alles geordnet der Reihe nach und ohne Störung ablaufen kann. **Aus der Reihe tanzen** (umgangssprachlich: *sich nicht einordnen; sich nicht so verhalten wie die anderen, mit denen man zusammen ist*): Hier liegt vielleicht der alte Reigentanz zugrunde, der gemeinsam getanzt wurde. Die ältere Form des Substantivs war »der Reihe(n)«, was den Übergang zu »die Reihe« erleichtert haben könnte. Der Geschlechtswechsel »der« zu »die« zeigt, dass sich das Substantiv ganz an das heutige Femininum angeschlossen, der Sinn sich aber nicht gewandelt hat. Eindeutige Belege für diese sprachlichen Vorgänge fehlen.

Reim dich, oder ich fress' dich

scherzhaft-spöttische Bemerkung zu einem holprigen Reim: 1673 veröffentlichte ein gewisser Gottfried Wilhelm Sacer unter dem Pseudonym Hartmann Reinhold in Nordhausen eine Spottschrift über die Reimereien zeitgenössischer Verseschmiede. Ihr Titel: »Reime dich, oder ich fresse dich.« Sacer wurde 1635 in Naumburg als Sohn des dortigen Bürgermeisters geboren, studierte die Rechte in Jena, wo er sich auch mit besonderer Vorliebe den schönen Wissenschaften und der Dichtkunst widmete. Er übte dann verschiedene Tätigkeiten aus, u. a. führte er fünf Jahre lang vornehme Jünglinge auf deutsche Universitäten, eine Beschäftigung, die uns heute merkwürdig anmutet. 1699 starb er als Amtsadvokat in Wolfenbüttel.

... wie der Reiter über den Bodensee

So nennen wir jemanden, der unbewusst einer großen Gefahr entgangen ist; die nicht bemerkte Gefahr war ein **Ritt über den Bodensee.** 1826 schrieb Gustav Schwab die Ballade »Der Reiter und der Bodensee«, in der er eine mündlich überlieferte schwäbische Sage mit diesem Motiv bearbeitete, die sich u. U. auf ein tatsächliches Vorkommnis bezieht. Über die verschneite Fläche des nicht besonders fest zugefrorenen Bodensees sprengt ahnungslos ein Reiter, der, jenseits des Sees in einem Dorf angekommen, tot vom Pferd sinkt, als er hört, welcher Gefahr er entronnen ist:

Es stocket sein Herz, es sträubt sich sein Haar,
dicht hinter ihm grinst noch die grause Gefahr.
Es siehet sein Blick nur den grässlichen Schlund,
sein Geist versinkt in den schwarzen Grund ...
Da seufzt er, da sinkt er vom Ross herab,
da wird ihm am Ufer ein trocken Grab.

Der Rest für die Gottlosen

umgangssprachlich scherzhaft: Bemerkung, wenn bei einer Verteilung von etwas ein kleiner Rest übrig bleibt, der nicht mehr verwendet werden kann. Die Redensart ist vermutlich biblischen Ursprungs. In Psalm 75, 9 heißt es: »Denn der Herr hat einen Becher in der Hand, und mit starkem Wein voll eingeschenkt, und schenkt aus demselben; aber die Gottlosen müssen alle trinken und die Hefen (= den trüben Rest) aussaufen.«

Jemandem/einer Sache den Rest geben

umgangssprachlich: *völlig zugrunde richten, vernichten, zerstören:* wahrscheinlich ursprünglich ein Ausdruck der Zechersprache (= jemanden völlig betrunken machen). Im 17. Jh. dringt er »über weites deutsches Sprachgebiet« (Grimm, »Deutsches Wörterbuch«) in die Umgangssprache ein. Die Übertragung der Bedeutung verläuft ähnlich wie bei der Redensart »jemandem den Garaus machen«. – Auch die Wendung **sich den Rest holen** (umgangssprachlich: *nach anfänglich leichterer Krankheit schwer erkranken*) geht von dem letzten Glas aus, das einen bei einer Zecherei völlig niederstreckt.

Der Rest ist Schweigen

darüber spricht man am besten nicht: Hamlets letzte Worte in Shakespeares Drama »Hamlet« (um 1600) lauten »The rest is silence«.

Jemandem (seine) Reverenz erweisen/bezeigen

jemandem Ehrerbietung erweisen, seine Hochachtung zum Ausdruck bringen: Das Substantiv »Reverenz« wurde schon im Spätmittelhochdeutschen (15. Jh.) aus lateinisch »reverentia« entlehnt, das »Respekt, Achtung, Ehrerbietung« bedeutete. Im Mittellateinischen nahm es auch den Sinn »genau bemessene Verbeugung« an, der sich in der veralteten Wendung »seine Reverenz(en) machen« (= sich verbeugen) erhalten hat. Beliebt ist die Verwechslung mit »Referenz« (= Empfehlung, Beziehung; Person, auf die man sich beruft, wenn man sich einem Dritten gegenüber empfehlen will), übernommen aus französisch »référence« (= Auskunft): Referenzen verlangen, einholen, angeben.

Etwas Revue passieren lassen

etwas in Gedanken oder Worten in seinem Ablauf an sich vorbeiziehen lassen, in Erinnerung rufen: französisch »revue« = Durchsicht, Musterung, Überblick; eigentlich = das Wieder(an)sehen, das Wiederbetrachten, zu »revoir« = wiedersehen. Im 17. Jh. wurde das französische Substantiv auch als »Truppenmusterung, Parade« gebraucht, eine Bedeutung, die sich verloren hat, aber Ursprung der Redensart ist.

Sich am Riemen reißen

umgangssprachlich: *sich zusammennehmen und anstrengen, um eine übernommene Aufgabe zu erfüllen:* Die Tatsache, dass ein

Mann gern die Hose hochzieht und den Gürtel fester schnallt, bevor er an eine Arbeit geht, ist wohl der Anlass für die Wendung. Vielleicht war ursprünglich das Koppel des Soldaten gemeint.

Sich in die Riemen legen

umgangssprachlich: *etwas eifrig, energisch in Angriff nehmen:* Mit diesem »Riemen« ist nicht der »Gürtel« gemeint, sondern das »Ruder«, das man zur Fortbewegung eines Bootes benötigt. Das lateinische Substantiv »remus« = Ruder wurde den Germanen am Niederrhein durch die Römer bekannt (althochdeutsch »riemo«, mittelhochdeutsch »rieme«, niederländisch »riem«). Das norddeutsch gebliebene Wort ist auch seemännisch in Gebrauch. Das heutige, im Frühneuhochdeutschen aufgekommene -n des Nominativs stammt aus den gebeugten Fällen (Genitiv, Dativ).

Rien ne va plus

bildungssprachlich: *nichts geht mehr; es ist Schluss, es ist nichts mehr zu machen:* französischer Ausruf des Croupiers beim Roulette, der ankündigt, dass nicht mehr gesetzt werden kann.

Nach Adam Riese

umgangssprachlich scherzhaft: *wenn richtig gerechnet wird:* nach dem deutschen »Rechenmeister« und Bergschreiber Adam Riese (Ries, Rys), der von 1492 bis 1559 lebte und dessen (damals zum ersten Mal) in Deutsch abgefasste Rechenbücher an den Schulen weit verbreitet und fast 200 Jahre in Gebrauch waren.

Auf einen/in einem Ritt

umgangssprachlich: *auf einmal:* Gemeint war ursprünglich ein einmaliger Ritt mit dem Pferd, um etwas zu erledigen. Brauchte man mehrere Ritte dazu, war das unerfreulich: »In der Provinz Preußen sagt man: ›Es kostete drei Ritt, bis ichs zustande gebracht‹ = es kostete dreimaligen Versuch, dreimalige Anstrengung« (Grimm, »Deutsches Wörterbuch«). Das Mundartwort »alleritt« bedeutet »alle Augenblicke, sehr oft«. Es ist für den ganzen süddeutschen Raum belegt und schon mittelhochdeutsch bezeugt.

Ein Ritt über den Bodensee

Vergleiche »Reiter«.

Ritter

Das Wort bedeutete ursprünglich nur »Reiter« (und nicht »Retter«, wie Luther annahm: »Ich acht, das Ritter von Retten herkomme und aus dem Wort ›Retter‹ hernach ›Ritter‹ worden sey, ein rechter feiner Name für die Fürsten und Herrn.«). Mittelhochdeutsch »rit(t)er« wurde beeinflusst von mittelniederländisch »riddere«, das Lehnübertragung von altfranzösisch »chevalier« ist. Dies spiegelt die große Bedeutung des flandrischen Ritterwesens im 12. Jh. wider.
Allmählich gingen dann Ritterschaft und Adel ineinander über. Bedeutungsübertragungen sind in der folgenden Zeit zahlreich: **ein Ritter ohne Furcht und Tadel** *(ein mutiger, charaktervoller Mann):* Lehnübersetzung des Ehrentitels, den sich der französische Heerführer Pierre du Terrail, Seigneur de Bayard (1476–1524), durch seine Verdienste im Krieg erwarb: »Chevalier sans peur et sans reproche«; **ein Ritter von der traurigen Gestalt** *(ein jämmerlicher, bemitleidenswert aussehender Mann).* So (»el caballero de la triste figura«) nennt der Diener Sancho Panza seinen Herrn Don Quijote in dem Roman »El ingenioso hidalgo Don Quijote de la Mancha« des spanischen Schriftstellers Miguel de Cervantes Saavedra (erschienen 1605 und 1615 in zwei Teilen). Don Quijote ist ganz zufrieden mit dieser Bezeichnung und antwortet seinem Schildknappen: »Damit der Name umso besser auf mich passe, bin ich willens, sobald Gelegenheit sich bietet, mir auf den Schild eine sehr traurige Gestalt malen zu lassen.« **Ein Ritter von der Feder** *(ein versierter Romanschreiber);* **Ritter vom Geist** *(ein idealistischer Intellektueller mit hochgesteckten religiösen, politischen u. a. Zielen)* – nach dem Roman in neun Büchern »Die Ritter vom Geiste« des deutschen Schriftstellers Karl Gutzkow (erschienen 1850/51). In ihm schildert der Autor einen idealistischen Bund religiöser und politischer Erneuerer der Nation, die den Machtmissbrauch des korrupten Adels ablehnen.

Einen Rochus auf jemanden haben

umgangssprachlich: *auf jemanden zornig, wütend sein; jemandem grollen:* Zugrunde liegt jiddisch »roges« = Zorn. Die Wendung ist auch in einigen süddeutschen Mundarten verbreitet, besonders im Rheinhessischen und Südhessischen. In Gau-Köngernheim (Alzey) gab es noch 1960 ein »Rogesgäßchen«, in dem es angeblich immer viel Zank und Streit gab.

In (durch) die Röhre gucken

umgangssprachlich: *bei etwas leer ausgehen, das Nachsehen haben:* Für die Bedeutung dieser Wendung gibt es mehrere Erklärungen: Sie reichen vom Dachs-, Fuchs- und Kaninchenbau (weidmännisch »Röhre«) oder dem Fernrohr über die Abortröhre bis hin zur Ofenröhre, alle mit mehr oder minder einleuchtenden Begründungen: Durch das Fernrohr »guckt man in den Mond«, Jagdhund und Frettchen finden die Röhre leer u. Ä. »In die Röhre gucken« hat die abwertende Bedeutung »fernsehen«, gemeint ist die Bildröhre des Fernsehers.

Schimpfen wie ein Rohrspatz

umgangssprachlich: *laut, aufgebracht und lange schimpfen:* Der Drosselrohrsänger heißt im Volk »Rohrspatz«. Die Ornithologen sprechen zwar vom »Gesang« dieses Vogels (er gehört zur Familie der Sänger), »sanft flötende Töne sind unserem Sänger allerdings fremd: Das ganze Lied ist nichts anderes als ein Geknarr oder ein Quieken« (Brehm). Der Vogel »singt« vom frühen Morgen bis zum späten Abend. Älter ist die Redensart »schimpfen wie ein Rohrsperling«.

Jemanden auf der Rolle haben

umgangssprachlich: *jemanden misstrauisch über eine längere Zeit hin beobachten:* Möglicherweise bezieht sich »Rolle« hier auf die veraltete Bedeutung des Wortes als »Verzeichnis, Liste«.

Von der Rolle sein

umgangssprachlich: *den Anschluss verpasst haben; in einer unglücklichen Lage sein:* Diese Wendung stammt aus dem Radsport. Beim Steherrennen kommt es für den Radfahrer darauf an, möglichst ohne Unterbrechung mit seinem Vorderrad die an dem vor ihm fahrenden Motorrad angebrachte Rolle zu berühren, um so die günstigste Position im Windschatten zu haben.

(K)eine Rolle spielen

für jemanden (nicht) wichtig, (nicht) von Bedeutung sein: Diese Redensart ist aus der Bühnensprache übernommen. Ursprünglich (seit dem 16. Jh.) wurde der dem Schauspieler zugewiesene Text auf handliche Schriftrollen geschrieben, die der Schauspieler bei den Proben bereithielt, wenn die Reihe an ihn kam. Man verstand unter »Rolle« nicht nur den Text, sondern auch den Part, den der Schauspieler darzustellen hatte. Von da wurde der Begriff in mannigfacher Anwendung auf das Leben übertragen: eine aktive, passive Rolle spielen; eine undankbare Rolle übernehmen; die Rollen tauschen usw.

Rot

Das Adjektiv »rot« spielt in vielen Fügungen eine nicht auf den ersten Blick erklärbare Rolle: **der rote Faden** *(das leitende Motiv von etwas):* nach einer Stelle in dem Roman »Wahlverwandtschaften« von Goethe, worin gesagt wird, dass bei der englischen Marine alle Taue durch einen durchlaufenden roten Faden als Eigentum der englischen Krone gekennzeichnet seien. »Ebenso zieht sich durch Ottiliens Tagebuch ein Faden der Neigung und Anhänglichkeit, der alles verbindet und das Ganze bezeichnet«; **der rote Hahn** (Sinnbild des flackernden Feuers beim Brand eines Hauses): Grimm (»Deutsches Wörterbuch«) vermutet, dass der rote Hahn, der im Mittelalter so häufig als Zins an die Geistlichkeit erscheint, ursprünglich wohl Opfergabe gewesen sei, und meint, dass die Beziehung des Hahns zu alten Feuergottheiten der Grund für das Bild des auf das Dach fliegenden roten Hahnes sei; zum **roten Heller** vergleiche »Heller«; **die rote Laterne** (Sport: *letzter Tabellenplatz*): nach den roten Schlusslichtern eines Fahrzeugs; **(wie) ein rotes Tuch** *(ein zum Zorn, zur Aggression reizender Umstand):* Der Stierkämpfer, der den Stier zum Kampf herausfordert, schwingt vor ihm ein rotes Tuch, um ihn zu reizen (den Stier reizt allerdings nur die Bewegung, da er Farben nicht erkennen kann); **rote Zahlen** *(finanzielle Verluste):* In der kaufmännischen Bilanz wurden die Zahlen eines Defizits rot, die eines Gewinns schwarz geschrieben; **den Rotstift ansetzen** *(aus Gründen der Sparsamkeit geplante Ausgaben wieder streichen);* **dem Rotstift zum Opfer fallen:** Ein Stift mit roter Mine kennzeichnet oft, besonders in der Schule, Korrekturen in einem Schriftstück.

Wie Kraut und Rüben

Vergleiche »Kraut«.

Den Rubikon überschreiten

bildungssprachlich: *einen für alles Spätere entscheidenden Schritt tun:* »Rubico(n)« hieß der im Jahre 49 v. Chr. von Cäsar überschrittene Grenzfluss zwischen Gallia Cisalpina (dem Po-Land) und dem eigentlichen Italien. Die Überquerung löste einen Bürgerkrieg aus, in dessen Folge Cäsar an die Macht kam. Der Fluss soll damals anders verlaufen sein als der heutige nördlich von Ravenna in die Adria mündende Fiumicino, der seit 1932 offiziell Rubicone heißt. Im 15. Jh. führten Rimini und Cesena sogar einen Prozess um die Ehre, den berühmten Fluss auf ihrem Gebiet zu besitzen.

Besser als sein (ihr) Ruf sein

besser sein, als der eigene schlechte Ruf es vermuten lässt: Seit der römische Dichter Ovid (43 v. Chr. bis 18 n. Chr.) in seinen »Briefen vom Schwarzen Meer« (»Epistulae ex Ponto«) dies von der Römerin Claudia Quinta lateinisch (»ipsa sua melior fama«) schrieb, ist die Wendung auch in anderen Sprachen nachgeahmt worden, z. B. im Deutschen von Schiller: Maria Stuart sagt von sich: »Das Ärgste weiß die Welt von mir und ich kann sagen, ich bin besser als mein Ruf«; französisch »elle vaut mieux que sa réputation« = sie ist besser als ihr Ruf.

Ein Rufer (Prediger) in der Wüste sein

Vergleiche »Prediger«.

Ruhe ist die erste Bürgerpflicht

man soll sich ruhig und besonnen verhalten: Diese Redensart geht auf einen öffentlichen Aufruf zurück, der 1806 nach der Schlacht von Jena in den Straßen Berlins angeschlagen wurde. Der preußische Minister F. W. Graf von Schulenburg-Kehnert versuchte damit, in der Bevölkerung Unruhe wegen der verlorenen Schlacht zu verhindern.

Über die Runden kommen

umgangssprachlich: *auftretende Schwierigkeiten meistern, etwas ganz gut hinter sich bringen:* ein Ausdruck der Boxsprache: Die Runde ist ein bestimmter Zeitabschnitt eines Boxkampfes, in dem gekämpft wird (bei Erwachsenen 3 Minuten). Wer über die Runden gekommen ist, ohne k. o. geschlagen zu werden, hat den Kampf relativ gut bestanden.

Ss

(Auf) den Sack schlagen und den Esel meinen

nicht wagen, seinen Hauptgegner offen anzugreifen, sondern einen anderen schwächeren beschuldigen: In ähnlicher Form tritt diese Redensart schon bei dem römischen Satiriker Petronius Arbiter (gest. 66 n. Chr.) auf: Wer den Esel nicht schlagen kann, schlägt den Packsattel (»Qui asinum non potest, stratum caedit«). Der Satz findet sich in dem Petronius zugeschriebenen Roman »Satyrikon«, einer Odyssee-Parodie. Die Italiener als Nachfahren der Römer haben am Packsattel festgehalten: »Chi non può dare all' asino, dà al basto.«

In Sack und Asche gehen

trauern, tief bereuen, Buße tun: nach dem im Alten Testament oft (z. B. Esther 4, 1) berichteten altorientalischen Brauch, sich bei Trauer in Säcke (d. h. grobe Sackleinwand) zu kleiden und Asche aufs Haupt zu streuen: »Da Mardochai erfuhr alles, was geschehen war, zerriss er seine Kleider und legte einen Sack an und Asche ... und schrie laut und kläglich.« »Sack« (althochdeutsch, mittelhochdeutsch »sac«) geht über das Lateinische, Griechische, Hebräisch-Phönizische bis auf das Assyrische zurück. Wie viele andere biblische Redensarten findet sich auch diese in anderen europäischen Sprachen, z. B. englisch »to wear sackcloth and ashes«; französisch »faire pénitence avec le sac et la cendre«. Die Italiener gehen nicht im Sack, sondern im Büßerhemd: »far penitenza in cenere ed in cilico«.

Da haben wir den Salat!

umgangssprachlicher Ausruf, wenn etwas Unangenehmes oder ein Unglück eingetreten ist: Die durcheinandergemischten Bestandteile eines Salates stehen bildlich für Durcheinander, Unordnung, Wirrwarr.

Einen langen Salm um etwas machen

umgangssprachlich: *des Langen und Breiten über etwas reden:* Das Substantiv »Salm« ist das alte, volkstümliche Wort für »Psalm« (mittelhochdeutsch »salm(e)«, althochdeutsch »salmo«). Da der ungewohnte Anlaut Ps- häufig gemieden wurde, ging das P verloren. Der »Salm« galt zunächst von der Rede des Geistlichen, die sich oft in Psalmenzitaten erging, und bedeutete dann in freierer Anwendung »Gerede, Geschwätz, Salbaderei«.

Zur Salzsäule erstarren

vor Entsetzen bewegungslos werden, kein Glied mehr rühren können: Die Redensart hat ihren Ursprung in der Bibel (1. Mose 19, 26). Bei der Zerstörung von Sodom und Gomorra fliehen Lot und seine Familie, die nicht hinter sich sehen sollten, aber »sein Weib sah hinter sich und ward zur Salzsäule«. Vielleicht haben menschenähnliche Salzstöcke, wie sie am Toten Meer zu beobachten sind, zu diesem Motiv beigetragen. Ein solcher Salzstock am Westufer des Sees wird noch heute als Lots Frau gedeutet.

Barmherziger Samariter

Vergleiche »barmherzig«.

Sancta simplicitas!

»Heilige Einfalt!«, ironischer Kommentar nach dummen oder naiven Äußerungen, bei jemandes Begriffsstutzigkeit: Die lateinische Fügung wurde schon von dem Kirchenvater Hieronymus gebraucht, bezeichnete aber die »heilige Einfachheit« der Apostel, deren schlichte Sprache Hieronymus verteidigt. Eine Hus-Legende zeigt dann schon deutlich den Bezug auf Dummheit und Naivität: Der 1415 auf dem Konstanzer Konzil als Ketzer verurteilte und verbrannte tschechische Reformator Hus soll auf seinem Scheiterhaufen »O sancta simplicitas!« gerufen haben, als er ein altes Weiblein in frommem Eifer Brennholz herbeischleppen sah. »Sancta simplicitas!« ruft auch Mephisto in Goethes »Faust«, als Faust meint, man müsse erst nach Padua reisen, um den Totenschein für Marthes Mann zu bekommen. Mephisto tadelt ihn wegen dieser Ehrlichkeit und seiner Weigerung, falsches Zeugnis abzulegen.

Jemandem Sand in die Augen streuen

jemanden täuschen, hinters Licht führen: Beim Fechten versuchte man, den Gegner dadurch außer Gefecht zu setzen, dass man ihm Sand in die Augen warf. Oder man stellte sich so, dass dem Gegner der aufgewirbelte Staub in die Augen geriet.

Müden Kindern, die sich die Augen reiben, sagt man, dass der Sandmann (das Sandmännchen, -männlein) kommt und ihnen Sand in die Augen streut. Als Sandmann bezeichnete man auch jemanden, der Sand verkaufte: Der rote Sandmann brachte roten, der weiße weißen Sand.

Auf Sand gebaut haben

sich auf Ungewisses, Unsicheres stützen, verlassen: Diese Redensart ist biblischen Ursprungs (Matth. 7, 26 f.): Jesus predigt: »Und wer diese meine Rede höret (d. h. verständig ist und sein Haus auf Felsen baute) und tut sie nicht, der ist einem törichten Manne gleich, der sein Haus auf den Sand baute.« Und Jesus fügt hinzu: »Da nun ein Platzregen fiel und kam ein Gewässer und weheten die

Winde und stießen an das Haus, da fiel es und tat einen großen Fall.«
Loser Sand ist bekanntlich ein schlechter Baugrund; vergleiche auch den Kirchenliedvers »Wer Gott dem Allerhöchsten traut, der hat auf keinen Sand gebaut.« Er stammt aus Georg Neumarks (1621–81) Büchlein »Fortgepflanzter musikalisch-poetischer Lustwald« von 1657.
Der Vergleich **wie Sand am Meer** ist ebenfalls schon alt und wird in der Bibel häufig gebraucht, z. B. Jeremia 33, 22: »Wie man des Himmels Heer nicht zählen, noch den Sand am Meer nicht messen kann ...«, oder Psalm 78, 27: »Und ließ Fleisch auf sie regnen wie Staub und Vögel wie Sand am Meer.«

Auf dem Sand sitzen

umgangssprachlich: *nicht mehr weiterwissen:* übertragen vom Schiff, das auf einer Sandbank festsitzt.

Auf den Sand setzen

etwas vereiteln, jemanden ausschalten: Beim mittelalterlichen Ritterturnier galt es, den Gegner auf den Boden des Kampfplatzes zu werfen, den man gern auf einer Sandfläche wählte.

In den Sand setzen

umgangssprachlich: *einbüßen; mit etwas keinen Erfolg haben:* vergleiche »auf den Sand setzen«.

Den Kopf in den Sand stecken

Vergleiche »Kopf«.

Im Sande verlaufen

allmählich aufhören, aufgegeben werden: nach einem im Sand versiegenden Wasserlauf.

Der Sandmann kommt

Vergleiche »jemandem Sand in die Augen streuen«.

Ohne Sang und Klang/sang- und klanglos

umgangssprachlich: *ohne Aufsehen, ohne Aufhebens, ohne Feierlichkeit, unbeachtet, unrühmlich:* Die Fügung drückte ursprünglich bei schlichten Begräbnissen die Art und Weise der Bestattung aus, sie geschah ohne Trauerlieder und ohne Glockenläuten.

Darüber schweigt des Sängers Höflichkeit

Vergleiche »Höflichkeit«.

Jemanden aus dem Sattel heben/werfen

aus einer einflussreichen Stellung verdrängen, seiner Position berauben: wie die Redensart »auf den Sand setzen« (vergleiche dort) ein Relikt aus der Sprache des mittelalterlichen Turnierwesens.

... wie eine gesengte Sau

umgangssprachlich: *sehr rasch und rücksichtslos,* auch: *sehr schlecht:* Die häufigste Erklärung bezieht den Vergleich auf das Wildschwein, dem ein Schuss die Schwarte versengt und das wild davonrennt. Andere führen den Vergleich auf das Hausschwein zurück, dem nach dem Schlachten die Borsten abgesengt werden; aber da das Tier beim Sengen bereits tot ist, fehlt dieser Erklärung die logische Verknüpfung. Wieder andere meinen, dass eigentlich das Verb »senken« = kastrieren gemeint ist: Nach dieser schmerzhaften Operation rennen die Schweine wie irr davon.

Keine Sau

umgangssprachlich: *niemand:* Die Herkunft der Wendung ist ungeklärt. Sie ist wohl das Produkt sprachlicher Fantasie wie »kein Schwein«. Die Erklärung vom Bauern, der keine Sau mehr im Stall hat, ist nicht belegt.

Unter aller Sau

umgangssprachlich: *überaus schlecht:* vielleicht nach dem Preis in Gestalt einer Sau für den schlechtesten Wettbewerbsteilnehmer, um ihn damit zu verspotten. Möglich ist auch eine Verbindung zu der alten Bedeutung »Fehler«, die »Sau« entwickelt hat, bzw. zum

Adjektiv »säuisch« = sehr schlecht. Röhrich stellt das Wort dagegen zu jiddisch »seo« = Maßstab, was die Präposition »unter« am besten erklären würde: unter allem Maßstab. Ähnlich entstellt ist das Synonym »unter aller Kanone«, bei dem lateinisch »canon« = Bewertungsmaßstab zugrunde liegt (vergleiche dort).

Perlen vor die Säue werfen

Vergleiche »Perlen«.

Aus einem Saulus ein/zu einem/zum Paulus werden

aus dem Gegner einer Sache zu deren eifrigem Förderer werden: Zugrunde liegt die Bekehrung des Christenverfolgers Saulus zum überzeugten Christen Paulus, wie sie in der Apostelgeschichte berichtet wird (9. Kap.). Im 22. Kapitel erzählt Paulus den Juden von Jerusalem ausführlich die Geschichte seiner Bekehrung: wie Ananias in Damaskus ihn von seiner erlittenen Blindheit geheilt und ihn getauft habe. Dass er seitdem »Paulus« heißt, steht eher nebenbei in Kap. 13, 9: »Saulus aber, der auch Paulus heißet, voll heiliges Geistes, sah ihn an …« Zu bemerken ist, dass der Bekehrte den hebräischen Namen »Saulus« mit dem römischen Namen »Paulus« tauschte. Vergleiche die Redensart »sein Damaskus erleben«.

In Saus und Braus leben

umgangssprachlich: *verschwenderisch, auf großem Fuß leben:* Ursprünglich bedeutet »Saus« so viel wie Sausen (von Wind oder Geschossen), Rauschen, Pfeifen (mittelhochdeutsch »sus«), »Braus« so viel wie Brausen (von Meer und Wasser), Tosen (mittelhochdeutsch »brus«). In den Übertragungen herrschte anfänglich noch das Lärmende, Geräuschvolle vor, von dem der Weingenuss oft begleitet ist, erst später entwickelt sich die Bedeutung »verschwenderisches Wohlleben«. Die Verbindung »Saus und Braus« kommt erst im 17. Jh. auf, vorher galt »Saus und Schmaus« (= Trinken und Essen). Vergleiche das umgangssprachliche »Sause« = Feier mit großem Alkoholkonsum.

Jemandem einen Schabernack spielen/mit jemandem Schabernack treiben

jemandem einen mutwilligen, neckischen, lustigen Streich spielen: Die ältesten Bedeutungen von »Schabernack« sind Flur- bzw. Weinbergsnamen, dann folgt die Bezeichnung für einen Winterhut aus grobem Tuch (der den Nacken schabt) und für einen guten italienischen Wein bzw. den Ort, wo er gewachsen ist. Auch als hessischer (Frankfurter) Familienname tritt das Substantiv auf. Seit dem 14. Jh. findet sich die Bedeutung »Schimpf, Schande, Hohn« (mittelhochdeutsch »schavernac«, »schabernac«, »schabirnack«), seit dem 16. Jh. gemildert zu »Fopperei, Streich, Neckerei«.

Grimm (»Deutsches Wörterbuch«) schreibt: »Die Herkunft des Wortes ist unsicher; unter der Menge der Erklärungsversuche mag der von Frisch, der an das Scheren des Nackens zum Schimpf denkt, immer noch das Meiste für sich haben ... Abscheren des Haupthaares war im altdeutschen Staats- und Rechtsleben Symbol der Absetzung und Strafe, wirkte beschimpfend ... erst später mildert sich die Bedeutung zu ›Neckerei‹ ... Der Weinname ist vielleicht volksetymologische Umdeutung eines ähnlich klingenden italienischen Namens.«

Ein schwarzes Schaf

jemand, der innerhalb der Familie, Gruppe unangenehm auffällt; missratene Person, Schandfleck: In alten Zeiten wurden die Schafherden meist wegen ihrer weißen Wolle gehalten (die jede beliebige Farbe beim Färben annimmt), schwarze Schafe waren nicht erwünscht. In 1. Mose 30, 32 wird das Aussondern von Schafen beschrieben: »Ich (= Jakob) will heute durch alle deine (= sein Onkel Laban, bei dem Jakob diente) Herden gehen und aussondern alle gefleckte und bunte Schafe und alle schwarze Schafe und die bunten und gefleckten Ziegen. Was nun bunt und gefleckt fallen wird, das soll mein Lohn sein.«

Sein Schäfchen ins Trockene bringen

umgangssprachlich: *sich materiell sichern, etwas mühsam seinen Gewinn, Profit sichern:* vielleicht, weil Schafe auf trockenen Weideplätzen besser gedeihen als auf feuchten. Weniger wahrscheinlich ist die Erklärung, die annimmt, dass »Schäfchen« ein entstelltes niederdeutsches »Schepken« = Schiffchen sei. Besonders bei Sturmwarnung zog früher der Fischer sein Boot aufs trockene Land.

Sich in Schale werfen

umgangssprachlich: *sich festlich kleiden:* Die »Schale« als äußere Hülle besonders bei pflanzlichen und tierischen Produkten wird in dieser Wendung übertragen auf die Kleidung des Menschen. Wenig wahrscheinlich scheint die Erklärung als sogenannte Lehnübersetzung von rotwelsch »Kluft« = Kleidung, dessen hebräisches Ausgangswort »Schale« bedeutet.

Jemandem sitzt der Schalk im Nacken/hinter den Ohren

Bei der Erklärung der Redensart »es (faustdick) hinter den Ohren haben« (vergleiche dort) wurde bereits auf den »Schalk« hingewiesen. Der Schalk wird als ein vom Handelnden gesondertes Wesen, als eine Art Kobold aufgefasst, der ihn treibt und leitet. Die betreffende Person hält ihren Schalk oft im Nacken, hinter den Ohren verborgen, sodass er von anderen nicht sogleich bemerkt wird.

Sein Leben für etwas oder jemanden in die Schanze schlagen

sein Leben riskieren, einsetzen, aufs Spiel setzen: Dieses Substantiv »Schanze« ist nicht identisch mit »Schanze« = aufgeworfener, befestigter Erdwall als Verteidigungsanlage. Es gehört zu altfranzösisch »cheance« (neufranzösisch »chance«), das in mittelhochdeutscher Zeit (um 1200) in der Bedeutung »Spieleinsatz, Fall der Würfel« ins Deutsche übernommen wurde. »Schlagen« hat hier die Bedeutung »(ein)setzen, (hinein)legen«. Die Wendung ist im 16. Jahrhundert aufgekommen. Das Fremdwort »Chance« wurde im 19. Jahrhundert erneut aus dem Französischen entlehnt.

Eine Scharte (wieder) auswetzen

einen Fehler, einen Mangel, ein Versehen wiedergutmachen: Erhalten Schneidegeräte wie Sense, Sichel oder Messer Beschädigungen, dann kann man diese »Scharten« durch erneutes Schärfen (Wetzen) beseitigen. Mittelhochdeutsch »schart(e)« = durch Brechen oder Hauen entstandene Öffnung, Vertiefung ist das Substantiv zu dem Adjektiv »schart« = zerschnitten, zerhauen, schartig.

Schatten

Während eine ganze Reihe von Redensarten mit »Schatten« sich von selbst erklärt, z. B. **etwas/jemanden in den Schatten stellen** *(weit übertreffen);* **in jemandes Schatten stehen** *(neben jemand anderem nicht beachtet, nicht anerkannt werden);* **einen Schatten auf jemanden/etwas werfen** *(nicht ohne Tadel erscheinen lassen)* gibt es einige andere, die näherer Erläuterung bedürfen, z. B. **(nur noch) ein Schatten seiner selbst sein** (besonders von Kranken, die ihre frühere Lebenskraft eingebüßt haben und auffallend schlecht aussehen):
Zugrunde liegt eine später abgewandelte Stelle in der »Pharsalia« des römischen Epikers Lucanus (39–65 n. Chr.), ein Werk, das den Bürgerkrieg zwischen Cäsar und Pompeius behandelt, von der Überschreitung des Rubicon durch Cäsar bis zur Schlacht von Pharsalos, in der Cäsar Pompeius besiegte.
Auf der Flucht nach Ägypten wurde Pompeius, der auch den Beinamen »Magnus« (der Große) trug, ermordet, und von ihm heißt es bei Lucanus: »Stat magni nominis umbra« = nur der Schatten seines großen Namens steht noch da. **Nicht über seinen Schatten springen können** *(seine Natur, seinen Charakter, seine Überzeugung nicht verleugnen können),* **über seinen (eigenen) Schatten springen** *(etwas tun, was jemandes Wesen und Natur völlig widerspricht):* Der menschliche Schatten spielte im Volksglauben (Symbol der Seele) und im alten Recht eine große Rolle, was sich auch literarisch und künstlerisch niederschlug. Der Schatten, den ein Mensch wirft, ist unlösbar mit seinem Körper verbunden. Wer über ihn springen könnte, vollbrächte damit eigentlich etwas Unmögliches. Deshalb ist er auch zu einem beliebten Märchenmotiv geworden. In einer griechischen Legende hofft ein Mädchen, seinen scheidenden Geliebten bei sich behalten zu können, indem es seinen Schatten an einer Wand fixiert.
Bei Chamisso verkauft Peter Schlemihl seinen Schatten an den »Mann im grauen Rock«, den Teufel, was sein Leben radikal ver-

ändert und ihm gesellschaftliche Ächtung einbringt. E. T. A. Hoffmann (»Geschichte vom verlorenen Spiegelbilde«), S. W. Schiessler (»Der Mann ohne Schatten«) und H. Chr. Andersen (»Skyggen«) wandeln das Thema ab, ebenso Lenau (»Anna«) und schließlich Hugo von Hofmannsthal (»Die Frau ohne Schatten«, auch als Oper von Richard Strauss). **Seine Schatten vorauswerfen** *(sich durch etwas nicht so Bedeutungsvolles ankündigen),* oft in der Form **große (künftige) Ereignisse werfen ihre Schatten voraus:** 1819 wählte Lord Byron als Motto für seine Verserzählung »The prophecy of Dante« zwei Zeilen aus »Lochiels Warning«, einem Gedicht von Thomas Campbell, dessen zweite Zeile lautet: »Coming events cast their shadows before.«

»Schatten« in der Bedeutung »nur gedachtes, schwaches, kümmerliches, ohnmächtiges, auch unzulässiges Abbild von etwas« kehrt wieder in den Zusammensetzungen Schattenboxen, -dasein, -fechten, -haushalt, -kabinett, -regierung, -reich, -seite, -wirtschaft u. a.

Sein Licht (nicht) unter den Scheffel stellen

Vergleiche »Licht«.

Am Scheideweg stehen

gehoben: *vor einer grundsätzlichen Entscheidung [stehen]:* Das sprachliche Bild ist eine Anspielung auf die von dem altgriechischen Geschichtsschreiber und Schriftsteller Xenophon überlieferte Erzählung von »Herkules am Scheidewege«, in der dem jungen Herkules an einer Wegscheide zwei »Lust« und »Tugend« verkörpernde Frauengestalten begegnen – jede von ihnen bemüht, den Halbgott in ihre Richtung zu locken. Beide schildern ihm ihre Vorzüge und die Fehler der anderen. Vor die Wahl gestellt, sich für ein leichtes Leben des Genusses oder ein mühevolles Leben der Tugend zu entscheiden, wählt der Sagenheld den Weg der Tugend als Voraussetzung für das Erreichen der wahren Lebensgüter.

Jemandem sitzt der Schelm im Nacken/hinter den Ohren

Vergleiche »Schalk«.

Nach Schema F

umgangssprachlich: *bürokratisch-routinemäßig, mechanisch, gedankenlos:* nach den Vordrucken für die im preußischen Heer seit 1861 vorgeschriebenen sogenannten Frontrapporte = Berichte über den Bestandsnachweis der vollen Kriegsstärke, die nach einem bestimmten Schema ausgefüllt werden mussten.

Ein Scherbengericht veranstalten/abhalten

bildungssprachlich: *mit jemandem überaus streng ins Gericht gehen, jemanden hart verurteilen:* In den Jahren 508/507 bis 417/416 v. Chr. gab es in dem griechischen Stadtstaat Athen ein sogenanntes Scherbengericht (»Ostrakismos«), eine politische Maßnahme, die durchgeführt wurde, um einen Politiker, der im Verdacht stand, nach der »Tyrannis« (Diktatur) zu streben, ohne Einbuße der bürgerlichen Ehren und des Vermögens für 10 Jahre in die Verbannung zu schicken. Jeder Stimmberechtigte musste den Namen dessen, den er verbannt wissen wollte, auf eine Scherbe (griechisch »ostrakon«) schreiben. Viele dieser Scherben sind erhalten geblieben; sie enthalten die Namen fast aller bekannten politischen Führer in dieser Periode. Für die Verbannung einer Person wurden jeweils 6000 Scherben benötigt.

Sein Scherflein zu etwas beitragen

einen kleinen, bescheidenen, finanziellen Beitrag für etwas leisten: In Markus 12, 41–44 wird vom Scherflein der armen Witwe berichtet, das Jesus höher bewertet als das viele Geld, das die Reichen in den Gotteskasten einlegen: »... denn sie haben alle von ihrem Übrigen eingelegt; diese aber hat von ihrer Armut alles, was sie hatte, ihre ganze Nahrung, eingelegt.« Mittelhochdeutsch »scherf«, althochdeutsch »scerf« ist der Name einer vorzugsweise in Norddeutschland bezeugten Scheidemünze aus Silber im Wert von einem halben Pfennig. Anfänglich relativ selten, wurde sie im 16. Jh. in Kupfer häufiger geprägt (daher kannte sie Luther). Der Name gehört zu althochdeutsch »scarbon« = einschneiden. Die dünnen Münzen wurden oft zerschnitten. Möglich wäre auch der Bezug auf den gezähnten Rand spätrömischer Kleinmünzen.

Scheuklappen tragen

einen begrenzten Blickwinkel haben, etwas allzu einseitig betrachten: Die Scheuklappe ist eine am Pferdegeschirr seitlich der Augen angebrachte lederne Klappe, die das Scheuen des Pferdes verhindern soll. Der ältere Ausdruck war »Scheuleder«.

Kohldampf schieben

Vergleiche »Kohldampf«.

Eine ruhige Kugel schieben

Vergleiche »Kugel«.

Schief ist englisch (und englisch ist modern)!

umgangssprachlich: *Kommentar, wenn etwas schief hängt bzw. sitzt o. Ä.:* Die Redensart bezieht sich möglicherweise auf die zur britischen Uniform gehörende schief sitzende Baskenmütze.

Zum Schießen sein

umgangssprachlich: *sehr komisch, zum Totlachen sein:* Hier liegt vermutlich die Vorstellung zugrunde, dass man vor lauter Lachen einen Purzelbaum schießen möchte. Gewiss ist jedoch, dass die Grundbedeutung von »schießen« = sich schnell, heftig bewegen eine Rolle spielt. Es gibt auch andere Mutmaßungen: Lutz Röhrich meint, dass sich die Redensart von »schießen« in der Bedeutung »hervorwachsen« herleite; so wie wir sagen »der Salat schießt«: »Beim Lachenden, der sich krümmt, wächst gleichsam ein Buckel hervor, vgl. sich bucklig lachen.«

Aufpassen wie ein Schießhund

umgangssprachlich: *scharf achtgeben auf etwas, was vielleicht eintreten oder sich zeigen könnte:* Der »Schießhund« war in der alten Weidmannssprache ein abgerichteter Hund, der das (an)geschossene Wild verfolgen bzw. holen musste. Eine einleuchtende Variante bietet Lutz Röhrich: »Der Hund wartet gespannt, bis der schussfertige Jäger ihm das Zeichen zum Aufscheuchen des Wildgeflügels gibt.« Eher unwahrscheinlich ist die Vorstellung, »Schießhund« sei von »Schießhahn« abgeleitet, ein lebender Hahn, nach dem auf Schützenfesten geschossen wurde und der den Schüssen durch Aufflattern zu entgehen suchte.

Mit allen Schikanen

umgangssprachlich: *mit allem Zubehör, mit allen dazugehörigen zweckdienlichen Hilfsmitteln, Erleichterungen, neuzeitlichen Errungenschaften, Raffinessen, Feinheiten:* Das im 17. Jh. aus französisch »chicane« übernommene Wort bedeutete »Rechtsverdrehung, Spitzfindigkeit, Kniff« und gelangte über »Hindernis, Schwierigkeit« zur jetzigen stark gemilderten Bedeutung.

Jemanden auf den Schild (er)heben

zum Führer, Leiter von etwas machen: nach der germanischen Sitte, den erwählten Edeling auf einen Schild zu heben, damit das Volk ihn sehen konnte, und ihn dreimal im Kreis der Versammelten umherzutragen. Der Brauch ist verschiedentlich bei antiken Schriftstellern überliefert (Tacitus, Cassiodor u. a.), wurde aber erst in der Humanistenzeit wieder bekannt.

Etwas im Schilde führen

etwas Unrechtes, Böses gegen jemanden planen: nach dem Wappenbild, das der Ritter in seinem Schild führte (mittelhochdeutsch »an dem schilde vüeren«). Es ließ erkennen, ob jemand Freund oder Feind bzw. Gutes oder Böses von ihm zu erwarten war.

Mit Schimpf und Schande

unter entehrenden Bedingungen/**jemandem einen Schimpf antun** *(jemanden in seiner Ehre kränken):* »Schimpf« hat in dieser alliterierenden Formel und der folgenden Wendung nichts mit dem heutigen Sinn von »schimpfen« = schelten zu tun. Hier hat sich eine alte Bedeutung »Spott, Hohn« erhalten, die sich aus einer noch älteren, nämlich »Scherz, Kurzweil, (Kampf)spiel« entwickelte. »Schimpf und Ernst« (d. h. Scherz und Ernst) hieß eine Schwanksammlung des Schriftstellers Johannes Pauli aus dem Jahre 1522.

Schimpfen wie ein Rohrspatz

Vergleiche »Rohrspatz«.

Schindluder treiben/spielen mit jemandem

umgangssprachlich: *mit jemandem übel, rücksichtslos, gemein umgehen; auf verächtliche Weise behandeln:* »Luder« war das Fleisch von gefallenen Tieren, die vom Schinder (= Abdecker) geschunden (enthäutet) worden waren. Es wurde besonders als Lockspeise bei der Falkenjagd gebraucht. Schon im Mittelhochdeutschen bedeutete das Wort auch »Aas«. Der ursprüngliche Sinn der Redensart war also »wie Aas behandeln«.

Jemanden auf die Schippe nehmen

umgangssprachlich: *necken, verulken, veralbern, zum Narren halten:* Die Herkunft der Wendung ist ungeklärt. Vielleicht ist die Kehrichtschaufel gemeint, mit der Schmutz gesammelt wird; die betreffende Person würde damit sozusagen als »Dreck« behandelt. Eine andere Erklärung zieht die Gaunersprache heran: »Jemanden auf die Hippe (od. Schippe) nehmen« bedeutete, »bei Vernehmungen die ›süße Tour‹ anwenden, d. h. dem Täter mit gespielter Liebenswürdigkeit Versprechungen machen, an deren Erfüllung gar nicht gedacht ist«, zu jiddisch »chiba« = Liebe. Auch auf die Schaufel wurde hingewiesen, die im bäuerlichen Lebensbereich als Symbol für die Abweisung eines Freiers aufgestellt wurde.

Mit Schislaweng

Vergleiche »Zislaweng«.

Wie ein Lamm zur Schlachtbank geführt werden

Vergleiche »Lamm«.

Den Seinen gibt's der Herr im Schlaf

Vergleiche »Herr«.

Jemanden am/beim Schlafittchen, (auch:) Schlafittich nehmen/packen

umgangssprachlich: *jemanden beim Kragen packen;* übertragen: *jemanden zurechtweisen:* Gemeint ist nicht der Kragen, sondern der Rockzipfel, der lange Schoßteil des Gehrockes, der mit dem Gansflügel (Schlagfittich = Schwungfeder des Vogels) verglichen wird. Die betroffene Person wird also mit der Gans gleichgesetzt, die am Flügel gepackt wird. »Schlafittchen« ist ursprünglich keine Verkleinerung, sondern der Dativ Plural, der dann, als das grammatische Verständnis schwand, als Verkleinerung aufgefasst wurde.

Schlamassel

umgangssprachlich: *unangenehme, verfahrene, unglückliche Situation, die jemanden in Verlegenheit oder Bedrängnis bringt:* **Da haben wir den Schlamassel!; in den Schlamassel kommen/geraten; im Schlamassel stecken/sitzen; aus dem Schlamassel herauskommen/herausreißen** usw.

Zwei Wörter sind hier eine Verbindung eingegangen: das neuhochdeutsche Adjektiv »schlimm« und das jiddische Substantiv »Massel« = Gestirn, (Glücks)stern, Glück, Schicksal, noch deutlich in der älteren Form »Schlimassel«. Das jiddische Wort stammt aus dem Hebräischen (»masol«).

Eine Schlange am Busen nähren

gehoben: *jemandem uneingeschränkt vertrauen und Gutes erweisen, von dem sich später herausstellt, dass er ein Feind oder Verräter war:* Die Redensart war schon in der Antike bekannt, sie geht auf eine Fabel Äsops (6. Jh. v. Chr.) zurück. Diese berichtet von einem Bauern (Wanderer), der eine vor Frost erstarrte Schlange aus Mitleid an seiner Brust erwärmt und dann von dieser gebissen wird. Das Motiv wird auch in der deutschen Literatur immer wieder aufgegriffen.

Jemandem auf die Schliche kommen

umgangssprachlich: *jemandes [unlautere] Absichten durchschauen, jemandes heimliches Tun entdecken:* Das Wort »Schlich« bedeutete ursprünglich so viel wie »Schleichweg«, dann übertragen »Kniff, Trick«. Die Wendung stammt vermutlich aus dem Jagdwesen; der Jäger macht sich mit den Wildwechseln, den Schleichwegen des Wildes vertraut.

Jemandem auf den Schlips treten

umgangssprachlich: *jemandem zu nahe treten; jemanden kränken, beleidigen:* Mit »Schlips« war in dieser Wendung ursprünglich der Rockschoß gemeint, der in norddeutscher Mundart »Slip« heißt.

Mit jemandem Schlitten fahren

umgangssprachlich: *jemanden streng, rücksichtslos behandeln, derb zurechtweisen, schikanieren:* Die Herkunft der Wendung ist ungeklärt, sie war zunächst vor allem in der Soldatensprache gebräuchlich. **Unter den Schlitten kommen** (umgangssprachlich: *herunterkommen, in schlechte Verhältnisse geraten*) ist dagegen (wie »unter die Räder kommen«) im Ursprung deutlich: Die Vorstellung geht von dem Unglück aus, das jemandem widerfährt, der unter die Kufen eines Schlittens gerät.

Wie ein Schlosshund heulen

umgangssprachlich: *vor Kummer oder Schmerzen herzzerreißend weinen:* Obwohl öfter die Auffassung vertreten wird, dass es sich um den angeschlossenen (angeketteten) Hund handelt, der heult, ist die bei Grimm (»Deutsches Wörterbuch«, 1899) angegebene Erklärung wahrscheinlicher: »Schlosshund = Hund auf einem Schlosse, dem Schlossbesitzer gehöriger Hund: aussehen wie ein Schlosshund ... sprichwörtlich auch: er heult wie ein Schlosshund.« Der bildliche Vergleich bezieht sich auf die von der Anhöhe des Schlosses weithin hörbaren, lang gezogenen Laute eines heulenden Hundes.

Da (dort) ist Schmalhans Küchenmeister

umgangssprachlich, mundartlich: *dort gibt es aus Armut und Dürftigkeit nur wenig zu essen:* »Schmalhans« ist ein ersonnener Name für jemanden, bei dem es »schmal« (= karg, knapp, nicht reichlich) zugeht. Diese Bedeutung von »schmal« entwickelte sich aus der von »klein«, ursprünglich bezogen auf Menschen, Tiere und Pflanzen.

Der Vorname »Hans«, gekürzt über »Hannes« aus »Johannes« (hebräisch = Jahwe ist gnädig), ist seit Beginn des 14. Jh.s einer der häufigsten deutschen Vornamen und teilte rasch, zusammen mit anderen wie Hinz, Kunz, Liese, Trine, das Schicksal, zum Appellativum, zu einer allgemeinen Bezeichnung zu werden (vergleiche Hansdampf, Hansnarr, Hanswurst u. a.). Küchenmeister (mittelhochdeutsch »Kuchenmeister«) ist Schmalhans seit dem 17. Jh. Von einem schlanken, dünnen Koch (so könnte »Schmalhans« auch gedeutet werden) schloss man auf eine schlechte, ärmliche Küche.

Das geht dich einen Schmarren an

umgangssprachlich: *geht dich gar nichts an:* In Bayern und Österreich ist der Schmarren (eine Mehlspeise, meist ein zerstückelter Eierkuchen) ein ganz gewöhnliches Gericht, dem kein Wert beigemessen wird. Die Wendung ist im gesamten deutschen Sprachraum gebräuchlich geworden.

Ränke schmieden

Vergleiche »Rang«.

Schmiere stehen

umgangssprachlich: *bei ungesetzlichen, verbotenen Unternehmungen aufpassen, ob jemand kommt:* Diese im 18. Jh. aufgekommene Wendung stammt aus der Gaunersprache. Jiddisch »schtejn schmire«, zu »schmire«, »schmiro« = Wache. Vergleiche neuhebräisch »semira« = Bewachung.

Schmu machen

umgangssprachlich: *ein bisschen betrügen, schummeln:* ein Wort aus der Gaunersprache, dessen Herkunft nicht sicher geklärt ist. Vermutlich liegt Verwandtschaft mit hebräisch »semua« = Gerede, Geschwätz vor: Der Makler, der einen Kauf zustande bringen wollte und den Kunden mit vielen Worten zum Kauf zu überreden suchte, verband damit oft den Versuch, diesen zu übervorteilen. Der Schmu wäre dann sozusagen das Ergebnis des während der Kaufverhandlung geführten Gesprächs. Verwandt ist jiddisch »schmueß« = Unterhaltung, das im Wort »Schmus« weiterlebt.

Schmücken: Geschmückt wie ein Pfingstochse

Vergleiche »Pfingstochse«.

Sich mit fremden Federn schmücken

Vergleiche »Federn«.

Jemanden zur Schnecke machen

umgangssprachlich: *jemanden ausschimpfen, heruntermachen; schlecht behandeln, rücksichtslos drillen:* Hier liegt die Vorstellung zugrunde, dass die betroffene Person nur noch so langsam wie eine Schnecke kriechen kann, oder auch, dass sie sich nach der rigorosen Behandlung verkriecht wie eine Schnecke in ihr Schneckenhaus.

Sich freuen wie ein Schneekönig

umgangssprachlich: *sich sehr freuen:* »Schneekönig« war einer der volkstümlichen Namen für den Zaunkönig. Grimm (»Deutsches Wörterbuch«) beschränkt noch die Verbreitung der Redensart auf Thüringen und Sachsen; dies gilt heute nicht mehr. Den Namen trägt der Zaunkönig wohl deshalb, weil er auch in Schnee und Eis munter und vergnügt singt, zumindest nach dem Empfinden der Menschen, die ihm zuhörten.

Schneiden

Da hast du dich (aber) geschnitten! (umgangssprachlich: *Da verrechnest, täuschst du dich sehr!):* verkürzt aus »sich mit dem Messer schneiden«; **jemanden schneiden** (umgangssprachlich: *in der Öffentlichkeit absichtlich nicht beachten, übersehen; vermeiden, jemandem zu begegnen*): Die Wendung scheint eine Lehnübersetzung des englischen »to cut a person« zu sein, die in der 2. Hälfte des 19. Jh.s aufkommt. Im Englischen unterscheidet man vier Arten des Schneidens:

1. »to cut direct« (direkt schneiden) = einem Bekannten ins Gesicht sehen und vorgeben, ihn nicht zu kennen,
2. »to cut indirect« (indirekt schneiden) = woanders hinsehen und vorgeben, ihn nicht zu kennen,

3. »to cut sublime« (sublimiert schneiden) = die Spitze irgendeines großen Gebäudes oder die Wolken am Himmel bewundern, bis der Bekannte vorbeigegangen ist,
4. »to cut infernal« (auf sehr unschöne Weise schneiden) = sich bücken und seine Schuhe in Ordnung bringen, bis der Bekannte vorbeigegangen ist.
(Entnommen »Brewer's Dictionary of Phrase and Fable«.)

Herein, wenn's kein Schneider ist

umgangssprachlich scherzhaft: Vielleicht war der seine Forderungen eintreibende Schneider der Anlass zu diesem Ausruf. Schneiderrechnungen waren nicht beliebt. Krüger-Lorenzen zitieren aus einem Brief Bismarcks an seine Braut vom 7. März 1847: »Wie entrüstet bin ich als Student über Schneider und Schuster gewesen, wenn sie ihre Rechnung bezahlt verlangten; es schien mir die empörendste Zumutung, anstatt dass ich dankbar für den gewährten Credit gewesen wäre.«

Aus dem Schneider sein

umgangssprachlich: 1. *aus den schlimmsten Schwierigkeiten, Geldverlegenheiten, Schulden u. Ä. heraus sein.* 2. *über 30 Jahre alt sein:* Die Wendung stammt aus der Sprache der Kartenspieler: Beim Skat besitzt man mit 30 Punkten bereits die Hälfte der zum Gewinn benötigten Anzahl. »Schneider« deshalb, weil man den meist schmächtigen, dünnen Schneidern nur 30 Lot Gewicht zubilligte.

Schniegeln: Geschniegelt und gebügelt

Vergleiche »geschniegelt«.

Jemandem ein Schnippchen schlagen

umgangssprachlich: *sich auf geschickte, unerwartete, auch drollige Weise jemandes Verfolgung entziehen, seine Absichten vereiteln, jemandem einen Streich spielen:* Das »Schnippchen« ist ein Schnalzer mit Daumen und Mittelfinger als Ausdruck der Geringschätzung oder der freudigen Befriedigung über ein gelungenes Unternehmen. Das Wort ist die Verkleinerung des veralteten lautmalenden Substantivs »Schnipp«. Die heutige Bedeutung ist aus dem Ausdruck der Geringschätzung, des Spottes hervorgegangen.

Einen Schnitt (bei etwas) machen

umgangssprachlich: *auf listige Weise einen Gewinn, Vorteil erzielen:* Die Redensart wird meist auf den Schnitt einer guten Getreideernte bezogen. Möglich wäre allerdings auch der Schnitt als Ergebnis einer »Beutelschneiderei«.

Einen Schnitzer machen/begehen

umgangssprachlich: *einen Fehler machen, besonders beim Schreiben:* Obwohl »Schnitzer« als »Schnitt in einen Gegenstand, der verunstaltet«, in den Wörterbüchern nicht belegt ist, muss man wohl doch von der Vorstellung eines Schnittes ausgehen, der einen Gegenstand verunziert oder entstellt.

Schnuppe sein

umgangssprachlich: *völlig gleichgültig, einerlei sein:* Die »Schnuppe« ist das verkohlte Ende eines Dochts, also etwas ganz Wertloses, was niemandem Interesse abgewinnt. Das Substantiv ist ursprünglich mittel- und niederdeutsch, auch die im 19. Jh. aus ihm entstandene, zuerst im Berlinischen bezeugte Wendung. Es gehört zu dem Verb »snuppen« = schnäuzen. Das Abschneiden des verbrannten Dochtes mit der Dochtschere wird mit dem Schneuzen der Nase verglichen.

Über die Schnur hauen

umgangssprachlich: *das erlaubte Maß des Gebührlichen überschreiten, zu weit gehen, über die Stränge schlagen:* bezieht sich ursprünglich auf die Richtschnur der Zimmerleute, mit der auf Balken eine gerade Linie markiert wird. Schlägt der Zimmermann über die gerade Linie, über die Schnur hinaus, wird der Balken »verhauen« (vergleiche »sich verhauen«). Dieses Verb gebraucht schon Hadamar von Laber im 14. Jh.: »an (= ohne) winkelmaz, an snuore vil mangez wirt verhouwen«. In der älteren Sprache wird darunter vielfach unerlaubter Geschlechtsverkehr verstanden: »Auch clagens über closter frauwen/die also über die schnuor thund hauwen/wann sy aderlassen und baden/thund sy junckherr Clementen laden/der hat mit jn ain haimlichs mütlin«, heißt es einmal bei dem schweizerischen Dramatiker, Satiriker und Buchdrucker Pamphilus Gengenbach aus Basel (gest. 1525).

Wie am Schnürchen (gehen/laufen/klappen/hersagen u. a.)

umgangssprachlich: *flott, ohne Stockung, reibungslos:* Gemeint ist vermutlich die Schnur des Rosenkranzes. Dessen einzelne Gebete werden an einer in einem Kreuz endenden Schnur durchgezählt, auf der sechs größere Perlen (für das Vaterunser) und 53 kleinere (für das Ave-Maria) aufgereiht sind. Der Benutzer kennt diese Gebete, die für ihn »wie am Schnürchen« aufeinanderfolgen. Aber auch die Schnüre könnten in Betracht gezogen werden, mit denen im Puppentheater die Puppen bewegt werden (deutlicher in der veralteten Wendung »jemanden am Schnürchen haben« = es erreicht haben, dass er gehorsam ist).

Schnurz/schnurzegal/(schnurz)piepegal sein

umgangssprachlich: Die Redensart ist in der 1. Hälfte des 19. Jh.s aus der Studentensprache in die Umgangssprache gedrungen. Grimm (»Deutsches Wörterbuch«): »in burschikoser Sprache«. Die Herkunft ist nicht geklärt; vielleicht verwandt mit dem veralteten Wort »Schnarz« = schnarrender Ton als Ausdruck der Verachtung, des Spottes. Die Wörter sind lautmalend. »Piepe, piepegal«, niederdeutsch-berlinisch gehört zu »auf etwas pfeifen« = nicht tun, was von einem erwartet wird.

Mein lieber Scholli!

mundartliche, umgangssprachliche Anrede, die eine Verwunderung, eine Drohung oder eine Ermahnung ausdrückt: Da diese Anrede in den Frankreich benachbarten Gebieten der Rheinlande, Rhein- und Südhessens beheimatet ist, ist die Herkunft von französisch »joli« = hübsch (also eigentlich ironisch: mein Hübscher!) sehr wahrscheinlich.

Lutz Röhrich bezieht die Wendung auf eine Person, die es wirklich gegeben hat, einen Ferdinand Joly (1765–1823), aus einer französischen Hugenottenfamilie stammend, der durch Jahrzehnte ein unstetes Vagantenleben führte. Das ist eher unwahrscheinlich, weil dieser »Aussteiger« einen allzu begrenzten Wirkungsbereich hatte, der zudem mit den Gebieten, in denen die Anrede heimisch ist, nicht übereinstimmt.

In Schönheit sterben

Sport (Jargon): *einen eleganten Stil, aber nicht die nötige Härte haben und deshalb im Kampf verlieren:* Diese Wendung ist ein Zitat aus Ibsens Schauspiel »Hedda Gabler«. Die Schicksal spielende Titelheldin gibt Løvborg, der sein Buchmanuskript verloren zu haben glaubt und deshalb seinem Leben ein Ende bereiten möchte, eine ihrer Pistolen. Damit soll er seinen Selbstmord »in schöner Weise« ausführen.

Etwas in den Schornstein schreiben

umgangssprachlich: *als unwiederbringlich verloren betrachten:* Wenn eine Schuldforderung in den Schornstein geschrieben würde, wäre sie bald von Ruß bedeckt und unleserlich, damit verloren.

Wie in Abrahams Schoß (sitzen)

Vergleiche »Abraham«.

Ein Ende mit Schrecken nehmen

Vergleiche »Ende«.

Der letzte/neueste Schrei

die allerneueste Mode: aus gleichbedeutendem französischem »dernier cri« (vgl. d., eigentlich = letzter Schrei) lehnübersetzt. Der Ursprung ist ungeklärt.

Jemanden (ordentlich, gehörig) schröpfen

jemanden finanziell »zur Ader lassen«, ausnehmen, jemandem viel Geld aus der Tasche locken: übertragen vom medizinischen Schröpfen und seit dem 17. Jh. gebräuchlich. In der Medizin dient das unblutige Schröpfen dazu, das Blut im menschlichen Körper umzuverteilen; das blutige Schröpfen entzieht Blut durch das Ritzen der Haut. In der Übertragung wird das Blut, der Lebenssaft, zum Geld, dem anderen Lebenssaft des Menschen, umgedeutet; es herrscht die Vorstellung des blutigen Schröpfens.

(Ein Mann) von echtem (altem) Schrot und Korn

von unverfälschter, guter Art; ein verlässlicher, aufrechter, anständiger Mann: Nach dem »Schrot« (= Bruttogewicht) und »Korn« (= Gewicht des edlen Metalls, Feingehalt) mittelalterlicher Münzen. Wenn beides den Vorschriften entsprach, waren sie echt, unverfälscht. »Schrot« war ursprünglich das zum Prägen benötigte abgeschnittene Stück Metall; das Wort gehört zu mittelhochdeutsch »schroten« = hauen, (ab)schneiden. »Korn« bedeutete anfänglich die mineralische Struktur des Edelmetalls, die aus winzigen Körnern zu bestehen scheint.

Umgekehrt wird ein Schuh draus

umgangssprachlich: sagt man zu jemandem, der eine Sache gerade verkehrt herum anfängt. Der Ursprung ist nicht sicher; man vermutet, dass er mit einem alten Arbeitsvorgang im Schuhmacherhandwerk zusammenhängt: Nach dem Nähen der für das Schuhinnere bestimmten Nähte von außen musste das Leder gewendet werden, damit der Schuh entstehen konnte. In einem Brief des Fürsten Hermann v. Pückler-Muskau (gest. 1871) wird die Redensart dem Schuhmacher Jakob Böhme zugeschrieben. Eine ältere Form war: »Kehr's um, so wird ein Schuh daraus!«

Wissen, wo jemanden der Schuh drückt

umgangssprachlich: *wo jemand von Schwierigkeiten, Sorgen oder Kummer bedrängt wird:* »Nemo scit praeter me, ubi me soccus premat«, sagten schon die alten Römer. »Niemand außer mir weiß, wo mich der Schuh drückt.« Diesen Satz zitiert der griechische Schriftsteller Plutarch (gest. um 120 n. Chr.) in seiner Schrift »Coniugalia praecepta« (= Vorschriften für die Ehe), einem Merkbüchlein für junge Eheleute. Er lässt ihn von dem Römer Paulus Aemilius aussprechen, der gefragt worden war, warum er sich von seiner edlen, reichen und schönen Frau habe scheiden lassen. Dieser zeigte auf seinen Schuh mit den Worten: »Auch er ist schön, neu und kostbar, doch keiner weiß, wo er mich drückt.«

Einem etwas in die Schuhe schieben

umgangssprachlich: *jemandem die Schuld an etwas geben, das eigene Vergehen einem anderen zur Last legen:* wohl nach dem listigen Verhalten von Landstreichern und fahrenden Leuten, die in der gemeinsamen Nachtherberge vor einer drohenden Kontrolle entwendete Sachen rasch in die Schuhe eines anderen schoben, um jeden Verdacht von sich abzulenken.

Aus der Schule plaudern

umgangssprachlich: *über etwas reden, was eigentlich nicht für die Öffentlichkeit bestimmt ist; etwas weitererzählen, verraten:* Mit »Schule« ist hier nicht unsere heutige Institution Schule gemeint, sondern ein exklusiver Kreis von Philosophen, Gelehrten oder Künstlern, deren Mitglieder oft zum Schweigen über die inneren Angelegenheiten ihrer Vereinigung verpflichtet waren.

Jemandem die kalte Schulter zeigen

jemanden abweisen, nicht beachten, seine Nichtachtung zeigen: offenbar eine Lehnübersetzung des englischen »to give somebody the cold shoulder«.

Auf beiden Schultern tragen

es mit zwei verschiedenen Parteien zugleich halten: aufgekommen in der 1. Hälfte des 18. Jh.s wohl als Alternative zu »Achsel«: »Auf beiden Achseln tragen« ist schon im 16. Jh. belegt. »Achsel« und »Schulter« werden oft gleichbedeutend verwendet.

Wie Schuppen von den Augen fallen

etwas plötzlich begreifen, einsehen, den wirklichen Zusammenhang erkennen: Die Blindheit (den Star) stellte man sich früher als die Augen bedeckende Schuppen vor (schon im Mittelhochdeutschen). »Und alsobald fiel es von seinen Augen wie Schuppen, und er ward wieder sehend.« Die Rede ist von Paulus, der, als er vor Damaskus vom Pferd stürzte, blind geworden war und von Ananias durch Handauflegen geheilt und zum Christentum bekehrt wurde. Die gleichen oder ähnliche Wendungen gibt es im Englischen, Französischen, Italienischen und Niederländischen.

Jemandem etwas zum Schur tun

veraltend: *jemandem etwas zum Ärger, Verdruss, Tort tun:* Neben »die Schur« = das Scheren der Schafe hat sich »der Schur« als »Ärger, Verdruss, Schererei, absichtliche Kränkung« herausgebildet. Beide Substantive gehören zu »scheren« in der übertragenen Bedeutung »plagen, quälen«. Das Maskulinum hat sich vermutlich durch die Einwirkung der gleichbedeutenden männlichen Substantive »Ärger, Verdruss, Tort« ergeben.

Schuss

Die militärische Bedeutung von »Schuss« hat einige übertragene Wendungen hervorgebracht, z. B. **jemandem einen Schuss vor den Bug geben** (umgangssprachlich: *jemanden eindringlich warnen*)/**einen Schuss vor den Bug bekommen, erhalten:** In der Kriegführung zur See war es üblich, ein fremdes oder feindliches Schiff mit einem Kanonenschuss vor den Bug aufzufordern, abzudrehen oder sich zu ergeben; **keinen Schuss Pulver wert sein** (umgangssprachlich: *gar nichts wert sein*): Wer sich als Soldat etwas besonders Unehrenhaftes zuschulden kommen ließ, wurde nicht erschossen, sondern gehängt; **in/im Schuss** (umgangssprachlich: *in Ordnung, nicht defekt, heil, ganz*): meist erklärt mit dem Ausrichten und Laden des Geschützes, das fertig zum Abschuss ist. Andere denken an den Schuss in der Weberei, die Querfäden eines Gewebes, mit denen es fertiggestellt wird. Eine mögliche Vorstellung ist auch das »schießende« Wasser der Mühle, das sie in Funktion erhält; **weit (ab) vom Schuss** (umgangssprachlich: *in sicherer Entfernung, außerhalb der Gefahr*): schon im 16. Jh. bei Johann Fischart in seinem »Podagrammisch Trostbüchlein«: »Phormion die best kriegßkunst wust/nämlich, das gut sey, weit vom schuss«; **zum Schuss kommen** (umgangssprachlich: *zu dem Ziel gelangen, das man sich vorgenommen hat; zum Ziel kommen, aktiv werden können*): seit es Schusswaffen gibt, (also schon mittelhochdeutsch) belegt; die Wendung ist gleichermaßen gültig für Soldaten und für Jäger, denen der Feind bzw. das Wild so vor Augen kommen sollen, dass sie schießen können. Die Zeit des übertragenen Gebrauchs ist nicht bekannt. Daran schließt sich die Schusslinie an, die Richtung, in der ein abgegebener Schuss fliegt.

Der übertragene Gebrauch erscheint in verschiedenen neueren Wendungen: **in die Schusslinie geraten/sich begeben** *(heftig kritisiert werden);* **jemanden aus der Schusslinie nehmen/bringen** *(jemanden heftiger Kritik entziehen);* **aus der Schusslinie bleiben/sich aus der Schusslinie zurückziehen** *(sich einer Kritik nicht stellen).*

Schuster, bleib bei deinem Leisten!

umgangssprachlich: *Mische dich nicht ohne Sachverstand in alles ein!; Befasse dich nicht mit Dingen, die du nicht verstehst!:* Möglicherweise hat die Geschichte, die der römische Schriftsteller Plinius d. Ä. (gest. 79 n. Chr.) von dem berühmten griechischen Maler Apelles und einem Schuhmacher berichtet, der eine von Apelles gemalte Sandale kritisiert hatte, zur Entstehung der Redensart beigetragen. Als der Schuhmacher noch anderes (den gemalten Schenkel) kritisierte, soll Apelles erwidert haben: »Ne sutor supra crepidam« = Schuster, nicht weiter als die Sandale! Alexander der Große wollte nur von Apelles gemalt werden. Der Ruhm des Künstlers strahlt durch die Jahrhunderte bis in die Gegenwart, aber keines seiner Werke ist der Nachwelt erhalten geblieben.

Es regnet Schusterjungen

umgangssprachlich: *es regnet anhaltend heftig:* Diese ursprünglich berlinerische, nicht überall bekannt gewordene Redensart ist ein Beispiel für die manchmal ausgefallen-skurrile Fantasie, der die Berliner nicht nur hier, sondern auch in zahlreichen anderen Wendungen Ausdruck verleihen konnten.

Weil es früher viele Schusterjungen gab (entsprechend den vielen Betrieben des Schuhmacherhandwerks), verglich man deren Zahl mit den vielen fallenden Regentropfen. Von Grimm (»Deutsches Wörterbuch«) als sprichwörtlich notiert mit einem Zitat aus Karl v. Holteis 1860 erschienenem Roman »Die Eselsfresser«: »Von Konradel geh' ich nu schon nicht weg, und wenn's Schusterjungen regnet.«

Im 18. Jh. stieg die Zahl der Meister überproportional an, ihre Lehrjungen verrichteten meist Flickarbeit und trugen Schuhe aus. Die Gasse, in der viele von ihnen wohnten, hieß die Schuhgasse.

Auf Schusters Rappen

umgangssprachlich: *zu Fuß:* Schwarze Schuhe, früher die häufigste Schuhfarbe, wurden scherzhaft zu Rappen (schwarzen Pferden) umgedeutet.

Ins Schwabenalter kommen

umgangssprachlich: *40 Jahre alt und endlich vernünftig werden:* So oder ähnlich zwar erst im 18. Jh. belegt, ist die Wendung ihrem Inhalt nach jedoch älter. Die Vorstellung, dass der Schwabe erst ziemlich alt werden muss, ehe er verständig wird, belegt Lutz Röhrich schon für das 16. Jh. Die spätere sprichwörtliche Redensart legte sich auf das 40. Lebensjahr fest. Die Schwaben kontern natürlich und fassen die Aussage sogar als ein gewisses Lob auf: »Mir Schwobe werdet erscht mit 40 gscheit/Die andere net in Ewigkeit.«

Schwachheit, dein Name ist Weib!

scherzhaft-ironische Bemerkung, wenn eine Frau allzu nachgiebig ist, schwach wird: In Shakespeares Drama »Hamlet« (um 1600) verurteilt Prinz Hamlet von Dänemark in einem seiner sieben langen Monologe mit diesen Worten (»Frailty, thy name is woman«) seine Mutter, die kurz nach der Ermordung ihres Gatten durch dessen Bruder diesen geheiratet hatte. Die sprichwörtliche Redensart ist in der schlegel-tieckschen Übersetzung fest geworden.

Sich nur keine Schwachheiten einbilden

umgangssprachlich: *nicht hoffen, aufgrund von jemandes Nachgiebigkeit doch noch zum Ziel gelangen zu können:* meist in Imperativform gesprochen: »Bilde dir nur keine Schwachheiten ein!« Gemeint sind die Schwächen, die Schwachstellen, die der Angesprochene beim Gegner gern ausmachen würde, um zu seinem Ziel zu gelangen.

Eine Schwalbe macht noch keinen Sommer

ein einzelnes positives Anzeichen, ein hoffnungsvoller Einzelfall lässt noch nicht auf eine endgültige Besserung der Situation schließen: Dieses Sprichwort geht auf eine Fabel Äsops zurück, in der ein junger Mann, als er im Frühling eine Schwalbe sieht, seinen Mantel versetzt und sich dann von der inzwischen erfrorenen Schwalbe betrogen sieht, weil es weiterhin winterlich kalt bleibt.

Schwamm drüber!

umgangssprachlich: *kein Wort mehr darüber; nichts mehr davon!*: Es ist sicher unnötig, speziell an die mit Kreide an eine Tafel geschriebene und dann mit dem Schwamm gelöschte Zechschuld zu denken. Geflügelt wurde das Wort durch Karl Millöckers Operette »Der Bettelstudent« (1882). Schon 1883 bezeichnete der Malerdichter Karl Stauffer-Bern die Wendung als »neueste Berliner Redensart«. Die Vorstellung als solche ist älter: »über etwas den Schwamm ziehen« (Moritz v. Thümmel, 1794); »mit dem Schwamm über alles hinfahren« (Goethe) u. a.

Mein lieber Schwan!

beliebte Anrede als Ausdruck der Überraschung, der Ermahnung, auch der Drohung: weitverbreitet in Umgangssprache und Mundart.

Im Gegensatz zu »Mein lieber Spitz!« ist die Herkunft geklärt: Die Anrede stammt aus Richard Wagners 1847 geschriebener Oper »Lohengrin«: »Nun sei bedankt, mein lieber Schwan!« Diese Worte spricht Lohengrin im 1. Akt als Abschiedsgruß zu dem Schwan, der ihn in einem Nachen an den Ort des Gotteskampfes gezogen hat. Der Ritter mit dem Schwan war eine im Mittelalter verbreitete Sage, die Wagner in seiner Oper aufgriff. Schon in der germanischen Mythologie spielte der Schwan eine große Rolle.

Im Schwange sein

sehr üblich, gebräuchlich, in Umlauf, in Mode sein: Mittelhochdeutsch »swanc« bedeutete »schwingende Bewegung (im Gegensatz zu etwas Ruhendem, Statischem), das Schwingen«, dann Dinge, die mit Schwung ausgeführt werden: »Schlag, Hieb, Wurf, Streich«. Das seit dem 17. Jh. übertragen gebrauchte Wort bezeichnete Vorgänge, die gegenüber Beharrendem, Sich-nicht-Veränderndem in Bewegung sind, sich verbreiten und eine Zeit lang herrschen. Von den zahlreichen Verben in Verbindung mit »Schwang«

(im Schwange gehen, in den Schwang kommen, im Schwange bleiben u. a.) hat sich nur »sein« erhalten: »im Schwange sein«.

Schwarz

Das Adjektiv »schwarz« spielt in vielen Fügungen eine oft nicht so rasch erklärbare Rolle: **schwarz auf weiß** *(schriftlich oder gedruckt):* Was mit schwarzer Tinte auf weißes Papier geschrieben oder mit schwarzer Druckfarbe auf ebensolches Papier gedruckt wurde, gilt mehr als das flüchtige gesprochene Wort, das vergessen oder verfälscht werden kann. Allgemein bekannt geworden ist die Fügung durch eine Stelle in Goethes »Faust« (I, Vers 1966 f.): »Denn, was man schwarz auf weiß besitzt, kann man getrost nach Hause tragen.« Der Gedanke bewegte schon die alten Römer: »Quod scriptura capit, firmum manet« = was schriftlich festgehalten wird, bleibt sicher. Der Buchdruck wurde früher als »Schwarze Kunst« bezeichnet (vgl. aber »die Schwarze Kunst« im Folgenden); **die Schwarze Kunst** *(Zauberei, Magie):* Das Fremdwort »Nekromantie« (lateinisch »necromantia«, griechisch »nekromanteia« = Totenbeschwörung) wurde mittellateinisch zu »negromantia« bzw. »nigromantia« und mit lateinisch »niger« = schwarz in Verbindung gebracht, was die Übersetzung in »Schwarze Kunst« hervorrief (mittelhochdeutsch »swarze kunst«); **schwarze Liste** *(von bestimmten Kreisen aufgestellte Liste missliebiger oder verdächtiger Personen, die man bei günstiger Gelegenheit zur Rechenschaft ziehen möchte):* Vorläufer des erst in jüngerer Zeit aufgetretenen Ausdrucks sind Verbindungen von Substantiven wie »Buch«, »Register«, »Tafel« u. a. mit dem Adjektiv »schwarz«: Das »schwarze Buch« war ein Gerichts- bzw. Strafenbuch, in dem Strafen und Bußen verzeichnet waren, ebenso »schwarzes Register, schwarze Tafel«. Grimm (»Deutsches Wörterbuch«): »Möglicherweise geht das zunächst auf den Einband, aber die Farbe des Einbands hat dann eine symbolische Bedeutung ..., die schwarze die des Unheilvollen.« Mittelhochdeutsch war »swarzes buoch« ein Zauberbuch, in dem die Schwarze Kunst gelehrt wurde; **schwarz** *(umgangssprachlich illegal, gesetzwidrig):* »schwarze« Geschäfte; »er ist schwarz über die Grenze«. **Schwarze Messe** *(Teufelsmesse, der katholischen Messe nachgebildete Feier zur Verehrung des Teu-*

fels); **ein schwarzes Schaf:** vergleiche »Schaf«; **der Schwarze Tod** *(Beulenpest):* heute meist erklärt mit den dunklen Flecken, die die Haut der Pestkranken bedeckten. Grimm (»Deutsches Wörterbuch«) betont, dass man diesem Ausdruck in gleichzeitig erschienenen deutschen Quellen nicht zu begegnen scheint, und stellt »schwarz« zu der übertragenen Bedeutung »unheilvoll, böse, schlimm«; **schwarze Witwe** *(Frau, die einen meistens älteren reichen Mann heiratet und ihn dann umbringt, um an sein Vermögen zu gelangen);* nach englisch »black widow«, dem volkstümlichen Namen einer giftigen, schwarzen Kugelspinne, deren Weibchen die Männchen nach der Begattung auffressen; **schwarze Zahlen schreiben:** Vergleiche »rot«.

Alter Schwede

salopp: gemütliche, scherzhafte Anrede an einen guten Bekannten, einen Kumpel: Besonders durch ihre Teilnahme am Dreißigjährigen Krieg haben die Schweden in Deutschland meist böse Erinnerungen hinterlassen. Die »Schwedenzeit« ist im Bewusstsein noch lange haften geblieben. Der Ruf »Die Schweden kommen!« war ein Schreckensruf. Marodierende entlassene Soldaten, kaiserliche Truppen, Räuber hießen »Schweden«.

Die Anrede »alter Schwede« weckt allerdings keine solchen unguten Erinnerungen. Der preußische Historiker und Universitätsprofessor Heinrich von Treitschke gab 1879 in einer Vorlesung über die Geschichte Preußens folgende Erklärung: Friedrich Wilhelm, der Große Kurfürst (1640–88), der überzeugt war, sich nur behaupten zu können, wenn er über ein einsatzbereites Heer verfüge, arbeitete besonders nach dem Westfälischen Frieden an der Aufstellung eines stehenden Heeres. Um seine Rekruten gut zu drillen, veranlasste er altgediente schwedische Soldaten, als Unteroffiziere in seine Dienste zu treten. Diese Soldaten wurden »alte Schweden« genannt. Eine andere Deutung geht davon aus, dass sich der Ausdruck über »Schwietje« aus der in Studentenkreisen üblichen französierenden Bildung »suitier« = Draufgänger, lustiger Bruder (zu französisch »suite« = Posse, Streich) gebildet habe.

Jemanden hinter schwedische Gardinen bringen

Vergleiche »Gardinen«.

Darüber schweigt des Sängers Höflichkeit

Vergleiche »Höflichkeit«.

Schweigen im Walde

umgangssprachlich: ironische Bemerkung, die die ratlose Stille kennzeichnen will, weil niemand mehr spricht, keiner eine Antwort weiß: 1885/86 malte Arnold Böcklin zwei Ausführungen eines Bildes mit dem Titel »Schweigen im Walde« I und II. 1899 veröffentlichte Ludwig Ganghofer seinen Roman »Das Schweigen im Walde«. Beide haben vermutlich zum allgemeinen Gebrauch der Fügung beigetragen. Goethes »die Vögelein schweigen im Walde« (aus Wanderers Nachtlied: Ein Gleiches) war sicher ohne Einfluss auf die Verbreitung.

Der Rest ist Schweigen

Vergleiche »Rest«.

Kein Schwein

Vergleiche »Sau«.

Kein Schwein ruft mich an

umgangssprachlich: *niemand setzt sich telefonisch mit mir in Verbindung.* Die Wendung ist die Titelzeile eines Lieds von Max Raabe aus dem Film »Der bewegte Mann«.

Schwein haben

umgangssprachlich: *unverdientes Glück haben:* Es gibt verschiedene Deutungen: 1. Auf alten deutschen Spielkarten ist auf dem Trumpfass ein Schwein abgebildet. Da das Ass jede andere Karte sticht, hat sein Besitzer das Glück, die höchste Karte im Spiel zu besitzen. 2. »Schwein« ist das feinere Wort für »Sau«, das in Zusammensetzungen als bloße Verstärkung dient (»saugrob«, »Sauglück« u. a.). Das entsprechende »Schweineglück« wurde dann zu »Schwein« verkürzt. 3. Ein alter Brauch bei Schützenfesten war es, dem schlechtesten Schützen als Trostpreis ein Schwein zu überreichen. Der Empfänger hatte dann neben dem Spott der anderen Teilnehmer doch noch, wenn auch unverdientes Glück gehabt. Dies ist wohl die wahrscheinlichste Erklärung. Im alten Volksglauben galten wühlende Schweine als Entdecker wunderbarer Schätze.

Im Schweiße deines Angesichts

scherzhaft: *mühselig, unter großen Anstrengungen:* Wieder einmal ist die Bibel Quelle: In 1. Mose 3, 19 spricht Gott nach dem Sündenfall zu Adam: »Im Schweiß deines Angesichts sollst du dein Brot essen, bis dass du wieder zu Erde werdest, davon du genommen bist.«

Schwer von Kapee sein

Vergleiche »Kapee«.

Ein Schwerenöter sein/(gern) den Schwerenöter spielen

umgangssprachlich: *ein Frauenheld sein, sich als solcher aufspielen:* Schwingt hier – wenn auch widerstrebend – noch eine gewisse Anerkennung mit, so war die ursprüngliche Bedeutung des Wortes eine bei Weitem schlechtere. Mittelhochdeutsch »swaere not« war allgemein jede »beschwerende Not, Drangsal«, besonders aber »(durch Behexung erworbene) Epilepsie, Fallsucht«.

Der Schwerenöter war anfänglich ein Kerl, dem man die »schwere Not« an den Hals wünschte. Die ursprüngliche Bedeutung war also etwa »nichtswürdiger, gerissener, durchtriebener Kerl, Teufelskerl«, halb im Ernst, halb im Scherz, dann »jemand, dem man trotz aller Charaktermängel einen gewissen Charme nicht absprechen kann«. Der Grund des Wandels zum Positiveren ist der Umstand, dass die ursprüngliche Bedeutung von »schwere Not« verblasste und allmählich in Vergessenheit geriet.

»Schwerenot!« wurde in der Folge auch zum Ausruf der Verwünschung, der Überraschung oder Beteuerung, verstärkt: »kreuzschwerenot«, »schockschwerenot«, »tausend schwerenot« u. a.

In Schwulitäten geraten

umgangssprachlich: *in Verlegenheit, in Bedrängnis kommen:* Die Redensart ging in der 2. Hälfte des 19. Jh.s aus der Studentensprache in die allgemeine Umgangssprache über. Die nicht umgelautete Form »schwul« des Adjektivs »schwül« in der veralteten Bedeutung »bänglich, ängstlich, beklemmend« wurde mit der aus dem Lateinischen stammenden Fremdwortendung -ität (lateinisch »-itas«) versehen.

Voran ging »in Schwulibus« mit der ebenfalls lateinischen Dativ-Plural-Endung »-ibus«. Die Bedeutung ist die gleiche. Eine Verbindung beider Formen gibt es in einem alten Studentenlied:

Wer nur den lieben Gott lässt walten
und hofft auf ihn bei Bier und Kuss,
den thut er wundersam erhalten
in allen Schwulitatibus.

Zwischen Scylla und Charybdis

Vergleiche »Skylla«.

Eine durstige Seele sein

umgangssprachlich scherzhaft: *ein Mensch sein, der gerne Alkohol trinkt:* Auch diese Wendung hat biblischen Ursprung. Psalm 107, 9 fordert die Menschen auf, dem Herrn zu danken, »dass er sättiget die durstige Seele und füllet die hungrige Seele mit Gutem«. Die Stelle bezieht sich nicht auf den Alkohol, sondern auf den Durst nach geistlicher Erbauung. Im biblischen Sprachgebrauch bezeichnet »Seele« oft den Menschen selbst, was bis heute in der Umgangssprache lebendig geblieben ist: »Es war keine (Menschen)seele (= niemand) zu sehen.« Die Einwohnerzahl von Orten wurde früher in »Seelen« angegeben.

Nun hat die liebe Seele Ruh

scherzhafte oder ironische Bemerkung, wenn jemandes lange gehegter, dringender Wunsch endlich erfüllt wird oder der andere eine Erfahrung endlich selbst gemacht hat: In Lukas 12, 19 sagt ein reicher Mann, nachdem er eine große Ernte eingebracht hat, zu sich selbst: »Liebe Seele, du hast einen großen Vorrat auf viel Jahre; habe nun Ruhe, iss, trink und habe guten Mut.« Vielfach wird statt »liebe Seele« auch »arme Seele« gesagt. Dies hat aber einen anderen Ursprung und bezieht sich auf die Seele im Fegefeuer, die nach katholischer Auffassung durch Gebet und Opfer Lebender zur Ruhe findet.

Zwei Seelen und ein Gedanke

Bemerkung der Person, die geschwiegen hat, wenn ihr Gesprächspartner das ausspricht, woran auch er gerade gedacht hat: Dies ist ein Zitat aus dem 2. Akt des Dramas »Der Sohn der Wildnis«, das der österreichische Dichter Friedrich Halm (Pseudonym für Eligius Franz Joseph Freiherr v. Münch-Bellinghausen) 1842 veröffentlichte. Dort heißt es: »Zwei Seelen und ein Gedanke/zwei Herzen und ein Schlag.« Der Autor wollte damit die völlige Übereinstimmung zwischen zwei Liebenden zum Ausdruck bringen.

Die Segel streichen

umgangssprachlich veraltend: *ein Vorhaben, einen Widerstand aufgeben; resignieren, kapitulieren, sich überwunden geben:* ein Ausdruck der alten Seemannssprache: »Die Segel streichen« bedeutete 1. die Segel fallen lassen, herunterlassen, einziehen. Das konnte aus verschiedenen Gründen geschehen: als bloßes seemännisches Manöver, besonders bei Sturm (dies schon mittelhochdeutsch »die segele hiet he striken neder van den maste«, Heinrich von Veldeke, »Eneit«, 12. Jh.), 2. ein Zeichen der Begrüßung (»Die andern unsere Schiffe lieffen alle mit Freuden ein und strichen ihre Segel und Fahnen vor den Admiral«, Aldenburg, »Westindische Reiße«, 1627) und 3. im Seekrieg als Zeichen, dass sich das Schiff ergeben wolle (»als wir ... von den beyden Schiffen, so Algierer waren, eingehohlet worden, und uns zugeruffen wurde: die Seegel zu streichen und uns zu ergeben«, Autobiografie eines Göttinger Studenten, 1744/48). Aus dieser letzten Bedeutung hat sich die Wendung entwickelt. Auch die Engländer kennen sie: »to strike sail«, und selbst das Lateinische: »vela contrahere« (Cicero).

Abgemacht, Seife

Vergleiche »abgemacht«.

Jemandem geht ein Seifensieder auf

umgangssprachlich veraltend: *jemandem geht ein Licht auf, wird alles klar:* Der Handwerker, der Seife herstellte (siedete), war meist zugleich auch Kerzenzieher, der Kerzen oder Lichter zog (= den Docht durch die Talgmasse hindurchzog). Im frühen 19. Jh. setzten Studenten scherzhaft anstelle des (Kerzen)lichts seinen Hersteller, den Seifensieder. Die Berliner mit ihrem ausgeprägten Sinn für sprachlichen Humor wandelten die Redensart ab, als sich die Beleuchtung änderte: »Mir jeht 'ne Gasfabrik uf!« Der Seifensieder geriet bald in Umgangssprache und Mundart in den Geruch eines dümmlichen, sorglosen, langweiligen Menschen. Schiller greift das in »Wallensteins Lager« auf (11. Auftritt): Die Arkebusiere gehen ab, worauf der erste Kürassier meint: »Schad um die Leut! Sind sonst wackre Brüder.« Darauf der erste Jäger: »Aber das denkt wie ein Seifensieder.«

Den Seinen gibt's der Herr im Schlaf

Vergleiche »Herr«.

Jemandem zur Seite springen

jemandem helfen, jemanden unterstützen: Die Wendung geht auf einen alten Rechtsbrauch zurück: Wer vor Gericht zugunsten eines Angeklagten sprechen wollte, musste sich an dessen Seite stellen.

Abgemacht, sela

Vergleiche »abgemacht«.

Ein seltener Vogel

Vergleiche »Vogel«.

(Schon) ein älteres Semester sein

umgangssprachlich: *nicht mehr ganz jung sein:* »Semester« (älter: Semestre, 18. Jh.) ist eine gelehrte Substantivbildung zu dem lateinischen Adjektiv »semestris« = sechsmonatig. Das Wort bezeichnet das Studienhalbjahr der Studenten an der Universität. Die ursprüngliche Bedeutung wird in der Umgangssprache zur übertragenen: Die Zeitspanne wird zur Person, die sie erlebt.

Sengen: Wie eine gesengte Sau

Vergleiche »Sau«.

Jemanden in den Senkel stellen

umgangssprachlich: *jemanden zurechtweisen, zur Ordnung rufen:* Das zu »senken« gehörige Wort der Bauhandwerker (zuerst um 1600) bedeutet »Senkblei, Bleilot«. Mit seiner Hilfe prüfen die Maurer die senkrechte (= senkelrechte) Richtung. Die Redensart »auf den Senkel gehen« ist ähnlichen Wendungen nachgebildet (»jemandem auf den Docht, auf die Eier, den Geist, den Keks, auf die Nerven, auf den Sack gehen«) und zeigt, wie die Bedeutung von »Senkel« verloren geht.

Nun (jetzt) ist (aber) Sense!

umgangssprachlich: *ist Schluss damit, bin ich es leid, habe ich genug:* Die Vorstellung, die dieser Redensart zugrunde liegt, ist ungeklärt. Vielleicht nach dem Zuruf des Schnitters an die Mähenden, die Sense wegzulegen, weil Pause oder Feierabend angesagt sind. Rheinisch belegt ist: »Es iss midd de Arwed Sense« = Schluss mit der Arbeit.

Sesam, öffne dich!

scherzhaft: *Ausruf bei dem [vergeblichen] Versuch, etwas zu öffnen oder ein Hindernis zu überwinden, eine Lösung herbeizuführen o. Ä.:* Die Redensart stammt aus dem Märchen von Ali Baba und den vierzig Räubern. Dort ist »Sesam, öffne dich!« die Zauberformel, mit der man in den Berg hineinkommen kann, in dem die Räuber ihre Schätze verbergen.

Sic transit gloria mundi

bildungssprachlich: Kommentar zu der oft rasch dahinschwindenden Berühmtheit hochgestellter Personen, die in Ungnade gefallen oder entlassen worden sind: Lateinisch = So vergeht der Ruhm (Glanz) der Welt. Als im Juni 1409 der frühere Franziskanermönch und Kardinal Petros Philargis als neu gewählter Papst Alexander V. zur Krönung mit der Tiara, der dreifachen Papstkrone, die Peterskirche betrat, fand etwas statt, was später zum Ritual werden sollte: Der erste Kardinaldiakon zündete dreimal mit einer Kerze einen Flocken Werg auf einem Stab an und rief jedes Mal: »Pater sancte, sic transit gloria mundi« = Heiliger Vater, so vergeht der Ruhm der Welt. Und noch im selben Jahrhundert seufzte der deutsche geistliche Schriftsteller Thomas von Kempen in seiner »Nachfolge Christi«: »Oh! Quam cito transit gloria mundi!« = Oh, wie schnell vergeht der Ruhm der Welt! Eine Erkenntnis, die schon in der Antike lebendig war und die auch die Bibel in ähnlicher Weise äußert, z. B. 1. Korinther 7, 31: »denn das Wesen dieser Welt vergehet« oder 1. Epistel des Johannes 2, 17: »die Welt vergeht mit ihrer Lust«.

Sieben: Gesiebte Luft atmen

Vergleiche »Luft«.

Sieben: Ein Buch mit sieben Siegeln

Vergleiche »Buch«.

Eine böse Sieben sein

umgangssprachlich: *eine streit- und zanksüchtige Frau sein, die damit ihrem Mann das Leben schwer macht:* Die Wendung entstand im frühen 17. Jh. (erster Beleg von 1609). Es gibt und gab verschiedene Erklärungen:

1. Abgeleitet von »Sima«, »Siemann« = Ehefrau. Das lässt sich lautlich nicht aufrechterhalten.

2. Es liegt ein Bezug auf die siebte Bitte des Vaterunsers (Matth. 6, 13) vor: »... und erlöse uns von dem Übel«. Der Wechsel von der Ordinalzahl (siebte) zur Kardinalzahl (sieben) ist schwer nachvollziehbar.

3. Die sieben Todsünden wurden scherzhaft auf Menschen, besonders auf Frauen übertragen.

4. In einer Satire des 17. Jh.s unterschied der Autor sieben Klassen böser Weiber, denen als achte eine durch eine Biene versinnbildlichte gute Klasse gegenübergestellt wurde. Die böse Sieben war dann ursprünglich eine von den bösen sieben (Klassen).

5. Der Himmel bestand in der Astrologie des Mittelalters aus zwölf sogenannten »Häusern« (mittellateinisch »domus coelestis«); das siebte war für die Ehe von Bedeutung.

Dieses Haus der Ehe mit Namen »Occasus« = Untergang (weil das Haus im Westen liegt) wird 1816 in einer Schrift folgendermaßen erklärt: »Das siebente Haus, der Angelpunkt des Abends (= des Westens) bezieht sich auf Weiber, Ehen und was mit ihm verwandt. Zugleich hat es mit sich als seinen Gegensatz, die offenbare Feinde, Hass und jählingen Streit.«
6. Heute wird meist folgende Erklärung akzeptiert: In einem alten Kartenspiel (Karnöffelspiel) war die Sieben eine Trumpfkarte mit dem Bild des Teufels. Sie wurde »Teufel« oder »böse Sieben« genannt. Die Übertragung »Teufel« = böse Sieben lag nahe, besonders auch deshalb, weil schon 1588 das Kartenblatt der ersten Sieben eine mit ihrem Mann zankende Frau darstellte. In der mittelalterlichen Kunst wurde zudem die Frau häufig mit dem Teufel dargestellt.

Seine Siebensachen packen

umgangssprachlich: *seine wenigen Habseligkeiten packen:* Der vorausgehende Artikel lässt schon erkennen, dass der Zahl »sieben« schon immer eine besondere Bedeutung zukam. Sie existiert im Aberglauben und in den Sagen der ganzen Welt, bereits in der Antike, im Guten wie im Bösen. Darüber könnte man ein ganzes Buch schreiben, was übrigens schon im 12. Jh. ein Priester namens Arnold in die Tat umsetzte: Gedicht von der Siebenzahl: »Nu will ich iu sagen zu aller erist/von einer zahle, die vil her ist.« Die »hehre« (= heilige, erhabene) Zahl bezeichnet in der vorliegenden Redensart »eine nur geringe Menge, wenige«.

Sich wie im siebten Himmel fühlen

Vergleiche »Himmel«.

Unter dem Siegel der Verschwiegenheit

Vergleiche »Verschwiegenheit«.

Einen Silberstreifen am Horizont sehen

in einer schlimmen wirtschaftlichen oder politischen Lage schwache Zeichen der Besserung entdecken: Im Februar 1924 berichtete der damalige Außenminister Gustav Stresemann auf einem Parteitag der Deutschen Volkspartei in Elberfeld zu den laufenden Reparationsverhandlungen mit den Siegermächten des 1. Weltkriegs, dass der Verhandlungsführer Staatssekretär Bergmann geäußert habe, er sehe zum ersten Mal einen Silberstreifen an dem sonst düsteren Horizont.

Sine ira et studio

bildungssprachlich: *ohne Zorn und Parteilichkeit:* ein Wort des römischen Geschichtsschreibers Tacitus (gest. um 120 n. Chr.) aus dem Vorwort zu seinem Werk »Annales (ab excessu divi Augusti)«, die er auf diese Weise (also vorurteilsfrei) zu schreiben gedenke.

Einen sechsten Sinn für etwas haben/entwickeln

einen Instinkt besitzen, das zukünftig Eintretende vorauszusehen: Beim Menschen werden gewöhnlich fünf Sinne gezählt: »ein voller mensch vünf sinne hat ... sehen, hoeren, grifen, riechen, smecken, sus sint si genant« (Reinmar von Zweter, mittelhochdeutscher Dichter, 13. Jh.). Häufig finden sich jedoch in der Literatur scherzhafte oder ernst gemeinte Abänderungen, indem anstelle der Fünfzahl eine größere oder kleinere erscheint. Zur ersten Gruppe gehört der »sechste« Sinn, der im 18. Jh. als »unnennbare Empfindung, feines Gefühl« geschildert wird, als eine Art »Fledermaussinn«. Seit dieser Zeit wird häufig auch der Geschlechtstrieb als sechster Sinn bezeichnet, wobei der lautliche Bezug auf Sex noch keine Rolle spielte. Das Erkennen einer zukünftigen Entwicklung ist wohl erst im 20. Jh. aufgekommen.

Nach uns die Sintflut!

es ist uns gleichgültig, welche Folgen unser jetziges Verhalten für die Menschheit hat: Diese verantwortungslose Devise ist die Übersetzung eines französischen Ausspruchs der Marquise von Pompadour, der Mätresse des französischen Königs Ludwig XV., nach der Schlacht bei Roßbach 1757, in der Friedrich II. von Preußen ein Heer aus Franzosen und Reichstruppen besiegt hatte: »Après nous le déluge!« soll sie nicht als Leitspruch, sondern als bange Vorahnung gesagt haben.

Der Gedanke ist aus der Antike überliefert. Ein Epigramm des griechischen Schriftstellers Straton lautet: »Trinke und liebe! Nach meinem Tode soll Deukalion meine Knochen überspülen.« Straton spielt hier auf die Sage von der sogenannten deukalionischen Flut an, die zu den auch bei anderen Völkern überlieferten Sintflutsagen gehört (Sumerer, Babyloner, Israeliten u. a.). Als Zeus plante, wegen der Verderbnis der Menschen Griechenland zu überschwemmen, baute Deukalion eine Arche und trieb dann mit seiner Frau Pyrrha neun Tage auf den Fluten umher.

Eine (wahre) Sisyphusarbeit sein

bildungssprachlich: *eine besonders mühselige, kaum leistbare und meist immer wieder vergebliche Arbeit sein:* nach dem sagenhaften korinthischen König Sisyphos, der zur Strafe für seine Frevel in der Unterwelt einen Felsblock einen Berg hinaufwälzen musste, von dem dieser kurz vor Erreichen des Gipfels immer wieder hinabrollte. Die Redensart ist auch in anderen europäischen Sprachen verbreitet: englisch »a labour of Sisyphus«, »Sisyphean toil«; französisch »travail de Sisyphe«; italienisch »fatica di Sisifo«; niederländisch »een Sisyphusarbeid«.

Auf einen Sitz

umgangssprachlich: *in einer einzigen, nicht unterbrochenen Handlung, auf einmal:* Gemeint ist: ohne einmal aufzustehen. »Sitz« ist hier nicht die konkrete Sitzgelegenheit, sondern »das Sitzen«, also: während des Sitzens. Schweizerisch war »Sitz« das Zusammensitzen zur Unterhaltung, da konnte man dann »uf ei siz zwo moss trinke«. Vergleiche »auf einen Ritt«.

Einen sitzen haben

umgangssprachlich: *betrunken sein:* Die Wendung ist eine Verkürzung von »einen Affen sitzen haben« (19. Jh.). Wie »Affe« zu der Bedeutung »Rausch« (18. Jh.) gekommen ist, bleibt unklar. Man hat auf den Gleichklang von tschechisch »opice« (= Affe) und »opit se« (= sich betrinken) hingewiesen, was möglicherweise auf das Deutsche Einfluss genommen hat. Auch in anderen Sprachen bedeutet »Affe« so viel wie »Rausch«, z. B. italienisch »scimmia« oder spanisch »mona«. Narren und Gaukler trugen früher oft ein Äffchen auf ihrer Schulter. Vielleicht besteht hier eine Verbindung.

Auf dem Sand sitzen

Vergleiche »Sand«.

Jemandem sitzt der Schalk im Nacken

Vergleiche »Schalk«.

Sich zwischen Skylla (Scylla, Szylla) und Charybdis befinden

bildungssprachlich: *sich ausweglos zwischen zwei gleich großen Unannehmlichkeiten, Übeln oder Gefahren befinden:* In seiner »Odyssee« (XII, 85–110 und 234–260) schildert der griechische Dichter Homer (8. Jh. v. Chr.), wie Odysseus auf seiner zehnjährigen Irrfahrt mit seinem Schiff zwischen Skylla und Charybdis hindurchgelangt. Skylla war in der griechischen Mythologie ein sechsköpfiges und zwölffüßiges Meeresungeheuer mit je drei Zahnreihen in der Straße von Messina (?), das in einem Felsenriff auf Opfer lauerte, gegenüber der Charybdis, einem gefräßigen Weib, das Wasser eines Meeresstrudels dreimal am Tag einschlürfte und wieder ausspie.

Odysseus verlor sechs seiner Genossen an Skylla, gelangte aber glücklich an Charybdis vorbei. In einem von Zeus gesandten Sturm gingen alle seine Genossen über Bord, weil sie heilige Kühe geschlachtet und davon gegessen hatten. Odysseus überlebte und musste noch einmal zwischen Skylla und Charybdis hindurch, was ihm wie durch ein Wunder gelang. – Die Übertragung ist schon in der Antike geläufig und lebt über das Mittelalter bis heute fort.

Es hat nicht sollen sein

das Schicksal hat jemandes Plan, heißen Wunsch nicht erfüllt: In dieser Wortstellung (üblich ist: »Es hat nicht sein sollen«) geht der Ausspruch auf eine Stelle in Victor v. Scheffels Versepos »Der Trompeter von Säckingen« (1854) zurück, wo es im 2. Stück heißt: »Behüt' dich Gott! Es wär' zu schön gewesen/Behüt' dich Gott! Es hat nicht sollen sein.«

Jemandem spanisch vorkommen

umgangssprachlich: *verdächtig, merkwürdig, seltsam erscheinen:* Seitdem der spanische König Karl als Karl V. Römischer Kaiser geworden war (1519), nahm der spanische Einfluss mehr und mehr zu. Alles Spanische erregte als etwas Ausländisches erst einmal Befremden. Spanische Naturprodukte (Pfeffer, Tabak, Wein, Flieder, Rohr), spanische Gebrauchsgegenstände (Wand, Klinge, Perücke), spanische Kriegführung (Reiter, Pech, Trunk) und die spanische Inquisition (Stiefel, Bock) verbreiteten sich in den folgenden Jahrzehnten in Deutschland. »Ein spanisches Gesicht machen« (= stolz, hochmütig, abweisend aussehen), eine damalige Redewendung, mag zu dem Befremden beigetragen haben.

Das Adjektiv »spanisch« findet sich oft in Sprichwort und Redensart jener Zeit. Statt der geläufigeren »böhmischen Dörfer« (vergleiche »böhmisch«) sprach man jetzt auch von »spanischen Dörfern«, wenn man Vorgänge oder Dinge nicht verstand. Vergleiche auch die Ähnlichkeit zwischen einer französischen und einer südhessischen Feststellung in Bezug auf das Stichwort »spanisch«: Dem französischen »vous parlez français comme une vache espagnole« (= Ihr sprecht Französisch wie eine spanische Kuh) ähnelt das südhessische »Der kann (versteht) Franzesisch wie die Kuh Spanisch«.

Spät kommt Ihr – doch Ihr kommt!

Vergleiche »kommen«.

Wer zu spät kommt, den bestraft das Leben

eine Mahnung, die am 7. 10. 1989 der damalige sowjetische Staatspräsident Michail Gorbatschow in einer Rede zum 40. Jahrestag der Gründung der DDR an den Staatsratsvorsitzenden Erich Honecker richtete. Der Ausspruch wurde seitdem zum geflügelten Wort. Im russischen Original ist der Gedanke etwas anders ausgedrückt: dass es gefährlich für denjenigen wird, der nicht auf das Leben reagiert.

Sich etwas (einen Brief o. Ä.) nicht hinter den Spiegel stecken

umgangssprachlich: *eine Grobheit, eine Kritik oder einen Tadel, die in einem Schreiben geäußert wurden, mit Beschämung aufneh-*

men: Eine frühere Gewohnheit war es, Glückwunschkarten oder -briefe, Einladungskarten, Grußkarten, überhaupt angenehme Post mit einem Ende hinter den Spiegel zu stecken, um sie vor Augen zu haben und sich daran zu erfreuen. Erhielt man unangenehme Nachrichten, dann steckte man sie nicht hinter den Spiegel, um nicht ständig daran erinnert zu werden. Seltener wurde die Präposition »an« gebraucht: »etwas nicht an den Spiegel stecken«, d. h. in die zwischen Rahmen und Glas befindliche Fuge.

Spiegelfechterei betreiben

etwas vortäuschen, bei etwas Ausflüchte machen, schwindeln: Man denkt heute bei dem substantivierten Infinitiv »Spiegelfechten« (16. Jh.) meist an Fechtübungen vor dem Spiegel zu Schau-, Übungs- oder Lehrzwecken, also an ein Scheingefecht. Dieser Scheinkampf konnte auch ohne Spiegel z. B. auf öffentlichen Plätzen stattfinden. Das Erwecken eines falschen Scheins ganz allgemein bezeichnete man dann in der Folge als »Spiegelfechten«. Grimm (»Deutsches Wörterbuch«) erwähnt auch den spiegelnden Glanz des rasch in der Luft herumgeschwungenen Schwertes, hält aber doch die obige Erklärung für die bessere. Das Wort »Spiegelfechterei« ist erst eine neuere Bildung (18. Jh.).

Den Spieß umkehren

Vergleiche »umkehren«.

Spießruten laufen

bei einem Gang durch Zuschauerreihen, an Leuten vorbei kritisch-spöttisch beobachtet werden, sich bloßgestellt sehen und sich dadurch peinlich berührt fühlen; von anderen durchgehechelt werden: Das Bestimmungswort von »Spießrute« gehört zu »Spieß« in der Bedeutung »Splitter, Span«. Die Zusammensetzung bedeutet also eigentlich »spitze Rute« und ist Ende des 16. Jh.s zuerst belegt. Das Wort ist als soldatisches Strafwerkzeug bekannt geworden. Das Spießrutenlaufen (17. Jh.) des straffällig gewordenen Soldaten bestand darin, dass der Übeltäter zwischen zwei Reihen seiner Kameraden langsam hindurchgehen musste. Diese waren gehalten, mit Spießruten auf ihn einzuschlagen oder einzustechen.

Jemandem spinnefeind sein

umgangssprachlich: *mit jemanden sehr verfeindet sein, sich mit jemandem sehr verfeinden:* Der Wortbildung liegt die Beobachtung zugrunde, dass bestimmte Spinnen zum Kannibalismus neigen.

Spiritus Rector von etwas sein

bildungssprachlich: *die treibende Kraft bei einer Unternehmung sein:* lateinisch »spiritus« = Geist, Seele; »rector« = Lenker, Leiter. Wörtlich: der Geist als Lenker.

Mein lieber Spitz

umgangssprachlich: *lieber Freund,* in der Anrede Ausdruck der Verwunderung, der Mahnung oder auch der Drohung: Warum die Hunderasse »Spitz«, die nach ihrer spitzen Schnauze und ihren spitzen Ohren benannt wird, als Anrede gebraucht wird, ist ungeklärt. Literarisch spielte der Spitz (wie der Mops, vergleiche »Mops/Möpse«) eine gewisse Rolle. Alte Redensarten: »sich amüsieren wie ein Spitz im Tischkasten, im Theegarten, im Rosengarten«; »mir war zu Muthe wie einem geflügelten Spitz« u. a. Vergleiche die Anreden »mein lieber Freund und Kupferstecher« (siehe »Kupferstecher«), »mein lieber Schwan« (siehe »Schwan«) und »mein lieber Scholli« (siehe »Scholli«).

Etwas spitzbekommen, -kriegen

umgangssprachlich: *etwas bemerken, herausbekommen:* Die Redensart stammt vermutlich aus dem Niederdeutschen. Die Vorstellung, die dahintersteht, ist wohl die, dass man etwas spitz machen, zuspitzen müsse, um leichter durch etwas hindurchdringen zu können. Die Übertragung richtet sich dann auf das geistige Wahrnehmen, Erfassen von etwas.

Jemandem die Spitze bieten

sich jemandem widersetzen, jemandem beherzt entgegentreten: Zugrunde liegt die Degenspitze: jemandem die Degenspitze entgegenhalten (so noch ganz konkret im 17. Jh. als Herausforderung zum Duell). Die Übertragung folgt noch im 17. Jh.; **einer Sache die**

Spitze abbrechen/nehmen *(ihr das Verletzende, Gefährliche nehmen):* Auch hier liegt die Vorstellung des stechenden Endes einer Waffe zugrunde; **etwas auf die Spitze treiben** *(bis zum Äußersten gehen):* eigentlich etwas so weit treiben, bis die Degenspitze erreicht ist (der Degen entscheiden muss); **auf Spitze und Knopf stehen** *(kurz vor der Entscheidung, auf Messers Schneide stehen):* Wieder ist »Spitze« hier die Schwertspitze, »Knopf« = (Schwert)-knauf, das Hauptteil des Griffes. Gemeint sind also die Schwertspitze, mit der man angriff, und der Knauf, mit dem man abwehrte, d. h., die Entscheidung ist jetzt nur noch im Kampf möglich.

Einen Spleen haben

Überspanntheit auf einem bestimmten Gebiet zeigen; eine fixe Idee, Marotte, Schrulle, einen Tick haben: Dem englischen Wort »spleen« liegt lateinisch-griechisch »splen« = Milz zugrunde. Man glaubte, dass Missstimmungen, üble Launen, Melancholie und Hypochondrie durch eine Erkrankung der Milz hervorgerufen würden, und dies schon bei den antiken Ärzten. Grimm (»Deutsches Wörterbuch«): »Dies Wort scheint im 18. Jahrh. durch die reisenden Engländer auf dem Continent in Aufnahme gekommen zu sein.« Es bezog sich bei uns in Deutschland auch ursprünglich auf merkwürdig anmutende Eigenarten der Engländer.

Den Splitter im fremden Auge/im Auge des Nächsten, aber den Balken im eigenen nicht sehen

kleine Mängel bei anderen scharf kritisieren, aber die eigenen größeren nicht erkennen oder nicht wahrhaben wollen: In Matth. 7, 3 sagt Jesus: »Was siehest du aber den Splitter in deines Bruders Auge, und wirst nicht gewahr des Balkens in deinem Auge?« Daher kommt auch der veraltende Ausdruck »Splitterrichter«, als dessen Schöpfer Luther gilt. Er ist wohl aus der verbalen Fügung »Splitter richten« entstanden, die heute nicht mehr gebräuchlich ist.

Die Bibelstelle ist von vielen europäischen Sprachen übernommen worden, z. B. englisch »not to see the beam in one's own eye« oder ausführlicher: »you see the splinter in your brother's eye, but not the beam in your own«; im Französischen ist es statt des Splitters der Strohhalm: französisch »voir une paille dans l'oeil de son prochain, et ne pas voir une poutre dans le sien«; niederländisch »de splinter in een anders oog wel zien, maar niet de balk in zijn eigen«; italienisch »vedere il fuscello nell' occhio altrui e non vedere la trave nel proprio«.

Sich seine/die ersten Sporen verdienen

erste Erfolge, erste Anerkennung erringen: Sporen zum Antreiben des Pferdes sind schon in der Antike bekannt. Im Mittelalter gehörten sie zur Ausrüstung des berittenen Kriegers. Goldene Sporen waren Zeichen der Ritterwürde, die sich der Ritter verdiente, wenn er den Stand des Knappen verließ und durch Schwertleite oder Ritterschlag zum Ritter gekürt wurde mit all dessen Rechten und Pflichten. So wird die Wendung vermutlich zunächst mit dem Adjektiv »golden« gebildet worden sein: »sich die goldenen Sporen verdienen« = die Ritterwürde erwerben, d. h., eine höhere gesellschaftliche Position einnehmen als zuvor.

Spornen: Gestiefelt und gespornt

Vergleiche »gestiefelt«.

Zum Spott/Gespött der Leute werden

sich lächerlich machen und deshalb verspottet werden: In Psalm 22 werden die Leiden des Gerechten beschrieben: In 22, 7 beklagt sich der von Gott verlassen Fühlende: »Ich aber bin ein Wurm und kein Mensch, ein Spott der Leute und Verachtung des Volks.« Der Spottende aber sitzt auf der Bank der Spötter: Psalm 1, 1 preist die Seligkeit der Frommen: »Wohl dem, der nicht wandelt im Rat der Gottlosen, noch tritt auf den Weg der Sünder, noch sitzt, da die Spötter sitzen.« Die »Bank« kommt später hinzu. Der **Spottvogel** *(jemand, der sich gern über andere lustig macht)* hat jedoch nichts mit der Bibel zu tun. Das im 15. Jh. zuerst bezeugte Wort geht auf die Beobachtung zurück, dass es manche Vögel gibt, die den Gesang anderer nachahmen (z. B. der Häher oder die Grasmücke) und diese dadurch zu verspotten scheinen.

In sieben Sprachen schweigen

gehoben scherzhaft: *schweigsam sein, sich überhaupt nicht äußern, obwohl man das in mehreren Sprachen tun könnte:* Die Redensart geht auf den deutschen klassischen Philologen und Altertumswissenschaftler Friedrich August Wolf (1759–1824) zurück, der dies von seinem schweigsamen Schüler sagte, dem sprachenkundigen Philologen August Immanuel Bekker (1785–1871).

Wie die Spreu im Wind

plötzlich, schnell weg, verschwunden, ohne eine Spur zu hinterlassen: Ähnliche Wendungen tauchen häufig in der Bibel auf. Hiob (21, 17–18): »Wie oft geschieht's denn ..., dass sie (= die Gottlosen) werden wie Stoppeln vor dem Winde und wie Spreu, die der Sturmwind wegführet?«, oder Psalm 1, 4: »Aber so sind die Gottlosen nicht, sondern wie Spreu, die der Wind verstreuet«; Jesaja 29, 5: »die Menge der Tyrannen (soll werden) wie wehende Spreu«; Hosea 13, 3: »wie die Spreu, die von der Tenne verweht wird«; **die Spreu vom Weizen trennen/sondern** *(Wertloses, Unbrauchbares vom Wertvollen, Brauchbaren trennen):* In Matth. 3, 12 spricht Johannes der Täufer, der Vorläufer Jesu, von dem, der nach ihm kommen wird: »Er hat seine Worfschaufel in der Hand; er wird seine Tenne fegen und den Weizen in seine Scheune sammeln, aber die Spreu wird er verbrennen mit ewigem Feuer.« Johannes meint hier die Frommen und die Gottlosen, die Guten und die Bösen. Dieser religiöse Aspekt ist heute »säkularisiert«.

Etwas springen lassen

umgangssprachlich: *etwas spendieren:* Früher war es üblich, beim Bezahlen die Münzen auf einem Tisch oder einer Platte aufspringen zu lassen, um zu zeigen, dass sie echt seien. Wer sie springen ließ und die damit gekauften Dinge spendierte, war freigiebig.

Jemanden über die Klinge springen lassen

Vergleiche »Klinge«.

(Nicht) über seinen Schatten springen (können)

Vergleiche »Schatten«.

Der springende Punkt

Vergleiche »Punkt«.

Hinter/auf jemandes Sprünge kommen

umgangssprachlich: *seine List, seine Tricks durchschauen:* vermutlich aus der Jägersprache in bildlicher Verwendung übernommen, in der »Sprung« so viel wie »Spur, Fährte eines Wildes« bedeutete.

Mit etwas (viel) Staat machen

umgangssprachlich: *besonderen Aufwand treiben,* häufiger verneint: **mit etwas oder jemandem nicht viel/keinen (großen) Staat machen können** (umgangssprachlich: *nicht beeindrucken, imponieren können*): Hier liegt eine von der üblichen abweichende umgangssprachliche Bedeutung von »Staat« vor, nämlich »Aufwand, Lebensführung, Haushaltung« (spätmittelhochdeutsch »stat« = Lebensweise, Stand, Zustand). Dem seit dem 15. Jh. bezeugten Substantiv liegt das (mittel)lateinische »status« zugrunde. Dazu gehört auch sich **in Staat werfen** (umgangssprachlich: *den besten Anzug, das beste Kleid anziehen*).

Eine Staatsaktion aus etwas machen

Vergleiche »Haupt- und Staatsaktion«.

Den Stab über jemanden/etwas brechen

verurteilen, verdammen: Hier liegt ein alter Rechtsbrauch zugrunde. Der Stab war Symbol der Herrschaft und der richterlichen Gewalt, der sich vermutlich aus dem Hirtenstab entwickelte (vergleiche »Bischofsstab« (Krummstab), »Herrscherstab« (Zepter), »Marschallstab«). Der mittelalterliche Richter saß mit einem Stab zu Gericht. Grimm (»Deutsches Wörterbuch«): »Ein Brauch, der sich bis nahe an die Gegenwart gehalten hat, ist das Brechen des Stabes bei Todesurteilen. Es wird, ursprünglich über dem Haupte des Verurteilten, ein (weißer) Stab gebrochen und ihm vor die Füße geworfen ... Die Belege für diesen Brauch reichen nicht über das 16. Jh. zurück.« Die übertragene Verwendung ist ab dem 18. Jh. üblich.

Wider/gegen den Stachel löcken

gehoben: *sich zur Wehr setzen, aufbegehren:* »Löcken« (Luther: »lecken«) ist ein Verb, das es außerhalb dieser Redewendung nicht mehr gibt. Es bedeutet »mit den Füßen ausschlagen, hüpfen« (frohlocken heißt eigentlich »vor Freude hüpfen«). »Stachel« (mittelhochdeutsch »stachel«, spätalthochdeutsch »stachil«) ist ein Stock mit Eisenspitze, der zum Viehtreiben benutzt wurde. Die Wendung bezog sich ursprünglich auf den Zugochsen, der ausschlug, wenn ihn der Treiber allzu sehr mit dem Stachel antrieb. Sie wurde allgemein gebräuchlich, weil Luther sie in seiner Bibelübersetzung verwendete: In der Verhandlung vor dem jüdischen König Agrippa (Apg. 26) berichtet der Apostel Paulus von seiner Bekehrung zu Christus vor Damaskus. Er habe eine Stimme gehört, die auf hebräisch sagte: »Saul, Saul, was verfolgest du mich? Es wird dir schwer sein, wider den Stachel zu löcken.« Jesus (seine Stimme war es) meinte damit, dass es Saulus schwerfallen würde, sich gegen die bessere Einsicht, den besseren Glauben zu wehren, dass diese sein beständiger Stachel sein würden. Seit dem 17. Jh. wurde in den Bibelausgaben »löcken« gedruckt, um es von »lecken« (mit der Zunge) zu unterscheiden; **ein Stachel im Fleisch,** seltener für: **ein Pfahl im Fleisch:** vergleiche »Pfahl«.

Vom Stamme Nimm sein

umgangssprachlich scherzhaft, aber abschätzig: *von einer Person, die gerne einnimmt, hab- und raffgierig ist:* In 4. Mose (Numeri) 13 wird erzählt, dass Moses zwölf Kundschafter in das Land Kanaan schickte, »aus jeglichem Stamm ihrer Väter einen vornehmen Mann«. Sicher hat die monotone Aufzählung der Stammeszugehörigkeit dieser Männer (13, 4–15), beginnend mit »Sammua, der Sohn Sakkurs, des Stamms (vom Stamme) Ruben« und endend mit »Guel, der Sohn Machis, des Stamms (vom Stamme) Gad«, zu der Wendung beigetragen.

Eine Standpauke halten

umgangssprachlich: *eine kurze, kräftige, ins Gewissen dringende Strafpredigt, Rede, Ansprache halten, um etwas zu rügen, anzuprangern:* In der Sprache der Studenten vergröbert aus der heute kaum mehr gebräuchlichen »Standrede«; dies, weil beide Partner während des Vorgangs zu stehen pflegten. »Pauke« bedeutete eine (sozusagen von dröhnenden Paukenschlägen begleitete) Strafrede.

Jemandem die Stange halten

umgangssprachlich: 1. *jemanden in Schutz nehmen, verteidigen:* nach einem mittelalterlichen Brauch, bei dem in gerichtlichen Zweikämpfen der Kampfaufseher (Grieswart) den Unterliegenden durch Davorhalten einer Stange schützen konnte; 2. *es jemandem gleichtun, es mit jemandem aufnehmen, jemandem gewachsen sein:* Diese Bedeutung geht ebenfalls vom Bild des Kampfes aus. Die Landsknechte der ersten Glieder hielten die (Spieß)stangen gegen den Gegner und konnten es dadurch mit ihm aufnehmen; **bei der Stange bleiben** (umgangssprachlich: *nicht aufgeben, gestellten Anforderungen gleichbleibend nachkommen*): vermutlich auch vom Kampf mit Spießen, bei dem man, um den Angriff des Gegners zu parieren, mit der eigenen (Spieß)stange möglichst nahe an dem Spieß des Gegners blieb. Wenig wahrscheinlich ist der Hinweis auf die Deichselstange, bei der das Zugpferd zu bleiben hat. Eine dritte Erklärung deutet »Stange« als Fahnenstange, als Feldzeichen der kämpfenden Landsknechte, bei der man sich immer wieder sammelte. So zu erklären wäre dann auch die Wendung **jemanden bei der Stange halten** (umgangssprachlich: *jemanden dazu bringen, nicht aufzugeben*).

Stante pede

bildungssprachlich: *sofort, ohne zu zögern:* Die lateinische Fügung (»stare« = stehen, »pes« – Ablativ: »pede« = Fuß) heißt wörtlich »stehenden Fußes« (das auch im Deutschen fest geworden ist), d. h., ohne dass man durch Weggehen Zeit verliert. Sie ist kein klassisches Latein; die deutsche Übertragung erfolgte kaum vor dem 18. Jahrhundert.

Jemandem den Star stechen

umgangssprachlich: *jemandem warnend die wahren, negativen Folgen seiner Handlungsweise vor Augen stellen, ihn für etwas heftig tadeln:* Diese im 17. Jh. aufkommende Redensart ist die bildliche Übertragung einer früher üblichen Augenoperation. »Starblind« (mittelhochdeutsch »starblint«, althochdteutsch »staraplint«) bedeutete »(mit offenen Augen) starrend blind«, nach dem für den Betrachter sich bietenden Krankheitsbild. »Star« (auch: »Starr«, 16. Jh.) hieß die getrübte Linse, die man für ein Häutchen hielt; »stechen« = die Linse mit der Starnadel in den Glaskörper hinabdrücken, ein hygienisch äußerst bedenkliches Verfahren der damaligen »Okulisten«.

Keine bleibende Statt haben

gehoben: *heimatlos sein:* Dieses Bibelwort (Ebr. 13, 14) ist in der Schreibung »Statt« (= Stätte, Platz, Stelle) geläufig. Im Urtext ist aber die »Stadt« gemeint (griechisch »polis«, lateinisch »civitas«), und so schreiben es auch die Bibeln von heute. Im Frühmittelhochdeutschen konnte »stat« beides bedeuten (bis Ende des 17. Jh.s). Die Trennung in der Schreibung setzte schon Anfang des 16. Jh.s ein, weil man das Bedürfnis nach einer Unterscheidung empfand.

Den Staub von seinen/den Füßen schütteln

gehoben scherzhaft: *einen (ungeliebten, unsympathischen) Ort verlassen, weggehen, weiterziehen:* Auch diese Redensart ist biblischen Ursprungs. In Matth. 10, 14 schickt Jesus seine zwölf Apostel aus und gibt ihnen Anweisungen, wie sie sich verhalten sollen: »Und wo euch jemand nicht annehmen wird, noch eure Rede hören, so gehet heraus von demselben Hause oder Stadt, und schüttelt den Staub von euren Füßen.« Davon abgesehen, dass Staub immer als etwas Unsauberes betrachtet wird, galt den damaligen Juden jeder Staub außer dem des Gelobten Landes als unrein. Daran wird Jesus gedacht haben. Beliebt sind auch »Staub« und »Staub (Erde) und Asche« als Symbol für alles Vergängliche: »Es fähret alles an einen Ort; es ist alles von Staub gemacht, und wird wieder zu Staub« (Prediger Salomo 3, 20). Luther ersetzte in 1. Mose 3, 19 »Staub« durch

»Erde«, weil er in 1. Mose 2, 7 von dem »Erdenkloß« gesprochen hatte, aus dem Gott den Menschen machte.

Stechen

Jemanden sticht der Hafer

Vergleiche »Hafer«.

Wie von der Tarantel gestochen

Vergleiche »Tarantel«.

Es jemandem stecken

umgangssprachlich: *jemandem deutlich, unverblümt die Meinung sagen, jemanden tadeln:* entwickelt aus der Bedeutung »jemandem etwas zur Kenntnis bringen, hinterbringen, heimlich, andeutungsweise zu verstehen geben«, z. B.: »Ich muss es noch meinen Eltern (irgendwie) stecken, dass ich Schulden gemacht habe.« Diese noch heute gängige Bedeutung vergröberte sich bei der vorliegenden Wendung ins ausschließlich Negative: jemandem etwas kundtun, was ihm missfallen, unangenehm sein wird. Andere meinen, dass die Redensart ihren Ursprung in dem Pflock habe, den man jemandem in den Weg steckte. Sie verweisen auf die alte Wendung »jemandem etwas in den Weg stecken« = jemandem Hindernisse in den Weg legen.

Sich etwas an den Hut stecken können

meist in der Form: Das kannst du dir an den Hut stecken!; umgangssprachlich: *das kannst du behalten, für mich ist das wertlos:* An den Hut steckt man sich im Allgemeinen keine kostbaren Dinge, sondern weniger wertvolle wie eine Feder, eine Blume, ein buntes Band oder dergleichen.

Den Kopf in den Sand stecken

Vergleiche »Kopf«.

Sich etwas (nicht) hinter den Spiegel stecken

Vergleiche »Spiegel«.

Ein Steckenpferd haben/reiten

einer außerberuflichen Lieblingsbeschäftigung nachgehen, sich einer Liebhaberei widmen: Das Steckenpferd als Kinderspielzeug erscheint im 17. Jh. anfänglich als bloßer Stecken, dann mit einem Pferdekopf an einem Ende und den Pferdevorderbeinen ausgestattet. Im 18. Jh. folgt die Übertragung, beeinflusst durch den Roman »Tristram Shandy« des englischen Schriftstellers Laurence Sterne. Englisch »to ride a hobby-horse« war das Vorbild für die Wendung.

Aus dem Stegreif

ohne Vorlage, unvorbereitet, improvisiert: »Stegreif« (mittelhochdeutsch »stegereif«, althochdeutsch »stegareif«) ist eine bis ins 18. Jh. gebrauchte Bezeichnung für unseren heutigen »Steigbügel«. Das Bestimmungswort »Steg-« gehört zu althochdeutsch »stegon«, mittelhochdeutsch »stegen« = aufsteigen; das Grundwort »-reif« (mittelhochdeutsch »reif«) bedeutete ursprünglich im Althochdeutschen »Seil, Strick«. Der Stegreif war also anfänglich eine Schlinge am Sattel für den Fuß zum leichteren Hinaufsteigen auf das Pferd. Die alte Verbindung mit »im« (im Stegreif) verdeutlicht noch besser, was gemeint ist: während der Fuß noch im Stegreif ist, also: ohne vom Pferd zu steigen.

Stehen

In der Kreide stehen

Vergleiche »Kreide«.

Unter dem Pantoffel stehen

Vergleiche »Pantoffel«.

Am Pranger stehen

Vergleiche »Pranger«.

Schmiere stehen

Vergleiche »Schmiere«.

Auf Spitze und Knopf stehen

Vergleiche »Spitze«.

Stein

Ein Stein des Anstoßes *(Ursache eines Ärgernisses):* ein Bild der Bibel, heute in dieser Form gebräuchlich. Luther verdeutschte Jes. 8, 14: »Stein des Anstoßens und ein Fels des Ärgernisses«, ebenso 1. Petr. 2, 8.

An anderer Stelle gebraucht er »Stein des Anlaufens« (Röm. 9, 32/33). Mit ihm ist Jesus gemeint in Bezug auf die Juden, die nicht an ihn glauben; **Stein der Weisen** *(die Lösung aller Probleme, Schwierigkeiten, Rätsel):* Seit der Spätantike und durch arabische Vermittlung bis zum Mittelalter (Paracelsus!) glaubte man, dass eine winzige Menge dieser Materie (mittellateinisch »materia prima«) alles unedle Metall in Gold und Silber verwandeln und allgemein alle von den Alchimisten erträumten Wunder tun könne.

Das Verwandlungsmittel stellte man sich in Form und Härte eines Steines vor. Die Alchimisten bezeichneten ihn als »lapis philosophorum«, als »Philosophenstein«, woraus man ersieht, dass sie sich zu den Philosophen zählten. Aber schon Goethe hatte seine Zweifel: »Wenn sie den Stein der Weisen hätten, der Weise mangelte dem Stein« (Faust); **da bleibt kein Stein auf dem anderen** *(etwas wird völlig zerstört):* In Matth. 24, 2 sagt Jesus die Zerstörung des Jerusalemer Tempels voraus. Zu seinen Jüngern, die ihn auf den Tempel hinweisen, sagt er: »Wahrlich, ich sage euch: Es wird hier nicht ein Stein auf dem andern bleiben.« In Lukas 19, 41 ff. weint Jesus über Jerusalem: »Und werden dich schleifen und keinen Stein auf dem anderen lassen …«; **den ersten Stein (auf jemanden) werfen** *(als erster Anklage gegen jemanden erheben):* In Joh. 8, 1–11 wird berichtet, wie die Schriftgelehrten und Pharisäer eine ertappte Ehebrecherin zu Jesus bringen und ihn fragen: »Was sagest du?« Sie wollen Jesus prüfen, ob er sich an das Gesetz von Moses halte, der geboten hatte, eine Ehebrecherin zu steinigen. Da anwortet Jesus mit den berühmt gewordenen Worten: »Wer unter euch ohne Sünde ist, der werfe den ersten Stein auf sie.«

Als sich die Schriftgelehrten aufgrund ihres schlechten Gewissens ohne Verdammungsurteil betreten davonschleichen, spricht Jesus zu der Frau: »So verdamme ich dich auch nicht; gehe hin und sündige hinfort nicht mehr!« Die Strafe der Steinigung war früher weitverbreitet, rechtlich geordnet oder als Lynchjustiz (im Alten Orient,

in Antike und Mittelalter). Für die Israeliten war sie in einem geordneten Verfahren die Todesstrafe schlechthin.
Zur Steinigung in der Bibel vergleiche noch 2. Mose 8, 22; 2. Mose 17, 4; 5. Mose 13, 11; Matth. 21, 35 und 23, 37; Joh. 10, 31; die Steinigung des Stephanus Apg. 7, 56 und 14, 19.
(Wenn Menschen schweigen) werden die Steine schreien (bildungssprachlich: *die Wahrheit wird auf jeden Fall ans Tageslicht kommen):* In Lukas 19, 40 antwortet Jesus beim Einzug in Jerusalem den Pharisäern, die von ihm fordern, dass er seinen Jüngern ihren lauten Jubel verbiete (wegen der Römer!): »Wo diese werden schweigen, so werden die Steine schreien« (Vulgata: »lapides clamabunt«); **bei jemandem einen Stein im Brett haben** (umgangssprachlich: *bei jemandem gut angeschrieben sein, jemandem sehr sympathisch sein):* Die im 16. Jh. aufgekommene Redensart bezieht sich auf eine Figur in einem Brettspiel. »Stein« heißt die Figur, weil sie früher aus Stein, Kristall oder einem ähnlichen harten Stoff hergestellt wurde. Die alte Bezeichnung wurde dann auch bei Figuren aus Holz o. a. bewahrt. »Einen guten oder großen Stein in jemandes Brett haben« bedeutete »so wichtig für den Spieler sein wie der große Stein in seinem Brettspiel«, einen (wichtigen) Gönner haben. »Ich hab den besten Stein in meiner Liebsten Brett«, dichtete Christian Hofmann von Hofmannswaldau im 17. Jh. Von dieser Bedeutung war es dann nur ein kleiner Schritt zur heutigen (auch wenn jetzt das attributive Adjektiv – gut, groß, beste – fehlt). Wer ein solcher Stein unter jemandes Spielfiguren ist, kann mit Beliebtheit und Sympathie rechnen; **Stein und Bein frieren** bedeutete ursprünglich »so kalt sein, dass selbst Steine (= Totes) und Bein (= Knochen, Lebendiges) frieren«. Die reimende Zwillingsformel diente dann in übertragenen Wendungen als bloße Verstärkung: **Stein und Bein schwören** (zuerst im 16. Jh. bei Hans Sachs). Andere erklären die letztere Redensart damit, dass der Eidleistende beim Sprechen des Eides die steinerne Altarplatte oder/und eine die Gebeine eines Heiligen enthaltende Reliquie berühren musste.

Stellen

Sein Licht (nicht) unter den Scheffel stellen

Vergleiche »Licht«.

Sich in Positur stellen

Vergleiche »Positur«.

Jemanden an den Pranger stellen

Vergleiche »Pranger«.

Jemanden in den Senkel stellen

Vergleiche »Senkel«.

Stellung

Die Redensarten **die Stellung halten** (umgangssprachlich scherzhaft: *als Letzter irgendwo bleiben*), **Stellung nehmen/beziehen** *(seine Meinung äußern),* **etwas in Stellung bringen** *(für einen Einsatz aufstellen)* stammen ursprünglich aus dem militärischen Bereich. »Stellung« ist ein befestigter, der Verteidigung dienender Platz.

Stempeln gehen

umgangssprachlich: *Arbeitslosenunterstützung erhalten, arbeitslos sein:* Die Wendung geht darauf zurück, dass früher bei Auszahlung des Arbeitslosengeldes zur Kontrolle das Datum in die Papiere des Arbeitsuchenden gestempelt wurde.

Kein/nicht ein Sterbenswort/Sterbenswörtchen sagen

umgangssprachlich: *gar nichts sagen:* ursprünglich (17. Jh.) = Wort eines Sterbenden, dann so viel wie »leises, verlöschendes Wort«. Heute ist die Redensart nur noch verneint üblich. Voraus ging eine Partizipialform »sterbendes Wort«, die die Zusammensetzung »Sterbenswort« vorbereitete. Die Basis »Wort« wurde variiert, z. B. Sterbenslaut, Sterbenssilbe. Auch in den Dialekten ist die Wendung allgemein üblich geworden, wobei die Süddeutschen statt »Sterbenswörtchen« »Sterbenswörtlein« sagen.

Stern

Uralt ist der Versuch des Menschen, sein Schicksal mit den Sternen, ihrem Lauf, ihrer Stellung und ihrer Einwirkung zu verbinden. Wie die Menschen der vorgeschichtlichen Zeit die Gestirne in ihr Leben einbezogen, ist nicht bekannt. Die ältesten geschichtlichen Überlieferungen stammen aus einer der Quellen der europäischen Kultur, aus Mesopotamien, und sind über 4000 Jahre alt.

Verständlich, dass sich ein den Menschen in dieser Weise beeinflussender Glaube auch sprachlich niedergeschlagen hat und Bilder und Vergleiche, die sich auf die Sterne beziehen, sich in allen Literatursprachen finden. Grimm (»Deutsches Wörterbuch«) erörtert ausführlich die Geschichte des Wortes »Stern«; sein Kapitel 5 behandelt den Stern in der Astrologie, und er schreibt dazu: »Der Glaube an Vorbedeutung und Macht der Gestirne ist dem allgemeinen Bewusstsein geschwunden, nur die Sprache, namentlich die poetisch-gelehrte, bekennt sich noch zu ihm. Der folgende Querschnitt zeigt jedoch, wie sehr die einst lebendige Vorstellungswelt bereits verblasst ist und ›Stern‹ mehr und mehr zum abstrakten Begriff ›Schicksal, Glück‹ wird.«

Weitverbreitet war die Vorstellung, dass das Geschick eines jeden Menschen durch einen bestimmten Stern beeinflusst wird, der bei der Geburt aufgeht und beim Tod erlischt: **unter einem guten/glücklichen/günstigen Stern geboren sein** *(Glück im Leben haben);* **unter einem schlechten/ungünstigen Stern stehen** *(keine Aussicht auf ein Gelingen, einen Erfolg haben);* wenn der Stern den Menschen vor Schaden und Unglück bewahrt hat, ist es **ein guter Stern** *(ein Glücksstern);* **jemandes Stern sinkt** *(jemandes Bekanntheit, Beliebtheit, Ruhm, Macht nimmt ab);* **jemandes Stern geht auf** *(jemandes Bekanntheit usw. nimmt zu);* Heinrich Heine klagt in dem Gedicht »Jetzt wohin?«:

> Traurig schau ich in die Höh
> wo viel Tausend Sterne nicken,
> aber meinen eignen Stern
> kann ich nirgends dort erblicken.

Den Glauben an die Sterndeutung spiegelt die Redensart **in den Sternen (geschrieben) stehen** *(ganz ungewiss sein);* in Schillers »Wallensteins Tod« sagt Terzky vorwurfsvoll zu dem sternengläubigen Wallenstein: »Hätt man mir geglaubt! Da siehst du's, wie die Sterne dir gelogen!« Aber Wallenstein antwortet ihm: **»Die Sterne lügen nicht.«** Dass dies nicht immer der Wahrheit entspricht, zeigt die Prophezeiung des Pfarrers Eelko Alta, die besagte, dass am 8. Mai 1774 die Erde untergehen würde, weil die Planeten Merkur, Venus, Mars und Jupiter gleichzeitig im Sonnenzeichen des Widders stünden. Unmögliches, Unerreichbares symbolisieren die weit entfernten Sterne: **jemandem versprechen, für ihn die Sterne vom Himmel zu holen** *(alles für ihn zu tun);* **die Sterne vom Himmel holen wollen/nach den Sternen greifen** *(versuchen, Unerreichbares zu erreichen);* die Wendung **Sterne sehen** hat nichts mit Astrologie zu tun: Man sieht sternförmige, sprühende Funken, wenn man einen heftigen, betäubenden Schlag auf den Kopf bekommt.

Stich halten

durch Gegenargumente nicht zu entkräften sein, sich als richtig, korrekt erweisen: Die Wendung tritt seit dem 16. Jh. auf, ursprünglich mit Artikel (»den Stich halten«). Wohl nach der früheren Kampfweise, bei der der Schild die Stiche des Gegners aushalten, abfangen musste; **einen Stich haben** (umgangssprachlich: *nicht recht gescheit, verrückt sein*): Hier hat die Vorstellung eingewirkt, dass ein Stich mit vergifteter Waffe oder mit giftigem Tierstachel die Geistesgestörtheit ausgelöst hat; auch der Sonnenstich, der stechende Strahl der Sonne, könnte vorgeschwebt haben. Ebenfalls pejorativen (abwertenden, negativen) Sinn hat die Bedeutung »zu verderben anfangen« (von Getränken und Speisen): »die Milch hat einen Stich«; **etwas/jemanden im Stich lassen** *(in Not, Gefahr o. Ä. verlassen, nicht helfen):* Die wahrscheinlichste Erklärung bezieht sich auch hier auf den Kampf mit Stichwaffen: Wenn ein Kämpfer etwa im Massenturnier die Genossen verlässt, werden sie dem Stich des Gegners überlassen.

Stiefel

Seinen (alten) Stiefel weitermachen: (umgangssprachlich: *etwas unentwegt, ununterbrochen unkritisch fortsetzen*): Die Wendung entstand in Fortführung und Erweiterung der alten Redensart »seinen Stiefel gehen«, die der konkreten Bedeutung von »Stiefel« noch näher steht; **einen Stiefel zusammenschreiben/zusammenreden** (umgangssprachlich: *dummes, unsinniges, unkorrektes Zeug schreiben/reden*): Das Schuhmacherhandwerk, das nichts anderes als Stiefel fertigte, galt als geistlos. Abschätzig meint ein altes Sprichwort: Wenn der Schuster von Rom kommt, macht er Schuhe wie zuvor; **einen Stiefel vertragen (können)** (umgangssprachlich: *viel Alkohol vertragen*): Die Redensart spielt auf den Stiefel als Trinkgefäß an (zuerst 16. Jh.), von da übertragen für »eine Menge, sehr viel«: **sich einen Stiefel einbilden.**

Stiefeln: Gestiefelt und gespornt

Vergleiche »gestiefelt«.

Stielaugen machen

umgangssprachlich: *begehrlich,* auch: *verblüfft blicken:* Ausgangspunkt ist das auf Stielen sitzende Auge bestimmter Tiere (Krebse, Schnecken u. a.). Danach heißen auch (krankhaft) hervortretende Augen von Menschen »Stielaugen«.

Die Stirn zu etwas haben

gehoben: *so frech, so unverfroren sein, etwas zu tun:* Vermutlich hatte diese Redensart ursprünglich ein kennzeichnendes Beiwort bei »Stirn«. Man denkt heute meist an die »eherne« Stirn bei Jes. 48, 4: »Denn ich weiß, dass du hart bist, und dein Nacken ist eine eiserne Ader, und deine Stirn ist ehern« (so werden die uneinsichtigen Gottlosen geschildert).

Aber es gibt genügend Belege mit adjektivischen Attributen, aus denen sich die Wendung ergeben haben könnte, z. B. »eine eiserne, kühne, unverschämte (dies seit dem 16. Jh.), schamlose, freche (seit dem 18. Jh.), dreiste, kecke Stirn (haben)«. Seit dem 18. Jh. fehlt mehr und mehr das Adjektiv, und das Substantiv »Stirn« nimmt die Bedeutung »Frechheit, Kühnheit, Unverschämtheit« an (französisch »avoir le front«). Es gibt noch eine andere Erklärung, nämlich dass die betreffende freche Person die Dreistigkeit besitzt, dem anderen das Gesicht, die Stirn zuzukehren, ins Gesicht zu sehen (vergleiche »jemandem ins Gesicht lügen«).

Über Stock und Stein

querfeldein, über alle Hindernisse hinweg: schon mittelhochdeutsch belegt (»vber stoc vnde vber steyn«). Gemeint sind die Baumstümpfe (Wurzelstöcke) und Steine eines noch nicht völlig gerodeten Geländes. Erhalten hat sich die alliterierende Zwillingsformel auch in einem bekannten Kinderlied. Der Text stammt von Karl Hahn (geb. 1772), vertont wurde es von Karl Gottlieb Hering (1766–1853):

Hopp, hopp, hopp,
Pferdchen, lauf Galopp
über Stock und über Steine,
aber brich nicht deine Beine!

Gelegentlich ist die Formel sogar bildlich verwendet worden für Leidenschaften, die durch nichts aufzuhalten sind.

Stolz wie ein Spanier

einen besonders stark ausgeprägten männlichen Stolz erkennen lassend: Der seit dem 18. Jh. gebräuchliche Vergleich geht möglicherweise auf das berühmt gewordene Zitat »Stolz will ich den Spanier« aus Schillers »Don Karlos« (III, 10) zurück – ein Zugeständnis, das Philipp II. an das Unabhängigkeitsbedürfnis des Marquis Posa macht, der sich aus den königlichen Diensten zurückziehen will.

Ein Stoßgebet zum Himmel schicken

in höchster Not und Gefahr ein kurzes Gebet sprechen: Ein Stoßgebet ist ein Gebet, das der in Gefahr Geratene in Angst und Erregung »hervorstößt«.

Strang

Die Redensarten mit »Strang« gehen (wenn sie sich nicht auf das Seil zum Aufhängen eines Menschen beziehen) auf die Seile zurück, mit denen Zugtiere angespannt werden: **wenn alle Stränge/Stricke reißen** (umgangssprachlich: *im äußersten Notfall, wenn es keine andere Möglichkeiten mehr gibt*); **am selben/gleichen Strang ziehen** *(seine Kräfte gemeinsam mit anderen für dieselbe Aufgabe einsetzen);* **über die Stränge schlagen** (umgangssprachlich: *ausgelassen, hemmungslos sein; die Grenzen des Erlaubten, Schicklichen überschreiten*): ursprünglich von Zugpferden, die beim Auskeilen mit den Hinterbeinen über die Stränge geraten. Zuerst im 16. Jh. mit anderen Verben, z. B. »treten«, belegt.

Einen Straußenmagen haben

umgangssprachlich: *alles [Essbare] gut, ohne größere Beschwerden vertragen:* Der Strauß nimmt mit seiner aus Blättern, Früchten und Kleintieren bestehenden Nahrung größere Steine mit auf, um damit im Muskelmagen die Nahrung zu zerkleinern und zu zerreiben. Zudem üben glänzende Dinge eine starke Anziehungskraft auf den Vogel aus, sodass er metallene Gegenstände verschiedenster Art ebenfalls herunterschluckt.

Die Segel streichen

Vergleiche »Segel«.

Jemandem (nicht) in den Streifen passen

umgangssprachlich: *(nicht) in jemandes Pläne passen, jemandem (un)gelegen kommen, (nicht) recht sein:* Die Herkunft dieser Redensart ist nicht geklärt. Vielleicht ist ein Streifen in einem Tuch gemeint, der keine Webfehler aufweisen soll. Das Umgekehrte, die Fügung »ein böser Streif(en) in einem guten Tuch« ist aus dem 16. Jh. überliefert.

Strich

Jemanden auf dem Strich haben (umgangssprachlich: *auf jemanden schlecht zu sprechen sein, jemanden nicht leiden können, jemanden beobachten, um ihm etwas Tadelnswertes nachweisen zu können):* Grimm (»Deutsches Wörterbuch«) kapituliert bei dieser Redensart: »Herkunft der Redensart ist ungeklärt«, sagt er kurz und bündig. Er führt aber verschiedene Autoren an, die Herleitungsversuche gewagt haben. So soll »Strich« die Visierlinie sein, die der Schießende einhalten muss, um genau zu treffen (»das Gewehr hält Strich« bedeutete »seine Geschosse weichen nicht von der geraden [idealen] Geschossbahn ab, das Gewehr streut nicht«). Dann hätte die

Redensart einen militanten Hintergrund und drückte ursprünglich eine Tötungsabsicht aus. Diese liegt auch der Herleitung vom Vogelfang zugrunde: »Strich« ist der Weg, den ein Schwarm Vögel nimmt, aus dem einzelne gefangen oder herausgeschossen werden. Vergleiche die Wendungen »ins Visier nehmen«, »in die Schusslinie geraten« und »aufs Korn nehmen« (für letztere vergleiche »Korn«). Am wahrscheinlichsten ist die folgende Erklärung bei Grimm: »Als allgemeiner Sinn der Redensart darf vielleicht angesehen werden: jem. (oder etwas) auf dem Strich, d. h. auf dem Wege, in der Richtung vor sich haben, beobachten, verfolgen, ihm nachstellen, es auf jem. (etwas) abgesehen haben.« Das würde auch zu der alten Bedeutung von »Strich« passen = Weg, den jemand macht, einschlägt und in diesem Sinne Lauf, Gang, Marsch, Zug und dergleichen. Ähnlich auch die Redensart **auf den Strich gehen** (umgangssprachlich: *der Prostitution auf der Straße nachgehen*): In dieser Bedeutung ist »Strich« schon im 17. Jh. bezeugt. Das Substantiv ist eine Bildung zu dem Verb »streichen« in der alten Bedeutung »umherziehen, -streifen, vagabundieren«. Auch hier spielt der Fang von Vögeln, besonders von Lerchen und Schnepfen, mit dem Streichnetz eine Rolle. Dadurch konnte die Vermutung aufkommen, dass »Strich« eine Verkürzung von »Schnepfenstrich« (Balzflug der Schnepfen) sei, da Dirnen »Schnepfen« genannt wurden. Dies weist Grimm jedoch zurück: »doch dürfte der Übertragungsvorgang sich umgekehrt vollzogen haben und in Anlehnung an ›Schnepfenstrich‹ die Bezeichnung ›Schnepfe‹ für ›Dirne‹ aufgekommen sein.« **Etwas gegen den Strich bürsten** (umgangssprachlich: *etwas in ganz unüblicher Weise, aber schließlich doch richtig machen oder darstellen):* »Strich« ist hier die gleichmäßige Richtung, in der die Oberflächenhaare von Geweben (z. B. Samt) oder Tieren liegen; **gegen/wider den Strich gehen** (umgangssprachlich: *unpassend, zuwider sein*): nach dem Unbehagen, das manche Tiere, z. B. Katzen, äußern, wenn man ihnen gegen den Strich über das Fell fährt; **nach Strich und Faden** (umgangssprachlich: *tüchtig, gründlich*): aus der Fachsprache der Weber: Der »Strich« als Webart und der Faden als Material mussten in Ordnung sein. Die meisten dieser unter »Strich« versammelten Redensarten sind auch in den Mundarten weitverbreitet.

Auf jemanden/etwas große Stücke halten

von jemandem/etwas viel halten, jemanden/etwas sehr schätzen: »Große Stücke« hat seit dem 17. Jh. die allgemeine Bedeutung »viel«. Dies geht von der allgemeinen Bedeutung »Sache, Ding« für »Stück« aus. Weniger wahrscheinlich ist es, »Stück« als »Geldstück« zu deuten und die Redensart als Wetter- oder Spielerwendung aufzufassen.

Stuhl

Jemandem den Stuhl vor die Tür setzen/stellen *(jemanden aus dem Haus weisen, hinauswerfen, jemandem kündigen):* ursprünglich ein Rechtsterminus, seit dem 16. Jh. bezeugt. Dass ein Stuhl vor die Tür gesetzt wird, kommt nicht von ungefähr; der Stuhl war der erhöhte Sitz des Hausherrn, während die übrigen Familienmitglieder und das Gesinde auf Bänken saßen. Er war Symbol von Herrschaft und Eigentumsrecht (vergleiche das Verb »besitzen«). Grimm (»Deutsches Wörterbuch«): »Das gemeingermanische Wort ›Stuhl‹ bedeutet das vornehmste, eigtl. herrschaftliche Sitzgerät, einen Aufbau, der zugleich sinnbildliche Bedeutung hat und den oder die Inhaber einer Gewalt aufnimmt«; **mit etwas (nicht) zu Stuhle kommen** (umgangssprachlich: *mit einer Sache, Beschäftigung [nicht] fertig werden*): Bei diesem »Stuhl« handelt es sich um den »Nachtstuhl« oder »Nachttopf«, reichlich belegt in der medizinischen Fachsprache seit dem 16. Jh. Ursprünglich in negativer Verwendung, bedeutete die Redensart ganz konkret »keinen Stuhlgang haben«, wurde dann aber bald nur übertragen gebraucht. Noch etwas umgangssprachlicher: »(nicht) zu Potte kommen« (vergleiche »Pott«). Positiv gebraucht, klingt die Wendung nicht ganz so derb: »Wir müssen sehen, dass wir mit diesem Projekt endlich zu Stuhle kommen.«

Etwas mit Stumpf und Stiel ausrotten/ausreißen u. a.

völlig, restlos, ganz und gar vernichten: Die alliterierende Zwillingsformel »Stumpf und Stiel« bedeutete ursprünglich bei Baumfällungen den Wurzelstock (Baumstumpf) mitsamt dem Stamm.

Sturm

Ein Sturm im Wasserglas *(große Aufregung um Kleinigkeiten):* Lehnübersetzung der französischen Fügung »un tempête dans un verre d'eau«, die – nach Balzac – von dem französischen Philosophen und Schriftsteller Charles de Secondat, Baron de La Brède et de Montesquieu (bekannt unter dem Namen Montesquieu, 1689–1755) stammt. Montesquieu bezeichnete so belanglose Unruhen in dem Zwergstaat San Marino.

Auch andere europäische Sprachen haben die Fügung übernommen: englisch »a storm in a teacup/teapot« (im Englischen wird aus dem Wasser- ein Teeglas); niederländisch »een storm in een glas water«; dänisch »en storm i et glas vand«; italienisch »una tempesta in un bicchiere d'acqua«. Auch das Russische kennt die Wortgruppe: »burja v stakanje vodi«.

Antiker Vorläufer ist eine Wendung, die Cicero (1. Jh. v. Chr.) als sprichwörtlich gebraucht: »fluctus in simpulo excitare« = viel Lärm um nichts machen, wörtlich: eine Sturmflut in einer Schöpfkelle hervorrufen. Der griechische Schriftsteller Athenaios von Naukratis in Ägypten (um 200 n. Chr.) verfasste ein Sammelwerk »Deipnosophistai« (Gelehrte beim Mahl), in dem der Flötenspieler Dorion den Zitherspieler Timotheus verspottet, der einen Seesturm auf seinem Instrument wiedergeben wollte: Er, Athenaios, habe in einem siedenden Kochtopf schon einen größeren Sturm erlebt.

1930 wurde in Dresden eine Komödie von Bruno Frank, »Sturm im Wasserglas«, uraufgeführt, in der der Stadtrat einer süddeutschen Stadt gegen den Willen der empörten Bevölkerung eine Erhöhung der Hundesteuer durchsetzen will (wozu Frank eine tatsächliche Begebenheit in München das Motiv beschaffte). **Einen Sturm abreiten** (von einem Schiff und seiner Besatzung: *einen Sturm auf See vor Anker liegend überstehen*): eine Wendung der Seemannssprache (niederländisch »afrijden«, englisch »to ride out«). Die heftige Wellenbewegung, der das Schiff ausgesetzt ist, wird mit dem Reiten eines Pferdes verglichen. In der zeitgenössischen Lyrik wird der Sturm als Reiter bzw. als Reittier geschildert.

Die Stützen der Gesellschaft

oft ironisch: *die einflussreichen Persönlichkeiten innerhalb eines Staats oder Gemeinwesens:* Der Ausdruck geht zurück auf das gleichnamige Theaterstück des norwegischen Dramatikers Henrik Ibsen, in dem er mit radikaler Kritik an den gesellschaftlichen Verhältnissen die bis dahin verdeckte Brüchigkeit der Moral und ihren Einfluss auf die zwischenmenschlichen Beziehungen enthüllt. Diejenigen, die in dem Stück wegen ihrer vermeintlichen moralischen Integrität und ihrer zur Schau getragenen Sorge für das Wohlergehen der Gesellschaft als »Stützen der Gesellschaft« gelten, erweisen sich als korrupte Heuchler.

Sub specie aeternitatis

bildungspolitisch: *unter dem Gesichtspunkt* (wörtlich: *unter der Gestalt, Erscheinung) der Ewigkeit:* Diese lateinische Fügung stammt von dem holländisch-jüdischen Philosophen Baruch Spinoza (1632–77). In seinem Werk »Ethica« fordert er die Menschen auf, »sub specie aeternitatis« zu leben, da er als Pantheist Gott und die Natur mit der Ewigkeit gleichsetzt.

Summa summarum

bildungssprachlich: *alles in allem, alles zusammen, insgesamt:* lateinisch, wörtlich: Summe der Summen. Der Ausdruck stammt von dem römischen Komödienschreiber Plautus (um 250–184 v. Chr.). Er gebraucht ihn in seiner Komödie »Truculentus« (= Griesgram, Grobian).

Sich am eigenen Schopf aus dem Sumpf ziehen

sich ohne fremde Hilfe aus einer fast ausweglosen Lage befreien, retten: Die Redewendung bezieht sich auf eine der Geschichten des »Lügenbarons« Münchhausen, in der er mit seinem Pferd in einem Sumpf zu versinken droht, sich dann aber buchstäblich am eigenen Schopf herauszieht.

Die Suppe auslöffeln (müssen, die man sich eingebrockt hat)

umgangssprachlich: *die Folgen des eigenen Tuns, eines selbst verschuldeten Unglücks tragen:* Der Redensart gehen ähnliche Wendungen voraus, die zum Teil wesentlich älter sind (z. B. im 16. Jh. in der zimmerischen Chronik): die Suppe ausfressen, (aus)essen, sich eine Suppe einbrocken u. a. Vielleicht hat ein antikes Vorbild zu dem bildlichen Gebrauch beigetragen: Der römische Komödiendichter Terenz (um 185–159 v. Chr.) sagt in dem Lustspiel »Phormio«: »Tute hoc intristi, tibi omne est exedendum« = du hast das eingebrockt, du musst alles ausessen. Das Verb »einbrocken« deutet auf das Brot hin, das man in die Suppe zu brocken pflegte.

Süßholz raspeln

umgangssprachlich veraltend: besonders vom Mann: *einer Frau in auffälliger, betonter Weise Schmeicheleien sagen:* Aus den süß schmeckenden Wurzeln des staudenartigen Süßholzes (mittelhochdeutsch »süezholz« für lateinisch-griechisch »glycyrrhiza«, das auf verschlungenen Wegen unser »Lakritze« ergeben hat) wurde früher eine Droge, ein schwärzlicher Saft, bereitet. Bei der Herstellung wurden die Wurzeln u. a. geraspelt. Grimm (»Deutsches Wörterbuch«) verweist auf ursprünglich studentischen Gebrauch. Mundartlich ist die Wendung weit verbreitet. Ältere Wendungen (bis ins frühe 17. Jh.) waren »Süßholz in den Mund, ins Maul nehmen« = mit falscher Freundlichkeit reden.

Suum cuique

bildungssprachlich: *jedem das Seine:* Diese zwei lateinischen Wörter drücken in knappster Form den Sinn von Gerechtigkeit aus. Sie spielten in der römischen Auffassung des Rechts eine große bzw. dominierende Rolle: Jedem das Seine zuzuteilen, forderte Cicero in seiner Schrift »De legibus« (»Über die Gesetze«). Für den römischen Juristen Ulpianus (um 170–223) war das »suum cuique tribuere« eine feste Rechtsregel. Friedrich I. von Preußen (1688–1713) wählte die Fügung als Wahlspruch und verwendete sie auf einer Schaumünze. 1701 wurde sie zur Devise des Ordens vom Schwarzen Adler.

Sich zwischen Szylla und Charybdis befinden

Vergleiche »Skylla«.

T *t*

Starker Tabak/(meist:) Tobak sein

umgangssprachlich: *eine starke Zumutung, eine höchst unverblümt geäußerte Meinung, ein direkter Angriff, eine Unverschämtheit sein:* Möglicherweise geht die in der 1. Hälfte des 19. Jh.s aufgekommene Redensart auf einen alten Schwank zurück, in dem der Jäger dem Teufel, der dessen Gewehr für eine Tabaksdose hält, eine Prise Schrot ins Gesicht schießt, worauf der Teufel meint, dass sei aber ein starker Tobak. »Tobak« ist die ältere, seit dem 16. Jh. belegte Form, die sich auch mundartlich erhalten hat.

Tabula rasa machen

bildungssprachlich: *mit etwas reinen Tisch machen, rücksichtslos mit etwas aufräumen, radikal das Alte beseitigen, um für Neues Platz zu schaffen:* Lateinisch »tabula rasa« heißt wörtlich »glatt geschabte (Schreib)tafel«. Die Römer ritzten ihre Schrift mit Griffeln in Wachstäfelchen, die man glatt schaben konnte, wenn man sie erneut benutzen wollte.

Tacheles mit jemandem/miteinander reden

umgangssprachlich: *offen und nachdrücklich mit jemandem reden, jemandem unverblümt Vorhaltungen machen:* Jiddisch »tachless« = Zweck, Ziel, zielbewusstes Handeln ist hebräischen Ursprungs. Die Redensart soll in Journalistenkreisen des 19. Jh.s entstanden sein.

Tadel: Ein Ritter ohne Furcht und Tadel

Vergleiche »Ritter«.

Die Tafel aufheben

gehoben, oft scherzhaft: *eine längere, feierliche Mahlzeit für beendet erklären:* Im Mittelalter wurden die kleinen Esstische von ihren

Holzböcken aufgehoben und weggetragen, wenn die Mahlzeit beendet war. Erst später erhielten die Tische feste Füße. Schon im 16. Jh. ist »den Tisch aufheben« bezeugt.

Acht Tage

eine Woche: Dieser Ausdruck, der der Woche scheinbar einen zusätzlichen Tag zumisst, ist schon im Frühneuhochdeutschen geläufig. Er geht wohl darauf zurück, dass man von einem Wochentag ausgehend den gleichen Tag der folgenden Woche noch mitzählt.

(Viel) Tamtam um etwas machen/ein großes Tamtam veranstalten

umgangssprachlich: *Aufhebens, Wirbel um etwas machen:* »Tamtam« ist ein über das Französische ins Deutsche gelangtes Hindi-Wort, das ein in der ostasiatischen Musik gebräuchliches, mit Klöppel geschlagenes Becken bezeichnet, das aus dünnen Metallspiralen geschmiedet ist. Das Substantiv deutet lautmalend den doppelten Schlag an (Tam-Tam). Das Instrument erzeugt einen metallisch dröhnenden, lang anhaltenden Klang, was zu der Übertragung geführt hat. Es wird seit Ende des 18. Jh.s in Orchestern verwendet. Ursprünglich wurde das Wort als Interjektion gebraucht.

Tantalusqualen erleiden/ausstehen/erdulden

bildungssprachlich: *Qualen erleiden, die durch eine immer wieder erfüllbar scheinende, aber nie erfüllte Begierde verursacht werden:* »Tantalos« (lateinisch »Tantalus«) war ein sagenhafter König in Kleinasien, der wegen des Ausplauderns von Göttergeheimnissen und anderer Missetaten in den Tartarus verbannt wurde, wo er unter Zweigen, die mit köstlichen, aber unerreichbaren Früchten auf ihn herabhingen, bis zum Kinn im Wasser stehen musste, ohne trinken zu können. Die Überlieferung variiert Verbrechen und Strafe.

Tanz auf dem Vulkan

ausgelassenes, unbekümmertes, leichtsinniges Treiben von Herrschenden trotz offensichtlich drohender politischer oder sozialer

Unruhen: 1830 richtete der französische Graf Narcisse Achille Salvandy, französischer Gesandter in Neapel, auf einem Fest zu Ehren des Königs von Neapel in Paris an den Herzog Ludwig Philipp von Orleans vor dem Sturz der bourbonischen Herrschaft die folgenden Worte: »Nous dansons sur un volcan« (Wir tanzen auf einem Vulkan).

Ähnlich drückten sich schon früher Robespierre (1794: »Nous marchons sur des volcans« = Wir gehen auf Vulkanen) und Napoleon (1799: »Vous êtes sur un volcan« = Ihr befindet euch auf einem Vulkan) aus. Das Bild wird dann seit Beginn des 19. Jh.s auch in der deutschen Literatur immer wieder gebraucht. Die Substantivierung »Tanz auf dem Vulkan« der verbalen Fügung »auf einem Vulkan tanzen« wurde durch den gleichnamigen Film von 1938 mit Gustav Gründgens gebräuchlich.

Tanz ums Goldene Kalb

Vergleiche »Kalb«.

Etwas aufs Tapet bringen/aufs Tapet kommen

umgangssprachlich: *ein Thema anschneiden/ansprechen:* lateinisch »tapetum« = Teppich. Der Teppich wurde im Mittelalter (mittellateinisch »tapeta«) meist als Wandbehang, aber auch als Tischdecke verwendet, und hier vorzugsweise in Sitzungszimmern und Beratungsräumen, wo dann eine Angelegenheit aufs Tapet (zur Sprache) gebracht wurde. Die Redensart entstand um 1700, beeinflusst durch die französische Wendung »mettre sur le tapis«. »Tapis« war nicht nur der grüne Tisch, sondern auch das Sitzungszimmer selbst.

Gelegentlich wird »Tapet«, offenbar weil es ein relativ unbekanntes Wort ist, das sich nur in der Redensart erhalten hat, öfter durch »Trapez« ersetzt, sei es aus Scherz, sei es aus Unwissen: »(nicht) aufs Trapez kommen«.

Wie von der Tarantel gestochen

umgangssprachlich: *plötzlich, mit Heftigkeit, (wie) wild:* Der Biss der südeuropäischen, bis 3 cm langen, giftigen Wolfsspinne lähmt Insekten und ruft am menschlichen Körper gelegentlich Entzündungen hervor, ist aber ansonsten harmlos. Schon im Altertum und im Mittelalter stößt dieses Tier auf das Interesse der Menschen. Man glaubte, dass sein Biss eine veitstanzähnliche Krankheit hervorrufe, die durch bis zur Erschöpfung fortgesetztes und von Musik begleitetes Tanzen (daher vielleicht der Tanz Tarantella) geheilt werden könne. »Tarantel« ist seit dem 16. Jh. bei uns bezeugt (die Übertragung seit dem 18. Jh.), von italienisch »tarantella«, Nebenform von »tarantola«, angeblich benannt nach der apulischen Stadt Taranto (Tarent), in deren Umgebung sich die Spinne häufig findet. Das italienische Wort ist die Verkleinerungsform von »taranto«, das aus dem Italienischen geschwunden ist, aber das mittelhochdeutsche »tarant, tarrant, torant« (= Skorpion) hinterlassen hat. Der italienische Tanz »Tarantella« kann möglicherweise nur von dem Namen der Stadt herrühren, von dem er ausging. Weil sich die Tänzer aber »wie von der Tarantel gestochen« bewegten, verband sich im Volksglauben der Name des Tanzes mit dem des Spinnentiers.

Vom Hundertsten ins Tausendste kommen

Vergleiche »Hundertste«.

Abwarten und Tee trinken!

umgangssprachlich: *Nur Geduld!:* Die Herkunft dieser Redensart ist nicht bekannt. Vielleicht ist sie eine Mahnung an Patienten, Kräutertee zu trinken und geduldig auf die Heilung zu warten. Denn, wie es in einer alten morgenländischen Reisebeschreibung heißt: »Dieses Thee sol den Magen und innerliche Glieder messig wärmen und stärken.« Früher war auch der sächliche Artikel (»das Tee«) gebräuchlich.

Tempi passati

bildungssprachlich: *vergangene Zeiten:* Über die Zeit der Übernahme dieser italienischen Fügung ist nichts bekannt. Ein möglicher Urheber ist Kaiser Joseph II. von Österreich (gest. 1790), der diese Worte vor einem Gemälde gesagt haben soll, das Friedrich Barbarossa in demütiger Haltung vor dem Papst kniend zeigt.

Auch der italienische Maler (Federico Zuccari, gest. 1609) und der Ort der Gemäldebesichtigung (Dogenpalast in Venedig) sind überliefert. Die Anekdote stammt von Johann Wilhelm von Archenholz, einem deutschen Publizisten, der in seiner Reisebeschreibung »England und Italien« aus dem Jahre 1785 auf S. 46 schreibt: »Es wird erzählt, dass …«, ohne weitere Quellenangabe.

Teufel

Der Teufel ist los (umgangssprachlich: *es geht schlimm her, es herrscht ein großes Chaos, ein großer Unfrieden*): nach Offenb. 20, 3 und 7: Ein Engel bindet den Teufel für tausend Jahre »und darnach muss er loswerden eine kleine Zeit«. In Offenb. 20, 7 heißt es: »Und wenn tausend Jahre vollendet sind, wird der Satanas loswerden aus seinem Gefängnis.« Dann hat der Teufel die Möglichkeit, noch viel Unheil zu stiften; **jemanden reitet der Teufel** (umgangssprachlich: *hat jemanden zu etwas Unvernünftigem, Schlechtem verführt*): Nach dem alten Volksglauben plagt der Teufel die Menschen, indem er auf ihnen reitet (schon mittelhochdeutsch »dich ritet satanas, der tiuvel«); **in jemanden ist der Teufel gefahren** (umgangssprachlich: *der/die Betreffende handelt unvernünftig, eigensinnig* u. Ä.).

Eine andere Art, wie der Teufel vom Menschen Besitz ergreift (vergleiche »er/sie ist vom Teufel besessen«): Er fährt in die Menschen, die dann **den Teufel im Leib haben** (schon althochdeutsch bei Otfrid: »ther diufal ist iru inne« = in ihr); **ein armer Teufel sein** (umgangssprachlich: *wenig besitzen, in einer Notlage, in Not, im Elend sein*): seit dem 16. Jh. belegt, nach der Rolle des Geprellten, die der als dumm geltende Teufel in volkstümlichen Erzählungen und Schwänken spielt; **in Teufels Küche kommen** (umgangssprachlich: *in eine schwierige, peinliche, verfängliche Situation geraten*): Der Teufel wohnt mit seinen Familienmitgliedern und Helfern in der Hölle, die auch eine Küche hat bzw. die Küche selbst ist, in der die armen Seelen schmoren; **den Teufel mit Beelzebub austreiben** *(ein Übel durch ein noch schlimmeres zu beseitigen suchen):* In Matth. 12, 24 suchen sich die Pharisäer die Heilung eines vom Teufel Besessenen durch Jesus dadurch zu erklären, dass sie meinen, Jesus habe den Teufel des Besessenen durch den obers-

ten Teufel austreiben lassen: »Aber die Pharisäer, da sie es höreten, sprachen sie: ›Er treibt die Teufel nicht anders aus denn durch Beelzebub, der Teufel Obersten.‹« Jesus weist das als unlogisch und als Zumutung zurück: Er habe den Teufel durch den Geist Gottes ausgetrieben.
»Beelzebub« war bei den Israeliten der Fürst der Dämonen. Der Name geht auf eine hebräische Bezeichnung zurück, die die Volksetymologie als »Herr der Fliegen« deutete, die in Wahrheit aber der Name des heidnischen Gottes Baal-Zebul (= erhabener Herr) war. Beelzebul (bei Luther: Beelzebub) war einer der wichtigsten Götter der Philister; **den Teufel an die Wand malen** (umgangssprachlich: *Unheil – durch Reden davon – heraufbeschwören, etwas berufen*): schon spätmittelhochdeutsch bezeugt (bei Luther), auch in der Form: den Teufel über die Tür malen. Ursprünglich als Warnung gedacht: Wenn man den Teufel an die Wand malt, kommt er. Nach dem Glauben der alten Kulturen besitzt das Bild etwas Magisches, es zieht Wesen und Kräfte des Abgebildeten an sich (Bildzauber).
Ähnliche Wirkung hat das Wort (Namenzauber): **Wenn man vom Teufel spricht, kommt er** (heute als bloße Bemerkung gebraucht, wenn jemand erscheint, von dem gerade gesprochen wurde). In der Antike, die noch nicht an den Teufel glaubte, sprach man vom »Wolf in der Fabel« (»lupus in fabula«), so bei Terenz, Plautus, Cicero.

Bis zum/ins Tezett

umgangssprachlich: *bis ins Letzte (genau), vollständig, völlig, bis zum Äußersten:* Die Buchstabenverbindung tz, als eine Art verdoppeltes z aufgefasst, erscheint in alten Lehrbüchern als letzte im Alphabet, so noch in Gottscheds »Deutscher Sprachkunst« von 1762. Zu ihr gelangt man, wenn man alle vorangehenden Buchstaben erfolgreich bewältigt hat.

Thema Nr. 1

umgangssprachlich: *die für jemanden wichtigste Sache, Angelegenheit:* meist als Erotik, Sexualität verstanden, aber auch für andere Lieblingsthemen verwendet.

Graue Theorie sein

nur theoretisch denkbar, in der Praxis noch nicht bewiesen sein: Ursprung ist der Goethe-Vers im »Faust«: »Grau, teurer Freund, ist alle Theorie.« Goethe wählte das Adjektiv »grau« mit Bedacht. Ihm haftete schon zu seiner Zeit ein negativer Symbolwert an im Sinne von »farb-, glanzlos, eintönig, unlebendig«.

Ein ungläubiger Thomas

umgangssprachlich: *ein Mensch, der nicht dazu zu bringen ist, etwas, eine Nachricht, einen Sachverhalt zu glauben:* seit dem 15. Jh. bezeugt, nach Joh. 20, 24 ff. Als Jesus nach der Auferstehung vor seinen Jüngern erschien, war Thomas nicht anwesend. Die Jünger berichteten ihm von dem Ereignis, aber Thomas war skeptisch: »Es sei denn, dass ich in seinen Händen sehe die Nägelmale, und lege meinen Finger in die Nägelmale, und lege meine Hand in seine Seite, will ich's nicht glauben.«
Als Jesus acht Tage später noch einmal den Jüngern (diesmal mit Thomas) erschien, musste sich dieser überzeugen lassen. Jesus sagt zu ihm: »Dieweil du mich gesehen hast, Thomas, so glaubest du«, mahnte aber doch: »Selig sind die, die nicht sehen und doch glauben.« Die Fügung ist auch in anderen europäischen Sprachen gebräuchlich geworden: englisch »an unbelieving/a doubting Thomas«; französisch »être (incrédule) comme saint Thomas«; italienisch »essere come San Tommaso«; niederländisch »een ongelovige Thomas«.

Jedes Tierchen hat sein Pläsierchen/jedem Tierchen sein Pläsierchen

umgangssprachlich: *man soll jedem Menschen sein Vergnügen gönnen, auch wenn es noch so seltsam anmutet:* Die Wendung geht auf den Titel einer humoristischen Gedichtesammlung zurück, die 1887 von Edwin Bonnann (1851–1912) und Adolf Oberländer (1845–1923) herausgegeben wurde und der vollständig lautete: »Ein jedes Thierchen hat sein Pläsirchen. Zoologischer Lieder-Garten.« Oberländer war ein bedeutender Karikaturist, bekannt sind seine Tierzeichnungen, die die Tiere in menschlicher Gestalt wiedergeben.

Den in der Redensart angesprochenen Gedanken hat bereits der römische Dichter Vergil (70–19 v. Chr.) in seinen »Bucolica« in ähnlicher Weise ausgedrückt: Jeden bewegt sein eigenes Vergnügen (lateinisch »trahit sua quemque voluptas«).

An etwas ist nicht zu tippen

umgangssprachlich: *etwas ist einwandfrei, unwiderlegbar, unumstößlich:* »Tippen« wird hier offensichtlich im Sinne von »rühren« gebraucht: Daran ist nicht zu rühren.
Das Verb »rühren« bedeutete ursprünglich auch »berühren«. Durch »Berühren« konnte etwas in der Ruhelage verändert, gestört und beeinträchtigt werden. Diese Möglichkeit soll durch die Negation der Redensart ausgeschlossen werden: Etwas ist so einwandfrei, dass es durch nichts »berührt« werden kann.
Eine veraltete Bedeutung von »rühren« zielt ebenfalls in diese Richtung = tadeln, anklagen, z. B. jemandes Fehler, einen Machthaber rühren. Die Berührungsangst drückt sich auch in der Wendung »für etwas tabu sein« aus: tabu ist etwas, was nicht »berührt«, nicht betreten, nicht ausgesprochen werden darf.

Tisch

Etwas am grünen Tisch/vom grünen Tisch aus beschließen u. a. *(durch einen Beschluss theoretisch festlegen, ohne die möglichen Folgen zu berücksichtigen, die sich in der Praxis zeigen könnten):* Die Tische der Beratungszimmer oder Amtsräume waren früher oft mit grünem Leder oder Stoff bezogen, so auch der, an dem der französische Wohlfahrtsausschuss (Comité du salut public) 1793–95 tagte. Ob dieser »tapis vert« (vgl. Tapet) die vorliegende Wendung angeregt hat, ist unklar. Frühere Belege haben sich bisher nicht gefunden; **etwas am runden Tisch besprechen/verhandeln** u. a. *(etwas unter gleichberechtigten Partnern besprechen):* Der runde Tisch hat – im Gegensatz zum eckigen – kein (schmaleres) Kopfteil, an dem ein Vorsitzender Platz nehmen könnte. Der »round table« ist eine englische Erfindung. Seine Geschichte geht weit zurück: Im 12. Jh. wird im »Roman de Brut« des anglonormannischen Dichters Robert Wace, einer Reimchronik über Britannien, zum ersten Mal der runde Tisch des Königs Artus erwähnt, den der

Zauberer Merlin angefertigt hatte und an dem 150 Ritter saßen. Ihre Eifersucht um den Vorsitz sollte durch ihn verhindert werden. »Knights of the Round Table« nannten sich die Gründer des ersten europäischen Sozialvereins von 1721, der Persönlichkeiten wie Garrick, Dickens, Irving u. a. zu seinen Mitgliedern zählte. Politische Färbung gewann die Wendung erst im 19. Jh.; **von Tisch und Bett geschieden/getrennt werden** *(die Ehegemeinschaft nicht mehr fortsetzen):* Die Zwillingsformel ist seit dem 16. Jh. bezeugt und steht bildlich für die Scheidung einer Ehe, die eine wirtschaftliche (Tisch) und sexuelle (Bett) Gemeinschaft ist. Nur auf den Tisch bezieht sich die Wendung **das Tischtuch zwischen sich (und jemandem) zerschneiden** *(gehoben: sich irreparabel entzweien, obwohl man bisher eng zusammengelebt hat):* ursprünglich für die Trennung zweier Eheleute gebraucht, die ihr gemeinsames Tischtuch in zwei Hälften zerschnitten, um ihre Scheidung zu bestätigen, dann allgemein verwendet für die Aufkündigung eines freundschaftlichen Zusammenlebens.

Starker Tobak sein

Vergleiche »Tabak«.

Tobias 6, Vers 3

O Herr, er will mich fressen (vergleiche »Herr«). Die Stelle wird scherzhaft zitiert, wenn jemand gähnt, ohne die Hand vor den Mund zu halten.

Eine höhere Tochter

veraltet, scherzhaft, heute meist nur noch ironisch: *braves, naives Mädchen aus gutbürgerlichem Hause mit guter Schulbildung:* »Tochter« steht hier für »Mädchen«, ein Gebrauch, der schon mittelhochdeutsch belegt ist und sich unter Einfluss von französisch »fille« besonders im Schweizerischen herausbildete. Die »Töchterschule« war eine Schule für Mädchen, die »höhere Töchterschule« (Lyzeum) eine für Mädchen »besseren oder vornehmen Standes« (Grimm). Daraus entwickelte sich der Begriff »höhere Tochter« für die Besucherin einer solchen Schule.

Der Schwarze Tod

Vergleiche »schwarz«.

Toi, toi, toi

umgangssprachlich: Formel, mit der man jemandem Glück wünscht, den Daumen hält: **unberufen, toi, toi, toi!** (umgangssprachlich: Formel, mit der Unglück abgewehrt werden soll): Die drei Wörtchen geben lautmalend das dreimalige Ausspucken wieder, mit dem im Volksglauben Glück gewünscht bzw. Unglück abgewehrt wird.

Die Beschwörungsformel »unberufen« kann zweierlei bedeuten: Wer das Glück beredet (beschreit, beruft), d.h. unzeitig, voreilig nennt, zerstört es. Oder: Wer die Formel spricht, will nicht die bösen Geister herbeirufen (berufen), die das Glück zerstören könnten. Begleitet wird das Aussprechen von dreimaligem Klopfen auf Holz (unter dem Tisch), dreimal über die Schulter gesprochen. Der menschliche Speichel hat nach dem alten Volksglauben Dämonen bannende Wirkung.

Toll: Ein toller Hecht sein

Vergleiche »Hecht«.

Eine treulose Tomate sein

umgangssprachlich scherzhaft: *Verabredungen, Abmachungen nicht einhalten und deshalb unzuverlässig sein:* Lutz Röhrich führt folgende Erklärung an: Die häufig Tomaten essenden Italiener galten im 1. Weltkrieg bei den Deutschen als unzuverlässig und treulos, weil Italien den Dreibund verlassen und sich den Alliierten angeschlossen hatte. Andere bringen die Wendung mit der mangelnden Haltbarkeit der Tomate in Verbindung.

Möglicherweise hängt die Redensart auch mit dem Ausdruck »Liebesapfel« zusammen, wie die Tomate früher u.a. genannt wurde. Sie galt als sexuell stimulierend und wurde als Arzneipflanze verwendet.

Tomaten auf den Augen haben

umgangssprachlich: *nichts sehen; etwas nicht bemerken, übersehen*: Die Wendung bedeutete ursprünglich »übernächtigt, verschlafen aussehen« und bezog sich auf die geröteten Bindehäute und verquollenen Augenpartien.

Tornister: Den Marschallstab im Tornister tragen

Vergleiche »Marschallstab«.

(Kurz) vor Torschluss

im letzten Augenblick, gerade noch vor Ablauf einer gesetzten Frist/**nach Torschluss** *(zu spät)*: Johann Gottfried Seume (1763–1810) schildert in seinem »Spaziergang nach Syrakus im Jahre 1802« seine Lage, nachdem er am späten Nachmittag in einen Sumpf geraten war: »Es ward Abend, und ich fürchtete, man möchte das Thor (in Syrakus) schließen, wo man denn ebenso unerbittlich ist als in Hamburg. Endlich arbeitete ich mich doch mit vielem Schweiß in einem nicht gar erbaulichen Aufzug wieder auf den Weg, und kam so eben vor Thorschluss hinein.«
Als sich die mittelalterlichen Städte mit Mauern umgaben, um sich vor ungebetenen Gästen zu schützen, achtete man streng darauf, dass die Tore bei Anbruch der Dunkelheit geschlossen wurden. Seume erlebte dies noch Anfang des 19. Jh.s ganz konkret. Der Fortschritt hat es mit sich gebracht, dass die Floskeln nur noch übertragen verwendet werden. **Torschlusspanik bekommen** z. B. Menschen, die fürchten, keinen Partner mehr zu finden (und deshalb den Nächstbesten heiraten).

Toter Punkt

Vergleiche »Punkt«.

Tour

Das französische Wort »tour« hat bei der Übernahme ins Deutsche am Ende des 17. Jh.s seine Bedeutungen in unterschiedlicher Weise weitergegeben. Aus den konkreten Bedeutungen »kreisförmige Bewegung, Drehung, Wendung; Ausflug, Wanderung; Drehzahl« entwickelten sich übertragene: Art und Weise, (durch Tricks) etwas zu erreichen, Manier, üblicher Verlauf, Vorhaben.
Dazu gehören die Wendungen: **auf eine (bestimmte) Tour reisen** (umgangssprachlich: *auf eine bestimmte (negative) Art und Weise*

zu erreichen suchen); **krumme Touren machen/reiten, auf die krumme Tour reisen** (umgangssprachlich: *durch Betrügereien sein Ziel erreichen wollen*); **jemandem die Tour vermasseln** (umgangssprachlich: *sein unehrliches Vorhaben vereiteln*); **seine Tour haben** (umgangssprachlich: *wieder einmal seinen Anfall von schlechter Laune o. Ä. haben*).

Die technische Bedeutung »Umdrehung, Drehzahl« wird bildlich in folgenden umgangssprachlichen Redensarten gebraucht: **auf Touren kommen** *(in Schwung kommen);* **jemanden auf Touren bringen** *(in Schwung bringen, auch: aufregen);* **auf vollen Touren laufen** *(in vollem Gang, Betrieb sein);* ob **in einer Tour** *(ständig, dauernd)* hierher gehört (wie in manchen Wörterbüchern), erscheint fraglich. Möglicherweise passt die Wendung eher zur Bedeutung »Verlauf, Strecke«.

Im Tran sein

umgangssprachlich: *unaufmerksam, geistesabwesend, benommen sein,* norddeutsch auch: *betrunken sein:* »Tran« (zu »Träne« gehörig) wird übertragen für »tränenähnliche Flüssigkeit, Tropfen« gebraucht, auch für den alkoholischen Tropfen. Die **Tranfunzel,** ein mit Tran (Fischöl) gespeistes, schwach brennendes Lämpchen ist übertragen eine äußerst langweilige, träge, geistig schwerfällige Person.

Etwas aufs Trapez bringen

Vergleiche »Tapet«.

Trapsen: Nachtigall, ich hör' dir trapsen

Vergleiche »Nachtigall«.

Jemandem/dem Fuchs sind die Trauben zu sauer/hängen die Trauben zu hoch

umgangssprachlich: wird von jemandem gesagt, der etwas zwar gern haben möchte, aber es entweder abwertet oder ablehnt, weil er es nicht erreichen kann: Die Redensarten gehen auf eine Fabel des griechischen Dichters Äsop zurück, die durch den französischen Dichter La Fontaine größere Bekanntschaft erlangte.

Traufe: Vom Regen in die Traufe kommen

Vergleiche »Regen«.

Treffen: Den Nagel auf den Kopf treffen

Vergleiche »Nagel«.

Etwas ins Treffen führen

in der Diskussion, in Erörterungen als Argument, Grund, Beweis gegen etwas anführen: eine der zahlreichen Redensarten, die der Militärsprache entstammen: »sich mit dem Feind treffen« (schon mittelhochdeutsch) bedeutete beschönigend »mit dem Feind zusammentreffen und mit ihm kämpfen«. Der substantivierte Infinitv wird seit dem 15. Jh. üblich und ist noch im 19. Jh. häufig. Heute ist er aus der Sprache des Militärs verschwunden. »Treffen« gilt meist als »Kampfhandlung geringeren Ausmaßes«. Die Übertragung ist erst in jüngerer Zeit entstanden (um 1860). Vergleiche »ins Feld führen«.

Ein Treppenwitz der Weltgeschichte

eine eher lächerliche, dem sie begleitenden historischen Vorgang völlig unangemessene [aber ihn dennoch beeinflussende] Begebenheit, Einrichtung, Institution o. Ä.: Das Wort »Treppenwitz« geht auf das französische »esprit d'escalier« zurück, das einen Einfall, der einem zu spät kommt, eine verpasste Gelegenheit bezeichnet. Ende des 19. Jh.s wurde ein Buch populär, das »geschichtliche Irrtümer, Entstellungen und Erfindungen« unter dem Titel »Der Treppenwitz der Weltgeschichte« zusammenstellte.

Treten

Ins Fettnäpfchen treten

Vergleiche »Fettnäpfchen«.

Auf den Plan treten

Vergleiche »Plan«.

Treulos: Eine treulose Tomate

Vergleiche »Tomate«.

Trichter

Jemanden auf den (richtigen) Trichter bringen (umgangssprachlich: *jemandem die Lösung eines Problems vermitteln*); **auf den (richtigen) Trichter kommen** (umgangssprachlich: *den Weg zur Lösung eines Problems finden*): Der Trichter, ein Füllgerät, ist den Germanen durch den von den Römern betriebenen Weinbau bekannt geworden (lateinisch »traiectorium«). Seit Beginn des 16. Jh.s begegnet das Wort in bildlichem Gebrauch als ein Gerät, durch das man Kenntnisse und Fähigkeiten in das menschliche Gehirn gießen kann. 1647 veröffentlichte der deutsche Dichter Georg Philipp Harsdörffer (1607–58) in Nürnberg eine Poetik: »Poetischer Trichter, die teutsche Dicht- und Reimkunst ohne Behuf der lateinischen Sprache in sechs Stunden einzugießen«, bekannt unter dem Namen »Nürnberger Trichter«. Die oben genannten, im 18. Jh. aufkommenden Redensarten schließen zwar an diesen Trichter an, aber die Vorstellung, die zugrunde liegt, bleibt unklar.

(Auf dem) Trittbrett fahren

umgangssprachlich: *sich an Unternehmungen anderer passiv anschließen und davon profitieren, ohne selbst etwas dafür zu tun:* Als die öffentlichen Verkehrsmittel noch Trittbretter hatten, fuhren darauf gelegentlich Schwarzfahrer mit, die sofort abspringen konnten, wenn sich ein Kontrolleur näherte.

Trocken

Noch nicht trocken hinter den Ohren sein

Vergleiche »Ohren«.

Sein Schäfchen ins Trockene bringen

Vergleiche »Schäfchen«.

In trockenen Tüchern sein

Vergleiche »Tücher«.

Nicht (recht/ganz) bei Trost sein

nicht bei Verstand sein: Die Herkunft dieser Redensart ist nicht geklärt. Grimm (»Deutsches Wörterbuch«) stellt fest: »Ein ganz

selbstständig gewordener, jetzt fast für sich stehender Gebrauch des Wortes liegt in der Wendung ›nicht bei Troste sein‹ vor, die nicht über die Mitte des 18. Jh. zurückreicht und deren Entstehung aus den anderen Bedeutungen von ›Trost‹ nicht klar wird, da sie ›nicht bei Sinnen, Besinnung, Verstand sein‹ oder geradezu ›verrückt sein‹ bedeutet, wennschon sie meist nur im Spaß oder bei Verstellung angewandt wird ... Sie tritt bezeichnenderweise nur in der negativen Form auf oder im (negative Antwort erwartenden) Fragesatz ... Die Wendung gehört vor allem der Umgangssprache an und ist daraus erst in die Schriftsprache übergegangen.«
Lutz Röhrich (wie auch andere vor ihm) hat versucht, an Bedeutungen von »Trost« wie »Hilfe, Schutz« oder »Hoffnung, Zuversicht« anzuknüpfen. Osthoff glaubt, in »Trost« die Bedeutung »Gesundheit (des Geistes)« zu finden, und beruft sich dabei auf iranische Parallelen. Richey zitiert in seinem »Idioticon Hamburgense« von 1755 als einer der ersten Wörterbuchautoren die Wendung: »He is nich recht by Trost = er ist unrichtig im Kopffe.« Wieland verwendet sie für einen ironischen Einfall: »wenn der König manchmal (was andern Königen wohl zuweilen auch geschehen) nicht wohl bei Troste war.«

Im Trüben fischen

auf nicht einwandfreie, unehrliche Weise aus unklaren, verworrenen Verhältnissen seinen Vorteil ziehen: verkürzt aus »im trüben Wasser fischen«, das in der Humanistenzeit (16. Jh.) aufkommt, weil die Quelle der Redensart in der Antike zu finden ist: Sie beruht auf Äsops Fabel vom Fischer, der das Wasser peitscht, um die Fische in seine Netze zu treiben. Auf die Frage, warum er das Wasser trübe, antwortet er (übersetzt aus einer lateinischen Bearbeitung äsopischer Fabeln): »Wenn ich das Wasser nicht in dieser Weise aufrührte, müsste ich Hungers sterben. (Die Moral, die daraus folgt:) Diese Fabel lehrt, dass in gleicher Weise die Herrscher in den Städten dann sehr reich werden, wenn sie diese in Aufruhr hineinführen.« Der Gedanke der Fabel schlug sich schon in antiken Texten nieder, z. B. bei Aristophanes, der in seinem Stück »Die Ritter« (Hippes) von 424 die Entmachtung des demagogischen Kriegstreibers Kleon in Athen und die Wiederherstellung des Friedens for-

derte. Dort heißt es: »Gleich ja wie Fischer, wenn sie Aal' einfangen wollen, tust du: Solange ruhig steht der See, bekommen sie durchaus nichts; doch wenn sie aufwärts und hinab den dicken Schlamm gerührt, dann gibt es was. Auch du (Kleon) bekommst nur, wenn die Stadt du aufwühlst.«
Die Redensart findet sich in vielen europäischen Sprachen, überwiegend auf Vorgänge des öffentlichen Lebens bezogen: englisch »to fish in troubled waters«, französisch »pêcher en eau trouble«; italienisch »pescare in torbido«; niederländisch »in troebel water vissen« u. a.

Trübsal blasen

umgangssprachlich: *traurig dasitzen, trüben Gedanken nachhängen:* Die Verbindung mit dem Verb »blasen« ist nicht geklärt. Vielleicht verkürzt aus »ein Lied der Trübsal blasen«. Im Schwäbischen gibt es ein »Trauer blasen«, das auf die einen Trauerfall anzeigende Blasmusik vom Turm zurückgeführt wird.

Auf die Tube drücken

umgangssprachlich: *mit dem Auto schneller fahren, sich beeilen; sich größere Mühe geben, um eine Aufgabe, eine Arbeit abzuschließen:* Analog zu »Gas geben« ist hier ursprünglich die Beschleunigung des Autos gemeint (Vergleich mit dem Vergaser, der als Tube bezeichnet wird). Eines der vielen Beispiele, die zeigen, wie die Technik die Sprache beeinflusst. Das Substantiv »Tube« wurde erst in der zweiten Hälfte des 19. Jh.s aus dem Englischen entlehnt (englisch »tube«).

(Wie) ein rotes Tuch

Vergleiche »rot«.

In trockenen Tüchern sein/etwas in trockenen Tüchern haben

umgangssprachlich: *fertig, abgeschlossen sein/etwas fertig, abgeschlossen haben:* 1995 veröffentlichte Wolfgang Müller in der österreichischen Zeitschrift »Gegenwart« einen Artikel mit dem Titel »Wie kommen die Wörter ins Wörterbuch?«, in dem er die Sam-

melarbeit der Wörterbuchautoren besprach: Der Wortschatz der vorhandenen Wörterbücher muss ergänzt werden durch das Sammeln von neuen Wörtern (Neologismen), die noch in keinem Wörterbuch verzeichnet sind. Das geschieht durch gezieltes Exzerpieren von Zeitungen, Zeitschriften und Büchern, durch Zufallsfunde und auch durch Hörbelege aus Vorträgen, Reden, Hörfunk und Fernsehen. Müller: »Norbert Blüm hat 1993 bei der Diskussion um die Pflegeversicherung (im Fernsehen) gesagt, dass diese Versicherung bis Pfingsten ›in trockenen Tüchern sein‹ werde. Diese Wendung war neu und in den Wörterbüchern nicht belegt ... Erst ein Jahr später wurde sie auch gedruckt entdeckt und für die Kartei exzerpiert.«
Der Ursprung der Wendung ist nicht bekannt. Vielleicht liegt die Vorstellung zugrunde, dass in einem Unwetter, bei einem Schiffbruch o. Ä. durchnässte Menschen vor gesundheitlichen Schäden bewahrt werden, indem man ihre Kleidung durch trockene, warme Tücher ersetzt. Möglicherweise leitet sie sich auch vom Trockenlegen eines Kleinkindes her (vergleiche die österreichische Redewendung »aus den nassen Windeln kommen«), und schließlich gibt es noch die Vermutung, dass der Prozess der Käseherstellung, bei der die Käsemasse mit einem Tuch aus der Molke gesiebt wird, zur Entstehung der Wendung geführt haben könnte.

(Mit jemandem) auf Tuchfühlung gehen

umgangssprachlich scherzhaft: *[mit jemandem] in engeren [körperlichen] Kontakt kommen:* Die Wendung geht auf die Soldatensprache zurück: »Auf Tuchfühlung« heißt dort (von den in Reih und Glied stehenden Soldaten) »so dicht nebeneinander, dass das Tuch der Uniform das des Nebenmannes berührt.«

Was tun, spricht Zeus

scherzhaft: *was sollen wir tun?:* Diese Redensart geht auf Schillers Gedicht »Teilung der Erde« zurück. Bei der Aufteilung der Erde unter die Menschen droht der Dichter schon leer auszugehen, als Zeus ihm im weiteren Text der Strophe folgendes Angebot macht: »Die Welt ist weggegeben,/Der Herbst, die Jagd, der Markt ist nicht mehr mein./Willst du in meinem Himmel mit mir leben,/Sooft du kommst, er soll dir offen sein.« In der saloppperen Umgangssprache wird das Zitat gelegentlich respektlos zu »›Was tun?‹ spricht Zeus, ›die Götter sind besoffen‹« erweitert.

Einen Fuß in die Tür bekommen

umgangssprachlich: *eine Beteiligung, Mitwirkung, Beachtung o. Ä. erreichen:* Die Redewendung leitet sich von dem Bild des hartnäckigen Verkäufers an der Wohnungstür her, der seinen Fuß in die geöffnete Tür stellt, damit sie nicht gleich wieder geschlossen werden kann.

Tür: Jemandem den Stuhl vor die Tür setzen

Vergleiche »Stuhl«.

Einen Türken bauen

umgangssprachlich: *etwas vortäuschen, vorspiegeln, ein Original nachahmen, als echt hinstellen*: An die Wendung schließt sich das Verb »türken« an, das meist im zweiten Partizip »getürkt« auftritt und »gefälscht, fingiert, unecht, gelogen« bedeutet.
Die Herkunft der Wendung ist trotz aller Deutungsversuche nicht geklärt. Vielleicht stammt sie aus der Soldatensprache, in der früher mit »Türke« eine eingedrillte Gefechtsübung gegen einen angenommenen Feind bezeichnet wurde. Da die Wendung als diskriminierend empfunden werden kann, wird sie heute seltener gebraucht.

Turm: Im elfenbeinernen Turm (Elfenbeinturm) leben/sitzen

Vergleiche »Elfenbeinturm«.

Kein/nicht ein Tüttelchen

umgangssprachlich: *nicht die geringste Kleinigkeit, kein bisschen, nichts:* Das »Tüttelchen« ist ein kleiner »Tüttel« = Punkt, i-Punkt, Tüpfel, ein aus dem lateinischen »titulus« (= Spitze, Abkürzungszeichen) entlehntes Wort, das heute veraltet ist. Mit der Bedeutung »i-Punkt« verband sich schon früh (spätmittelhochdeutsch) der Beisinn »Kleinigkeit« (ähnlich »kein/nicht ein Jota«, vergleiche »Jota«).

Die Diminutivform »Tüttelchen« ist seit dem 18. Jh. bezeugt und hat die Bedeutung von »Tüttel« übernommen. Mit dem Substantiv »die Tüttel« = Brustspitze hat das Wort nichts zu tun, höchstens in einer Art volksetymologischer Umdeutung. Geschlecht und Bedeutung dieses Wortes sind verschieden.

Uu

Übel

Das kleinere Übel wählen *(eine Sache, Angelegenheit mit einem nur etwas geringeren Nachteil als eine andere wählen):* Diese und die folgende Fügung sind Lehnübersetzungen aus altgriechischen Texten.
Das »kleinere Übel« ist belegt in der Schrift »Protagoras« von Plato, in der Sokrates mit dem Ausspruch zu Wort kommt: »Von zwei Übeln wird niemand das größere wählen, wenn er das kleinere wählen kann.« Ähnlich drückt es der römische Redner Cicero aus, wenn er in seiner Schrift »De officiis« schreibt: »Ex malis eligere minima oportere« = von Übeln sollte man die kleinsten wählen; als verbreitetes lateinisches Sprichwort zitiert er: »Minima de malis«.
Im Mittelalter zitiert Thomas a Kempis die Fügung in seiner »Imitatio Christi« (15. Jh.). Englisch »of two evils choose the less«; französisch »de deux maux (il faut) choisir le moindre«; italienisch »tra due mali scegliere il minore«; **ein notwendiges Übel** *(ein unvermeidbares Übel)* stammt ebenfalls aus der Antike: Der griechische Komödiendichter Menandros (342–291 v. Chr.) bezeichnet Heiraten zwar als ein Übel, aber immerhin als ein notwendiges (griechisch »anangkaion kakon«), im 4. Jh. n. Chr. ins Lateinische übersetzt als »malum necessarium«.

Überlassen: Jemandem das Feld überlassen

Vergleiche »Feld«.

Überschreiten: Den Rubikon überschreiten

Vergleiche »Rubikon«.

Die üblichen Verdächtigen

umgangssprachlich: *die vorhersehbar an etwas Beteiligten:* Der Ausdruck ist ein Zitat aus dem Spielfilm »Casablanca« und gleichzeitig der Titel eines Kriminalfilms von 1995. In »Casablanca« beschreibt der Polizeichef mit *Round up the usual suspects* (»Verhaften Sie die üblichen Verdächtigen«) seine eigene (kriminelle) Vorgehensweise. Die Wendung dient häufig zur Rechtfertigung einer Strategie, die sich zwar an der Praxis orientiert, aber nicht unbedingt als moralisch einwandfrei gilt.

Vom anderen Ufer sein

umgangssprachlich: *schwul oder lesbisch sein:* eine der vielen Umschreibungen, mit deren Hilfe das direkte Aussprechen vermieden wird.

Den heiligen Ulrich anrufen

umgangssprachlich verhüllend: *sich erbrechen:* Der Name »Ulrich« ist in dieser Wendung als lautmalerische Wiedergabe des Geräuschs anzusehen, das ein Mensch beim Erbrechen von sich gibt.

Ultima Ratio

bildungssprachlich: *letztes, äußerstes Mittel:* Das letzte Mittel bedeutet oft (Waffen)gewalt, die von Herrschenden ausgeht. In seinem Drama »In diesem Leben ist alles wahr und alles Lüge« kommt der spanische Barockdichter Pedro Calderón de la Barca (1600–81) zu der Erkenntnis, dass Pulver und Blei die »ultima razon de reyes« sind (das letzte Mittel der Könige).

In lateinischer Sprache (»Ultima ratio regum«) stand die Fügung im 17. Jh. auf französischen Kanonen (erst 1796 getilgt von der Assemblée Nationale). Im Zeitalter des Absolutismus fanden sich Nachahmer: 1742 ließ Friedrich der Große die Inschrift »Ultima ratio regis« (das letzte Mittel des Königs) auf allen Bronzegeschützen anbringen und bezog damit den allgemeinen Ausdruck auf sich persönlich. Zyniker verlängerten ihn mit »nec pessima« = und nicht das schlechteste (Mittel) und rechtfertigten damit den Krieg.

Umgekehrt wird ein Schuh draus

Vergleiche »Schuh«.

Den Spieß umkehren/umdrehen

umgangssprachlich: *mit der gleichen Methode angreifen, mit der man angegriffen wurde:* ein Bild aus der Zeit, wo man mit Spießen kämpfte; man entriss dem Feind den Spieß und kehrte ihn gegen ihn.

Ohne Umschweife/keine Umschweife machen

gerade-, freiheraus, frei von der Leber weg, direkt (sagen): fast nur noch in dieser Wendung gebräuchlich und als »Abschweifung vom Thema« schon im Mittelhochdeutschen üblich. »Unschweif« ist ein männliches Substantiv und »Umschweife« seine Pluralform. Die Übertragung geht von der konkreten Bedeutung »Krümmung, Windung« aus, Grundbedeutung ist »die unregelmäßig hin und her gehende Bewegung«.

Umstand

Dieses Substantiv hatte ursprünglich eine ganz konkrete Bedeutung, nämlich »die um etwas (z. B. das Gericht) herumstehenden Leute«. Die Gerichtsgemeinde hatte im Gegensatz zu den Richtern und Schöffen nicht die Bequemlichkeit des Sitzens.
Abstrakt gewendet wurden die »Umstände« dann zu umgebenden Merkmalen, Verhältnissen, die etwas näher bestimmten: **unter diesen/unter keinen Umständen.** Die Verhältnisse, von denen etwas umgeben ist (diese »Umstände« geben das spätlateinische »circumstantia« wieder), bedingen dann ein Ergebnis, das sich als »Lage, Situation« darstellt, z. B. glückliche Umstände bewirkten dies; sich in die Umstände fügen; **in anderen/gesegneten Umständen sein** (verhüllend: *schwanger sein*); **keine Umstände machen** *(keine umständlichen Vorbereitungen treffen):* Diese Wendung geht auf die Umschweife und Umständlichkeiten besonders der Rede zurück, wozu auch **ohne Umstände** gehört.

Dreimal umziehen ist so gut wie einmal abgebrannt

bei jedem Umzug wird ein Teil der Wohnungseinrichtung beschädigt oder geht verloren: Diese Redensart geht auf das englische »three movals are as bad as a fire« zurück, als deren Urheber Benjamin Franklin gilt.

Unberufen

Vergleiche »Toi, toi, toi«.

Ungeschoren bleiben/davonkommen

keinen Schaden, Nachteil erleiden/**jemanden ungeschoren lassen** *(nicht benachteiligen, nicht behelligen):* »Ungeschoren« bedeutet zunächst ganz konkret »nicht geschoren« (von Tieren, besonders Schafen, von Pflanzen, Hecken, Häuten, vom menschlichen Haar oder Bart). Die Übertragung geht von alten Wendungen aus, die das Scheren als unangenehm, verletzend, schädlich kennzeichnen, z. B. jemanden schert (schmerzt) es im Leib; den Feind scheren (schlagen); die Leute scheren (ausbeuten, übervorteilen), dazu sprichwörtlich: Wer nicht schert, der wird geschoren (im Neoliberalismus wieder aktuell), ausgehend vom Scheren der Schafe, die ihre Wolle verlieren, vielleicht auch vom erzwungenen, rauen, schmerzenden Bearbeiten des menschlichen Haares oder Bartes, jedoch nicht von der alten Strafe des Haarabschneidens. Die Wendung »jemanden ungeschoren lassen« ist mittelhochdeutsch noch nicht belegt, sie erscheint literarisch erst in der 2. Hälfte des 17. Jh.s.

Ungläubig: Ein ungläubiger Thomas

Vergleiche »Thomas«.

Unrasiert und fern der Heimat

scherzhaft: *für längere Zeit nicht zu Hause und damit ohne geregeltes Leben:* Die Wendung stammt aus der Soldaten- bzw. Seemannssprache und ist vielleicht eine scherzhafte Abwandlung der Zeilen von August von Platens Gedicht »Das Grab am Busento«, wo es heißt: »Allzu früh und fern der Heimat mussten hier sie ihn begraben, während noch die Jugendlocken seine Schultern blond umgaben.«

Unschuld: Seine Hände in Unschuld waschen

Vergleiche »Hände«.

Unsicher: Ein unsicherer Kantonist sein

Vergleiche »Kantonist«.

Unstern

Unter einem Unstern stehen *(von Unheil, Unglück, einer unglücklichen Konstellation, von Missgeschick, Pech begleitet sein):* Der »Unstern« ist das Gegenteil von »Stern« in der Bedeutung »guter, glücklicher Stern«. Die Wendung ist gleichbedeutend mit »unter einem schlechten/ungünstigen Stern stehen«. Der »Unstern« kommt in der 2. Hälfte des 16. Jh.s auf und ist im 17. Jh. überaus beliebt. In der nachfolgenden Zeit nimmt sein Gebrauch stetig ab; heute lebt das Wort nur noch in wenigen Redensarten weiter, z. B. **von einem Unstern verfolgt werden; ein Unstern waltete über ...** Der Ausdruck scheint dem französischen »désastre« (deutsch »Desaster«, italienisch »disastro«) nachgebildet zu sein. Voraus ging der »Unglücksstern« als Gegenbildung zu »Glücksstern«. 1814 widmete Ludwig Uhland dem »Unstern« ein sechsstrophiges Gedicht, in dem er humorvoll schildert, wie dem personifizierten Unstern im Krieg, in der Liebe, beim Erwerb von Reichtum, beim Tod und beim Aufstieg in den Himmel immer etwas in die Quere kommt, was sein Glück verhindert.

Unter aller Kanone

Vergleiche »Kanone«.

Up to date sein

auf dem neuesten Stand, auf dem Laufenden, auf der Höhe der Zeit sein: englisch »up to date«, eigentlich: bis zum (heutigen) Datum.

Fröhliche Urständ feiern

scherzhaft: *von etwas Vergangenem, Veraltetem,* oft abschätzig: *wieder aufleben:* Das Substantiv »Urstände« (alt-, mittelhochdeutsch »urstende«) bedeutete so viel wie »Wiederaufstehen, -hervorkommen, -erneuerung, besonders die Auferstehung Christi«. Neuhochdeutsch häufig »Urständ« (mit Apokope des e). Es ist vor allem ein oberdeutsches Wort, das von altertümelnder Sprache weitergetragen wird. Von den zahlreichen adjektivischen Attributen (heilige, gemeine, selige, ewige, glückliche, frohe Urständ) hat sich in der heutigen scherzhaften Redensart fast als einziges »fröhliche« erhalten.

V *v*

Va banque spielen

bildungssprachlich: *alles riskieren, aufs Spiel, auf eine Karte setzen:* französisch »va banque« = es gilt, geht um die Bank!, d. h., wer va banque spielt, spielt um den gesamten Einsatz der Bank. Im 19. Jh. wird die Wendung auf leichtsinniges Verhalten in einer gefährlichen Lage übertragen.

Vae victis!

bildungssprachlich: *Wehe den Besiegten!:* ein alter Ausspruch, der bis heute seine Gültigkeit bewahrt hat. Ursprung der sprichwörtlichen Fügung soll nach Livius der Vorgang gewesen sein, der sich 386 v. Chr. in Rom abspielte: Nach der Niederlage der Römer gegen die Gallier an der Allia besetzten diese die Stadt sieben Monate lang. Die Römer waren gezwungen, den Abzug der Feinde mit Gold zu erkaufen. Als ein römischer Offizier gegen falsche Gewichte der Gallier protestierte, warf der gallische Heerführer Brennus mit den Worten »Vae victis!« auch noch sein Schwert zu den Gewichten in der Waagschale.

Einer Sache Valet sagen

veraltend: *sie aufgeben:* Diese Wendung ist eine Lehnübersetzung aus dem Lateinischen: »Vale dicere« heißt es in den »Metamorphosen« (Verwandlungssagen) des römischen Dichters Ovid (43 v. Chr. bis 18. n. Chr.). »Vale« (= leb wohl) und »valete« (lebt wohl) war die Abschlussformel in römischen Briefen. »Valet« ist verkürzt aus älterem »Valete«, das in der Humanistenzeit im 16. Jh. gebräuchlich war und auch bei Luther 1520 in seiner Schrift »An den christlichen Adel deutscher Nation« steht: »Es ist noch das Valete dahyn denn das muss ich auch geben.« Der Wegfall des e erfolgte im 17. Jahrhundert.

Hausen wie die Vandalen

etwas sinnlos zerstören: 1794 sprach der französische Bischof Henri Gregoire von Blois von »vandalisme«; mit diesem Ausdruck wollte er die Kunstfrevel der Jakobiner geißeln. Er bezog sich damit auf die 14-tägige Plünderung Roms im Juni 455 n. Chr. durch die Vandalen, ein ostgermanisches Volk, an dessen Spitze damals König Geiserich stand. Da die Quellen zur Geschichte der Vandalen meist katholischen Ursprungs sind, die Vandalen aber Arianer waren und die katholischen Athanasianer verfolgten, könnten die katholischen Berichte über die Gräueltaten der Vandalen zu Übertreibungen neigen.

Variatio delectat

bildungssprachlich: *Abwechslung erfreut (den Menschen):* Dass Abwechslung des Lebens Würze ausmacht, ist schon während der Antike bei den Griechen wie bei den Römern eine Erkenntnis, die in vielen »Variationen« immer wieder formuliert wurde (lateinisch »variatio« = Verschiedenheit, »delectare« = erfreuen; vergleiche unser Fremdwort »sich delektieren«).

Väterchen Frost

scherzhaft: *große Kälte, Frost (in der Personifizierung eines alten Mannes):* Bei dieser Bezeichnung handelt es sich um eine Lehnübersetzung des russischen »Ded Moroz«.

Veni, vidi, vici

bildungssprachlich: *ich kam, ich sah, ich siegte:* einer der bekanntesten lateinischen Aussprüche. Die Worte soll Cäsar 47 v. Chr. nach seinem Sieg bei Zela über Pharnakes II., den König von Bosporos, an seinen Freund Amantius (nach anderen: Amintius, Gaius

Matius) geschrieben haben. Beim Triumphzug in Rom ließ er eine Tafel mit diesen Worten vor sich her tragen. Überliefert hat es der römische Historiker Sueton (1. Jh. n. Chr.) in seinem Werk »De vita Caesarum«, das die Biografien von zwölf Kaisern von Cäsar bis Domitian enthält.

Der Ausspruch wird öfter (überwiegend) parodistisch abgewandelt, seltener im zweiten, meist im dritten Glied. Bekannt geworden ist die Abwandlung »Veni, vidi, Deus vicit« (= Ich kam, ich sah, Gott siegte), die Karl V. nach seinem Sieg bei Mühlberg über die Protestanten vornahm, in einer Mischung aus Stolz, christlicher Demut und Heuchelei.

Verblümt

Vergleiche »Blume«.

Verbocken

Vergleiche »Bock«.

Verbrannte Erde

völlig verwüstetes Terrain; völliges, unversöhnliches Zerwürfnis: Im militärischen Bereich spricht man von einer »Taktik der verbrannten Erde«, bei der geschlagene Truppen auf dem Rückzug alles vernichten, was dem nachrückenden Feind von Nutzen sein könnte. Der Ausdruck geht wohl auf das Chinesische zurück und wurde 1937 in der Form »scorched earth policy« erstmals im Englischen gebraucht.

Etwas bis zur Vergasung tun/betreiben

umgangssprachlich: *etwas bis zum Überdruss praktizieren:* Diese Wendung ist fälschlich auf die Tötung von Juden durch Gas in der Nazizeit bezogen und als Beispiel für eine inhumane Ausdrucksweise getadelt worden. »Vergasen« (als spezifisches Fachwort in Grimms »Deutschem Wörterbuch« 1956 noch nicht verbucht) entstammt dem Bereich der Naturwissenschaften und bedeutet ursprünglich »in den letzten Aggregatzustand (Gas) überführen«, was die Vorstellung »bis zum Letzten, bis es nicht mehr weitergeht« hervorrief. Erst die weitere Bedeutungsentwicklung führte über das Vergasen von Ungeziefer und Kleintieren bis zum Vergasen von Menschen, d. h. zum Töten durch Giftgas.

Vergebliche (verlorene) Liebesmüh(e) sein

Vergleiche »Liebesmühe«.

Jemanden/etwas nicht verknusen können

umgangssprachlich: *jemanden/etwas nicht mögen, nicht ausstehen können:* »Verknusen« ist vor allem ein niederdeutsches Wort und bedeutet ursprünglich »verdauen, (ver)kauen«. Von schwer verdaulichen Speisen wird der Begriff auf Menschen oder Sachen übertragen. Eine andere übertragene (positive) Bedeutung »innerlich verarbeiten« ist nicht schriftsprachlich geworden.

Verlaufen: Im Sande verlaufen

Vergleiche »Sand«.

Verliebt: Bis über beide Ohren verliebt sein

Vergleiche »Ohren«.

Verlieren (verloren)

Das Gesicht verlieren

Vergleiche »Gesicht«.

Bei jemandem ist Hopfen und Malz verloren

Vergleiche »Hopfen«.

Wo nichts ist, hat der Kaiser sein Recht verloren

Vergleiche »Kaiser«.

Noch ist Polen nicht verloren

Vergleiche »Polen«.

Verlorene Liebesmüh(e) sein

Vergleiche »Liebesmüh(e)«.

Vermasseln: Jemandem die Tour vermasseln

Vergleiche »Tour«.

Sich einen/keinen Vers auf etwas machen können

umgangssprachlich: *sich etwas (nicht) erklären können:* Diese Redensart könnte sich auf Moritatensänger beziehen, die zu bestimmten Bildtafeln ihre festen Verse aufsagten und so das abgebildete Geschehen erläuterten.

Verschieben wir's auf morgen

schlafen wir eine Nacht und entscheiden am nächsten Tag darüber, wie ein Problem gelöst werden kann: Die Wendung ist ein Zitat aus dem Film »Vom Winde verweht« (»Gone with the Wind«). Die Überlebensstrategie der Titelheldin Scarlett O'Hara besteht darin, unangenehme Entscheidungen nicht unmittelbar anzugehen, sondern sie vielmehr eine Weile vor sich herzuschieben (bis sich unter Umständen von selbst eine Lösung ergibt).

Unter dem Siegel der Verschwiegenheit

streng vertraulich: Mit einem Siegel verschloss man Briefe oder andere Sendungen. Die Übertragung geht von der Vorstellung aus, dass ein Siegel auf den Mund gedrückt wird und diesen am Sprechen hindert. Alte Wendungen bezeugen das: »O das ich künde ein Schlos an meinen Mund legen und ein fest Siegel auff mein Maul drücken, das ... meine Zunge mich nicht verderbet« (aus einer übersetzten apokryphen Spruchsammlung des Jesus Sirach, eines Spruchdichters aus dem 2. Jh. v. Chr.). Wenn man jemanden zum Schweigen auffordert, legt man den Zeigefinger an den Mund.

In der Versenkung verschwinden

umgangssprachlich: *plötzlich nicht mehr in Erscheinung treten:* Diese Wendung stammt aus der Theaterwelt und bezieht sich auf die Bühnenmaschinerie, mit deren Hilfe Figuren auf dramatische Weise auf der Bühne auftauchen oder im Boden versinken können.

Verstehen: Etwas aus dem Effeff verstehen

Vergleiche »Effeff«.

Vertragen: Einen Stiefel vertragen (können)

Vergleiche »Stiefel«.

Verzug

Ohne (allen/jeden) Verzug *(ohne Aufschub, ohne Verzögerung):* Gebildet ist das Substantiv zu dem heute veralteten Verb »verziehen« = aufschieben, hinauszögern. **Mit etwas in Verzug geraten** *(nicht pünktlich fertig werden, im Rückstand sein);* die Fügung **Gefahr im Verzuge** ist eine Lehnübersetzung des lateinischen »periculum in mora« (belegt für das 18. Jh.), bedeutete also »Gefahr liegt im Aufschieben, Hinauszögern«. Im 19. Jh. verschiebt sich jedoch der Sinn auf die durch den Verzug drohende Gefahr, sodass die Fügung nun das Gleiche bedeutet wie »Gefahr im Anzug«, d. h., es droht Gefahr. Sie ist bis heute geläufig.

Die lateinische Fügung »periculum in mora« soll auf eine Textstelle des römischen Historikers Livius (59 v. Chr. bis 17 n. Chr.) in seiner »Römischen Geschichte« zurückgehen. Sie ist in der vorliegenden Form ein Ausdruck der bis in die neuere Zeit gebrauchten lateinischen Rechtssprache geworden, der sich allerdings nicht im »Corpus Iuris« findet.

Vice versa

bildungssprachlich: *[und] umgekehrt, wechselweise:* Die lateinischen Wörter (nachklassisch: »versa vice«) bedeuten wörtlich »im umgewendeten, umgekehrten Wechsel«.

Machtlos vis-à-vis stehen

einer Situation gegenüber nichts ändern, nicht eingreifen können: Französisch »vis-à-vis« bedeutet »gegenüber«, eigentlich = Gesicht zu Gesicht.

Visier

Mit offenem Visier kämpfen *(kämpfen und dabei seine Absichten klar zu erkennen geben):* Diese Redensart stammt aus der Welt der spätmittelalterlichen Ritter und ihrer Rüstung, die sie in Kampf und Turnier benötigten. Die sogenannten Visierhelme des 15. und 16. Jh.s hatten einen Gesichtsschutz mit Sehschlitzen, der an seitlichen

Drehzapfen befestigt und dadurch aufklappbar war. Wenn der Ritter diesen Gesichtsschutz aufklappte, war das Visier offen, und man konnte ihn identifizieren; **das Visier lüften** *(sich, seine Absichten zu erkennen geben)* ist eine gebräuchliche Wendung. Das Substantiv »Visier« selbst hängt mit dem Begriff des Sehens zusammen: Spätmittelhochdeutsch »visier(e)« ist übernommen aus altfranzösisch »visiere«, das zu »vis« = Gesicht gehört (lateinisch »visus«, zu »videre« = sehen); **jemanden im Visier haben** (umgangssprachlich: *jemanden beobachten, um ihn für etwas zu benutzen oder ihm zu schaden*): Hier ist das Visier einer Schusswaffe gemeint.

Vogel

Ein seltener Vogel (umgangssprachlich: *ein eigentümlicher, verschrobener, wunderlicher, seltsamer Mensch, Kauz*): Oft wird »Vogel« auf Menschen bezogen, mit attributivem Adjektiv (ein leichtsinniger, lustiger Vogel) oder als Zusammensetzung (Spottvogel, Galgenvogel), wobei die ungünstigen, abschätzigen Inhalte überwiegen. Der »seltene Vogel« ist Lehnübersetzung des lateinischen »rara avis«, eine Fügung, die schon bei römischen Dichtern (Horaz, Juvenal, Persius Flaccus) vorkommt.

Auch Luther gebraucht sie, allerdings mit dem Attribut »seltzam«: »und solt wissen, das von anbegynn der wellt gar eyn seltzam vogel ist umb einen klugen fürsten«; **den Vogel abschießen** (umgangssprachlich, oft ironisch: *den größten Erfolg erringen*): Das »Vogelschießen«, ein Schützenfest, bei dem nach einem hölzernen Vogel auf einer Stange geschossen wurde, war eine Veranstaltung, die von einer Schützengesellschaft ausgerichtet wurde. Wer den Rest des Vogels herunterschoss, bekam als Schützenkönig einen Preis; **einen Vogel haben** (umgangssprachlich: *nicht recht bei Trost sein, nicht bei Verstand, nicht recht gescheit sein*): Grimms »Deutsches Wörterbuch« geht von der Vorstellung aus, dass ein Vogel die betreffende Person gepickt habe. Wahrscheinlicher ist die Herleitung von dem alten Volksglauben, dass bei einem Geistesgestörten ein Vogel im Kopf nistet. Vergleiche »Bei dir piept's wohl?«; **jemandem den Vogel zeigen** (umgangssprachlich: den Zeigefinger an die Schläfe oder Stirn legen, um jemandem zu zeigen, dass er nicht ganz bei Verstand sei): Diese als Autofahrergruß berüchtigte und oft getadelte Geste steht in engem Zusammenhang mit der zuvor behandelten Wendung »einen Vogel haben«.

Das Volk der Dichter und Denker

meist scherzhaft: *das deutsche Volk, die Deutschen:* Urheber dieses Ausdrucks ist vermutlich der Schriftsteller Johann Karl August Musäus (1735–87), der in der Einleitung zu seinen »Volksmärchen der Deutschen« schreibt: »Was wäre das enthusiastische Volk unserer Denker, Dichter, Schweber, Seher ohne die die glücklichen Einflüsse der Fantasie?«. Die heute geläufige Umstellung »Dichter und Denker« wurde – allerdings ohne Bezug auf Deutschland – von Jean Paul geprägt.

Jemanden nicht für voll ansehen/nehmen

umgangssprachlich: *nicht ernst nehmen:* Die Redensart ist schon im Mittelhochdeutschen bezeugt. Vielleicht leitet sie sich her von der Münze, die nicht ihr volles Gewicht hat. Diese Meinung wird auch in Grimms »Deutschem Wörterbuch« vertreten: »Eine Münze für voll nehmen = sie als nach Gewicht und Metall dem Gesetz entsprechend gelten lassen, danach übertragen im weitesten Sinne, besonders gern auf Personen bezogen ...« Doch ist möglicherweise eine andere Herleitung denkbar: »Voll« wurde nämlich auch auf die Persönlichkeit bezogen, dies schon im Mittelhochdeutschen »ein voller mensch vünf sinne hat« (Reinmar von Zweter). »Voll« bedeutete »ganz entwickelt, ausgewachsen«; **in die Vollen gehen** (umgangssprachlich: *nachdrücklich, mit aller Kraft für etwas tätig sein*): Die Wendung soll vom Kegelspiel ausgehen. Der Wurf ins Volle ist ein Wurf, mit dem alle neun Kegel fallen können.

Vonstattengehen

stattfinden, vor sich gehen, ablaufen: in älterer Sprache »von Statt gehen«: »kurtzumb es wolt nit gan von statt« (Manuel, Weinspiel, 1548). »Stat« (alt-, mittelhochdeutsch »stat« = Ort, Stelle) bezeichnet in Verbindung mit »von« den Ausgangspunkt einer Sache. Die Erweiterung -statten ist eigentlich eine alte Flexionsform des Substantivs (Dativ Plural), die später in formaler Angleichung an andere Bildungen mit -statten erfolgte.

Vorauswerfen: Seine Schatten vorauswerfen

Vergleiche »Schatten«.

Jemanden/etwas auf Vordermann bringen

umgangssprachlich: *zu einem Verhalten bringen bzw. in einen Zustand der Ordnung versetzen, der vom Sprechenden gewünscht wird:* Der »Vordermann«, vom Militär bekannt als der in einer einzelnen Reihe oder im nächstvorderen Glied einer Truppe vor einem Stehende (18. Jh.), hat das Vorbild für die Übertragung geliefert. War eine Truppe nicht auf Vordermann ausgerichtet, war sie ein disziplinloser »Sauhaufen«, der geordnet werden musste.

Vorkommen

Jemandem kommt etwas böhmisch vor

Vergleiche »böhmisch«.

Jemandem kommt etwas spanisch vor

Vergleiche »spanisch«.

Jemandem/einer Sache Vorschub leisten

jemandem eine (meist nicht zu billigende) Förderung angedeihen lassen: Das Substantiv »Vorschub« leitet sich von dem Verb »vorschieben« ab, das »fördern, weiterbringen« bedeutet (eigentlich: vorwärtsschieben). In diesem Sinne wird es heute nicht mehr gebraucht. Die Sprache der Gegenwart hat die Verbindung »Vorschub + Verb« immer mehr beschränkt, sodass fast nur noch »Vorschub leisten« (seit dem 17. Jh.) übrig geblieben ist. Früher wurden noch mehr Verben verwendet: Vorschub tun, geben, haben, bieten, erlangen u. a.

(Unter der) Vorspiegelung falscher Tatsachen

scherzhaft: *Vortäuschung von etwas, was gar nicht vorhanden ist oder nicht stimmt; Betrug, Täuschung:* Eine »Tatsache« ist ein Faktum, ein wirklicher, gegebener Umstand (nach englisch »matter of fact«, dies nach lateinisch »res facti« oder »res factae«), der die Bedeutung von »wahr« einschließt. Außerdem ist die »Vorspiegelung« schon an und für sich so viel wie Täuschung, Betrug, sodass das abhängige Genitivattribut (falscher Tatsachen) überflüssig ist.

Die »falsche Vorspiegelung« ist literarisch bezeugt, so bei Georg Forster und bei Bismarck in dessen politischen Reden. Im Gegensatz zu den Sprachpflegern, die eine solche Verbindung für unsinnig halten, erklären sie die Sprachwissenschaftler damit, dass das Adjektiv »falsch« die schon im Substantiv »Vorspiegelung« liegende Vorstellung nur verstärkt. Verbindungen wie »listige« oder »lügnerische« Vorspiegelungen sind ebenfalls literarisch belegt.

Ww

Wachsen: Wo der Pfeffer wächst

Vergleiche »Pfeffer«.

Die Waffen strecken

gehoben: *den Widerstand aufgeben, sich für überwunden erklären, kapitulieren:* eine Redensart aus der Sprache des Militärs. Das Verb »strecken« bedeutete im konkreten Sinn »die Waffen aus den Händen, der Länge nach vor sich hin auf den Boden legen«.

Wagen: Sich in die Höhle des Löwen wagen

Vergleiche »Höhle«.

Wahr: (Nicht) der wahre Jakob sein

Vergleiche »Jakob«.

Wahren: Das Gesicht wahren

Vergleiche »Gesicht«.

Die nackte Wahrheit sein

nichts als die Wahrheit sein, ohne Bemäntelung oder Verbrämung; die ungeschminkte, unverhüllte, unverschleierte, bloße Wahrheit sein: Auch diese Wendung hat eine antike Quelle: In seinen Oden spricht der römische Dichter Horaz (65–8 v. Chr.) von der »nuda veritas«. Vergleiche die Redensart »der Wahrheit ein Mäntelchen umhängen« als Gegensatz zur »nackten Wahrheit«.

Wald: Das Schweigen im Walde

Vergleiche »Schweigen«.

Auf die Walz(e) gehen/auf der Walz(e) sein

umgangssprachlich veraltend: *auf Wanderschaft gehen, sein:* eine Redensart, die der Gaunersprache entstammt und dann von den wandernden Handwerksburschen übernommen wurde. Diese »Walze« hat nichts mit dem »runden, zylindrischen Gegenstand, der sich um seine Achse dreht« zu tun, sondern ist eine Substantivbildung zu dem Verb »walzen« in der mundartlichen Bedeutung »schlendern, müßig, planlos hin und her gehen«. Das Verb wurde schon im Mittelhochdeutschen für den menschlichen Gang gebraucht. In der älteren Sprache lässt sich jedoch die Redensart nicht nachweisen.

Wand: Den Teufel an die Wand malen

Vergleiche »Teufel«.

Hausen wie die Wandalen

Vergleiche »Vandalen«.

Warten können, bis man schwarz wird

umgangssprachlich: *umsonst warten:* Ursprünglich war mit »bis man schwarz wird« gemeint: »so lange, bis man gestorben ist und der Körper sich durch Verwesung dunkel verfärbt«.

Waschen: Seine Hände in Unschuld waschen

Vergleiche »Hände«.

Wasser

Das Wasser, eines der lebenswichtigsten Elemente für die Menschheit, hat viele Redensarten hervorgebracht, die sich auf seine Verwendung durch den Menschen beziehen. Viele von ihnen sind ohne Weiteres deutbar, aber bei einigen sind klärende Hinweise angebracht.

Jemandem das Wasser abgraben (umgangssprachlich: *jemanden seiner Existenz oder Wirkungsmöglichkeit berauben*): Die erst in neuerer Zeit auftretende Redensart geht aus der Vorstellung hervor, dass man jemanden, dessen Leben oder Arbeit auf dem Wasser beruht, ruiniert, wenn man ihm das Wasser durch Ableiten entzieht. Dies trifft in besonderem Maße für den Müller zu, dessen Wassermühle ohne Wasser nicht mehr betrieben werden kann; **jemandem nicht das Wasser reichen können** (umgangssprachlich: *an jemandes Leistung nicht heranreichen, jemandem unterlegen sein*): Im Mittelalter musste ein Diener den Gästen nach dem Essen Wasser zum Händewaschen reichen, weil man überwiegend mit den Händen aß. Wer nicht einmal zu dieser untergeordneten Tätigkeit fähig war, konnte sich mit niemandem messen; **(nahe) am/ans Wasser gebaut haben** (umgangssprachlich: *rasch in Tränen ausbrechen, schnell weinen*): Wer am Ufer baut, kann rasch mit Wasser in Berührung kommen. Vergleiche auch Wasser = Tränenflüssigkeit: **etwas treibt jemandem das Wasser in die Augen; jemandem schießt, tritt das Wasser in die Augen** u. a.; **ein Schlag ins Wasser** (umgangssprachlich: *ein Misserfolg*): Ein konkreter Schlag ins Wasser hinterlässt keine Wirkung. Die Fügung ist erst im 19. Jh. belegt, während »das wazzer slahen« (etwas vergeblich tun) schon mittelhochdeutsch bezeugt ist; **mit allen Wassern gewaschen sein** (umgangssprachlich: *alle Tricks kennen*): Gemeint sind hier die Wasser der verschiedenen Ozeane, die Seeleute kennenlernen, wodurch ihre Lebenskenntnis und -erfahrung eminent gesteigert wird; **auch nur mit Wasser kochen** (umgangssprachlich: *die Grenzen, die den Menschen gesteckt sind, wohl oder übel beachten müssen; sich nicht viel anders verhalten als alle Menschen in ähnlicher Lage*): Die meisten Menschen können es sich nicht leisten, mit Besserem als mit Wasser zu kochen; **von reinstem Wasser/reinsten Wassers** *(von bester, ausgeprägter, hundertprozentiger Art):* Seit dem 16. Jh. bezeichnet man den Glanz von Perlen, Edelsteinen und besonders Diamanten als »Wasser«. Die Juweliere unterscheiden drei Stufen: Drittes Wasser ist geringer Glanz, zweites Wasser etwas besserer und erstes (reinstes) Wasser ist völlig durchsichtiger, ungetrübter Glanz; **kein Wässerchen trüben können** (umgangssprachlich, oft ironisch: *völlig harmlos, naiv, unschuldig erscheinen*): Der römische Fabeldichter Phädrus (1. Jh. n. Chr.), der u. a. auch eine Sammlung äsopischer Fabeln benutzt hat, berichtet von einem Wolf, der das unterhalb aus dem Bach trinkende Lamm beschuldigt, ihm das Wasser getrübt zu haben; der Wolf, der einen Grund sucht, das Lamm zu fressen, tut heuchlerisch so, als sei er unschuldig an der Trübung des Wassers. Die Macht der Logik, die das Lamm dieser Beschuldigung entgegensetzt, lässt den Wolf dann doch zu einem anderen Grund greifen: »Du schmähtest«, rief er, »mich vor einem halben Jahr!« – »Da war ich«, sprach das Lamm, »noch gar nicht auf der Welt!« – »Dann war's dein Vater eben, ja, beim Herkules!«, schrie jener und zerriss es wider Fug und Recht. Phädrus fügt die Lehre hinzu: Die Fabel geht auf den, der Menschen ohne Schuld durch falsche Unterstellung ins Verderben zieht. Luther greift einmal die Fabel auf: »ich muste das schaff sein, das dem wolffe das Wasser betrübt hatte, Tetzel ging frey aus, ich must mich fressen lassen.«

Wasserglas: Ein Sturm im Wasserglas

Vergleiche »Sturm«.

(S)ein Waterloo erleben

eine vernichtende Niederlage einstecken müssen: Am 18. Juni 1815 wurde Napoleon I. bei Waterloo, einem Ort 15 km südlich von Brüssel, vernichtend geschlagen. In Waterloo befand sich das Hauptquartier des englischen Generals Wellington, nach dem die Schlacht benannt wurde. Der deutsche General Blücher sprach lieber von Belle-Alliance. Die Redensart ist beeinflusst von englisch »to meet his Waterloo«. Älter: »sein Waterloo finden« (Heine).

Jemandem auf den Wecker fallen/gehen

umgangssprachlich: *jemandem lästig fallen, auf die Nerven gehen:* »Wecker« wird hier übertragen für die empfindlichen Nerven des

Menschen oder auch für seinen Verstand gebraucht (vergleiche »jemandem auf den Keks gehen«, »Keks«, umgangssprachlich = Kopf). Die Redensart ist erst in jüngster Zeit entstanden. Die Nerven bzw. der Verstand werden mit einem Uhrwerk verglichen.

(Noch) gut bei Wege sein

umgangssprachlich veraltend: *(noch) gesund und rüstig sein:* Die Fügung »bei Wege« bedeutete ursprünglich »unterwegs«, dann »auf den Beinen, bei der Hand, anwesend«, auch »in Tätigkeit« und schließlich »bei guter Gesundheit, wohlauf, in guter Verfassung«. Auf den umgangssprachlichen Gebrauch spielt Willibald Alexis in seinem Roman »Dorothee« von 1856 an: »Kurfürstliche Durchlaucht sind nicht bei Wege«, hieß es gegen die fürnehmsten Diener ... »Seine Durchlaucht sind unpass«, sagte der Doktor.

Wegschwimmen: Jemandem schwimmen die Felle weg/fort

Vergleiche »Felle«.

Wehret den Anfängen!

Verhindert gefährliche Entwicklungen gleich zu Beginn ihres Auftretens!: Mit diesem antiken Imperativ meinte sein Urheber, der römische Dichter Ovid (43 v. Chr. bis um 18 n. Chr.), etwas vergleichsweise Harmloses (lateinisch »principiis obsta« = widersteh den Anfängen!): Er warnte nämlich damit vor den Folgen des Sichverliebens, einer lästig werdenden Leidenschaft in seinem Werk »Remedia amoris« (»Heilmittel der Liebe«), das er nach seiner »Ars amatoria« (»Liebeskunst«) schrieb, aber wohl selbst nicht als dichterischen Widerruf (Palinodie) wertete. Die zum Zitat gewordene Aufforderung übertrug sich leicht auf moralische, politische, soziale und andere Entwicklungen. Auch der dem Ausspruch folgende Text Ovids beleuchtet noch einmal die Gefahr: »Zu spät bereitet man Mittel, wenn das Übel erst stark ist durch langen Verzug.«

Weib: Schwachheit, dein Name ist Weib!

Vergleiche »Schwachheit«.

Wein

Neuer Wein in alten Schläuchen *(Altbekanntes in neuer Verpackung; keine grundlegende Reform, sondern nur unzulängliche Umgestaltung):* Das Substantiv »Schläuche« zeigt an, dass es sich um ein altes Bild handelt. In biblischer Zeit wurde der Wein in Schläuche abgefüllt, die aus zusammengenähten Ziegenfellen gefertigt waren. In Markus 2, 22 steht die Warnung: »Und niemand fasset Most in alte Schläuche; anders zerreißet der Most die Schläuche, und der Wein wird verschüttet, und die Schläuche kommen um; sondern man soll Most in neue Schläuche fassen.« Ähnlich in Matthäus 9, 17 und Lukas 5, 37. Vergleiche althochdeutsch »alter uuîn in niuuen belgin« (aus einer lateinisch-althochdeutschen Tatianabschrift in Oxford); **der Wein erfreut des Menschen Herz** stammt ebenfalls aus der Bibel (Psalm 104, 15); **im Wein ist/liegt Wahrheit** *(der Einfluss des Alkohols lässt oft den wahren Charakter eines Menschen zutage treten):* Die lateinische Form des Ausspruchs (»In vino veritas«) ist nicht aus der Antike überliefert, der Gedanke in anderer Form sehr wohl. Er hat eine griechische Entsprechung (»En oino aletheia«), die aus einer Sprichwörterbearbeitung des griechischen Sophisten und Philologen Zenobios (1./2. Jh. n. Chr.) stammt. In der Barockzeit erscheint eine witzige Abwandlung der lateinischen Fügung: »In vino feritas« (im Wein ist Leidenschaft, Wildheit); **voll des süßen Weines sein** (scherzhaft: *vom Wein berauscht sein*): Auch dies ist biblischen Ursprungs. In der Apostelgeschichte 2 wird erzählt, wie die Apostel vom Heiligen Geist erfüllt in vielen fremden Sprachen zu predigen begannen (diese werden in V. 9–11 sogar aufgezählt). Einige entsetzten sich darüber, »die andern aber hatten 's ihren Spott und sprachen: ›Sie sind voll süßes Weins.‹«

Weise: Stein der Weisen

Vergleiche »Stein«.

Weiß: Schwarz auf weiß

Vergleiche »schwarz«.

Bis zum Weißbluten

bis zur völligen Erschöpfung, bis zum Letzten: Diese Fügung (20. Jh.) wird nur übertragen gebraucht. Sie geht auf die Vorstellung zurück, dass der Mensch weiß (blass, bleich) wird, wenn er starken Blutverlust erleidet.

Weit: Ein weites Feld sein

Vergleiche »Feld«.

Weitermachen: Seinen (alten) Stiefel weitermachen

Vergleiche »Stiefel«.

Weiterziehen: Die Hunde bellen, die Karawane zieht weiter

Vergleiche »Karawane«.

Weizen: Die Spreu vom Weizen trennen

Vergleiche »Spreu«.

Welt

Hier ist die Welt mit Brettern vernagelt *(der Ort, die Gegend hier ist sehr einsam, abgelegen und daher langweilig):* Einer Reihe älterer Redensarten mit »Welt« liegt die mittelalterliche Vorstellung der Erdscheibe (»orbis terrae«) zugrunde, so auch dieser. 1609 veröffentlichte ein gewisser Johannes Sommer (1559–1622) unter dem Pseudonym Joh. Olorinus Variscus ein Werk mit dem Titel »Ethographia mundi« (»Beschreibung der Sitten der Welt«). Darin heißt es: »... dass er vom Ende der Welt komme gelaufen und habe gesehen, das es mit Bretern daselbst sei vunterschlagen.« Der Gedanke wird lexikalisch und literarisch aufgegriffen: Im »Teutsch-englischen Lexicon« von Christian Ludwig (1660–1728), das 1716 in Leipzig erschien, steht: »da wo die Welt mit Bretern beschlagen ist« als deutsche Version von englisch »about the world's end«. Und 1790 heißt es in Chr. F. D. Schubarts (1739–91) »Chronik«: »ist er gereist bis wo die Welt mit Brettern vernagelt ist«. Seitdem wird die ironisch-übertreibende Redensart häufig verwendet; **die Welt will betrogen sein** *(der Mensch lässt sich gern auf Täuschung ein und verdient es deshalb nicht anders):* Die sprichwörtliche Redensart ist alt und steht in der Form »die weltt die will betrogen syn« schon im »Narrenschiff« des Sebastian Brant von 1494. Ob die lateinische Version »mundus vult decipi« (die Welt will betrogen werden) vorangeht oder nachfolgt, ist nicht geklärt. Vermutlich ist sie aber erst im 16. Jh. entstanden, nach der deutschen Version. Manche schreiben sie Paracelsus (1493–1541) zu, verbunden mit dem zynischen Zusatz »ergo decipiatur« (also kann sie auch betrogen werden), was allerdings im Widerspruch steht zu dem kompromisslosen Wahrheitsstreben, der tiefen Religiosität und der strengen ärztlichen Ethik dieses Arztes, Naturforschers und Philosophen; **die Welt nicht mehr verstehen** *(völlig verständnislos, ratlos, fassungslos vor etwas stehen, was vorgegangen ist oder gerade vorgeht):* In dem bürgerlichen Trauerspiel »Maria Magdalene« von Friedrich Hebbel (1813–63), entstanden 1843/44, spricht der Tischler Meister Anton, der seine Familie mit seiner eisernen Rechtschaffenheit tyrannisiert hat, am Schluss des dritten und letzten Aktes nach dem Selbstmord seiner Tochter Klara die Worte: »Ich verstehe die Welt nicht mehr«, offenbar im Zweifel darüber, ob sein altes Verhältnis zu der Welt in Ordnung war; **die Welt aus den/ihren Angeln heben (wollen)** *(entscheidende, grundlegende Änderungen für die Menschen herbeiführen [wollen]):* Diese Redensart ist von der antiken Philosophie beeinflusst, deren Vertreter (Aristoteles, Archimedes) sich verschiedentlich mit den Hebelgesetzen befassten, was durch Kommentatoren (z. B. den Mathematiker Pappus oder den Philosophen Simplikios) überliefert ist: »Gib mir (einen Punkt außerhalb der Erde), wo ich stehen kann, und ich werde die Erde bewegen.« Der heutige Wortlaut ist jüngeren Ursprungs. Grimm (»Deutsches Wörterbuch«) kennt unter »Angel« nur die Redensart »aus den Angeln heben«, schon im übertragenen Sinn von »jemanden seines festen Standpunktes berauben«.

Die Werbetrommel schlagen

umgangssprachlich: *eifrig für etwas Reklame machen:* Der Wendung liegt das Wort »werben« zugrunde, das ursprünglich »sich um jemanden bemühen« bedeutete: um eine Frau werben, Soldaten (an)werben. Mit der Werbetrommel trommelte der Werbeoffizier die jungen Männer auf dem Musterplatz zusammen, um ihnen die Annehmlichkeiten des Soldatenlebens zu verkünden und ihnen eine Verpflichtung schmackhaft zu machen. Die Bedeutung »Propaganda, Reklame« ist seit dem 18. Jh. belegt, aber erst im 20. Jh. im Rahmen der modernen Produktwerbung populär geworden.

Werfen

Das Handtuch werfen

Vergleiche »Handtuch«.

Perlen vor die Säue werfen

Vergleiche »Perlen«.

Sich in Positur werfen

Vergleiche »Positur«.

Sich in Staat werfen

Vergleiche »Staat«.

Sich in Wichs werfen

Vergleiche »Wichs«.

Ein Wermutstropfen (im Becher der Freude) sein

gehoben: *die Freude ein wenig trüben:* In dieser Wendung ist mit »Wermutstropfen« nicht der Wermutwein, sondern der bittere Saft des Heilkrautes gemeint, der jedem Getränk einen bitteren Beigeschmack gibt.

Kein/viel Wesen(s) von/um jemanden/etwas machen

einer Person oder Sache keine/besondere Aufmerksamkeit zukommen lassen; kein/viel Aufhebens machen: In dieser seit Mitte des 16. Jh.s gebräuchlichen Wendung hat sich eine heute veraltete Bedeutung des Substantivs »Wesen« erhalten, nämlich »Tun und Treiben, Tun und Lassen, Verhalten«. Es ist die im Frühneuhochdeutschen (15.–17. Jh.) bei Weitem vorherrschende Bedeutung, die auch in der Ende des 18. Jh.s aufgekommenen Redensart **sein Wesen treiben** *(sich an einem Ort aufhalten und dort in einer Wei-*

se tätig sein, die als fremd, eigenartig, suspekt empfunden wird) lebendig geblieben ist.

(Bei jemandem) gut Wetter machen

umgangssprachlich: *jemanden günstig stimmen:* Die Wendung knüpft an die heute veraltete Bedeutung von »Wetter« im Sinne von »Stimmung, Gemütszustand« an.

Wichs

Sich in Wichs werfen *(umgangssprachlich veraltend: sich aus bestimmtem Anlass festlich kleiden):* »Wichs« ist eine substantivische Rückbildung zu dem Verb »wichsen« = putzen, blank machen, die im 18. Jh. unter den Studenten aufkommt; **in vollem Wichs** *(in Festkleidung, bei der nichts fehlt):* Was alles zum studentischen Wichs gehörte, beschreibt der Schriftsteller Karl Leberecht Immermann (1796–1840) in einem seiner Romane: »Die meisten ritten ... in dem damaligen sogenannten ›Wichs‹, d. h. in buntfarbigen, schnürebesetzten Colletten (= Reitwesten), weiß gekollerten (= weichen, weißen) Lederbeinkleidern, Kanonenstiefeln, Stürmer auf dem Haupte.«

Jemanden beim Wickel kriegen/nehmen/packen

umgangssprachlich: *jemanden fassen und festhalten:* Heute trägt man keine Wickel mehr, bei denen man gepackt werden könnte. Es war das Band, das früher um den (Männer)zopf gewickelt wurde. Die Wendung ist seit dem frühen 19. Jh. bezeugt und auch in den Mundarten verbreitet. Zum Männerzopf vergleiche »einen alten Zopf abschneiden« unter »Zopf«, ebenso: »den dicken Wilhelm markieren«.

In die Wicken gehen

umgangssprachlich: *verloren gehen, entzweigehen; misslingen:* Lateinisch »vicia« (schon früh zu deutsch »Wicke« geworden, als man v noch wie w aussprach und c vor i wie k: althochdeutsch »wicka«, mittelhochdeutsch »wicke«) ist der botanische Name einer Pflanze, die in etwa 150 Arten vorkommt. Am bekanntesten ist die Ackerbohne (Sau-, Pferde-, Puffbohne), die u. a. der Viehfütterung, Silage und Gründüngung dient. Auch als Streu wurde sie verwendet. Sie galt schon bald (mittelhochdeutsch) in übertragenem Gebrauch als etwas Wertloses, Geringes. »Nicht eine Wicke« bedeutete damals »gar nicht«. In nieder- und mitteldeutschen Mundarten ist die Wendung weit verbreitet; vergleiche »in die Binsen gehen« unter »Binsen«. Wie bei dieser Wendung hat man auch bei »in die Wicken gehen« den Ursprung in der Jägersprache vermutet, was wenig wahrscheinlich ist, da die Wicken zur Jagdzeit bereits geerntet sind.

Jemandem eine wienern/eine gewienert kriegen

umgangssprachlich: *jemanden ohrfeigen/geohrfeigt werden:* Das Verb »wienern« stammt aus der älteren Soldatensprache (18. Jh.): »wienern« = putzen, reinigen, Metall mit Wiener Kalk polieren (eine Art Schlämmkreide oder gebrannter, sandfreier, tonhaltiger Kalk). Vergleiche das gleichbedeutende »eine gewischt kriegen«.

Den dicken Wilhelm markieren/spielen

umgangssprachlich: *sich aufspielen, großtun:* Welcher Wilhelm unter unseren ehemaligen Fürsten hier gemeint sein könnte, ist ungeklärt: Kaiser Wilhelm II. (wegen seiner markigen Reden), König Friedrich Wilhelm II. von Preußen (verschwenderisch, wohlbeleibt, Mätressen aushaltend) oder der »Willem« als wohlgenährtes Symbol des Holländers? Eine weitere Erklärung: »Wilhelm« war früher einer der beliebtesten deutschen Vornamen, der sein »appellatives« Schicksal mit anderen Vornamen wie Hans, Hinz, Kunz, Liese, Trine, Suse teilen musste. Wie der »(falsche) Wilhelm« (= falscher Zopf, einen falschen Wilhelm tragen) zu seinem Namen kam, ist ebenfalls ungeklärt. Für Grimm (»Deutsches Wörterbuch«) war er »in der Verbrechersprache heimisch«, was das »Wörterbuch des Rotwelschen« von Siegmund A. Wolf bestätigt. Wolf fügt an: »Eine Erinnerung an das verhasste reaktionäre ›Zopfregiment‹ des Kurfürsten Wilhelm von Hessen.« Dies ist nicht ganz verständlich, denn den Zopf als Soldatentracht, den sogenannten »preußischen Zopf«, führte im 18. Jh. Friedrich Wilhelm I., der Soldatenkönig, ein. Kurfürst Wilhelm von Hessen kopierte nur alles Preußische.

Wind

Von etwas Wind bekommen (umgangssprachlich: *etwas erfahren, was geheim bleiben sollte*): eine Wendung, die wohl der Jägersprache entstammt und im 17. Jh. zuerst bezeugt ist. Es ist der Geruch (die Witterung), den die Wildtiere vom Menschen und anderen Lebewesen aufnehmen; **in alle Winde zerstreut werden** *(völlig aufgelöst werden und verschwinden):* Der Prophet Hesekiel weissagt über ein jüdisches Heer (Hes. 17, 21): »Und alle seine Flüchtigen ... sollen durchs Schwert fallen, und ihre Übrigen sollen in alle Winde zerstreuet werden ...«; **den Mantel/sein Mäntelchen nach dem Wind hängen:** vergleiche »Mantel«.

Gegen Windmühlen kämpfen

vergeblich gegen einen Feind kämpfen: eine Lehnübersetzung des spanischen »acometer molinos de viento«, das eine Szene aus dem Roman »Don Quijote de la Mancha«, dem um 1610 von Cervantes verfassten berühmten spanischen Nationalroman, wiedergibt. Im 8. Kapitel beschreibt der Autor, wie Don Quijote 30 oder 40 Windmühlen zu Gesicht bekommt, die er für Riesen hält. »Mit denen gedenke ich einen Kampf zu fechten und ihnen allen das Leben zu nehmen ... Es geschieht Gott ein großer Dienst damit, so böses Gezücht vom Angesicht der Erde wegzufegen« (Übersetzung von Ludwig Braunfels). Natürlich scheitert Don Quijote schon bei der ersten Windmühle. Als er mit seiner Lanze gegen den sich drehenden Flügel stößt, bricht sie in Stücke und reißt Ross und Reiter mit sich fort, sodass der Held übel zugerichtet übers Feld kugelt. Die Redensart erscheint auch in anderen europäischen Sprachen: französisch »combattre contre des moulins à vent«; italienisch »combattere contro i mulini a vento«; niederländisch »vechten tegen windmolen«; englisch »to tilt at windmills« oder »to fight windmills«.

Ein Wink mit dem Zaunpfahl

Vergleiche »Zaunpfahl«.

Wissen, wo Barthel den Most holt

Vergleiche »Barthel«.

Morgenluft wittern

Vergleiche »Morgenluft«.

Witterung von etwas bekommen/Witterung für etwas haben

merken, dass etwas im Geheimen vor sich geht, im Schwange ist: Das Substantiv bezieht sich nicht auf »Witterung« = Wetter, sondern auf den Fachausdruck der Jägersprache (den manche Weidmänner zum Unterschied »Wittrung« schreiben), auf die Fähigkeit der Wildtiere, mit dem Geruchssinn etwas wahrzunehmen, was für die menschliche Nase nicht wahrnehmbar ist. Vergleiche »von etwas Wind bekommen«.

Witze reißen

umgangssprachlich: *Witze erzählen:* Das Verb »reißen« bedarf hier einer Erläuterung. Es hat nicht die übliche Bedeutung »zerreißen, in Stücke gerissen werden«, sondern eine alte, die sich noch in »Reißbrett, Reißzeug« erhalten hat, mittelhochdeutsch »rizen« = einritzen, schreiben, zeichnen. Der Sinn wäre dann »eine possenhafte Gestalt, eine Karikatur zeichnend entwerfen«. Von »entwerfen« wechselte dann die Bedeutung schon früh zu »hersagen«, z. B. Reime reißen = aus dem Stegreif hersagen, einen Schwank, Zoten reißen.

Wo nichts ist, hat der Kaiser sein Recht verloren

Vergleiche »Kaiser«.

In den Wochen sein/liegen/in die Wochen kommen

im Wochenbett, Kindbett liegen, ins Kindbett kommen: Diese »Wochen« sind eine Verkürzung aus »Sechswochen«, d. h. der Zeitraum, während dessen die Frauen, die ein Kind geboren hatten, Bett und Zimmer hüten mussten. Vergleiche die Verordnung für Wöchnerinnen 3. Mose 12, 2–8.

Wolf

Ein Wolf im Schafspelz sein *(ein sich äußerst sanft und friedlich gebender Mensch sein, der insgeheim Übles, Schlimmes plant):* In

Matth. 7, 15 heißt es: »Sehet euch vor vor den falschen Propheten, die in Schafskleidern zu euch kommen, inwendig aber sind sie reißende Wölfe.« Dieses Jesuswort ist der Ursprung der Redewendung. Vergleiche dazu noch Matth. 10, 16 und Joh. 10, 12. Der »Schafspelz« ist jüngere Ausdrucksweise, kaum vor 1800. Lessing bringt im »Nathan« (1779) den »Wolf« mit dem »Schafpelz« zusammen: »Ich werde hinter diesen jüdischen Wolf im philosophischen Schafpelz Hunde schon zu bringen wissen, die ihn zausen sollen.« Das lateinische »in vestimentis ovium« wurde schon im Althochdeutschen übersetzt: »in giwatin scafo« (Tatian, um 830), »in scafinen giwatin« (Otfrid, um 817); in der ersten deutschen Bibel von 1466: »in scheffin gewande«; frühneuhochdeutsch (16. Jh.): »under einer schaffhaut«; bei Logau: »Schafskleid« (17. Jh.); **der Wolf in der Fabel** (bildungssprachlich: Ausruf, wenn jemand erscheint, von dem gerade gesprochen wurde): eine Lehnübersetzung der lateinischen Fügung »lupus in fabula«, die z. B. bei Cicero, Plautus und Terenz vorkommt. Die Vorstellung, die sich im Deutschen auch in der Form »Wenn man vom Teufel spricht, kommt er« (vergleiche »Teufel«) findet, ist alt und wird in verschiedener sprachlicher Form wiedergegeben. In Sebastian Francks »Sprichwörtern« (1541) erscheint der Gedanke in Reimform: »Wann man den Wolff nennt, so komt er gerent«; **mit den Wölfen heulen** *(sich aus Opportunismus oder weil einem nichts anderes übrig bleibt, dem als falsch, gefährlich oder unmoralisch betrachteten Treiben einer Gruppe anschließen):* Der Wolf gilt seit alters als wildes, reißendes, unersättliches (Wolfshunger!) Raubtier, das früher lange als Plage galt. Das hat sich auch im Märchen niedergeschlagen. Es ist daher verständlich, dass die Wölfe in dieser Wendung mit herrschenden Mehr- oder Minderheiten gleichgestellt werden, mit denen man nicht einverstanden ist. Schon spätmittelhochdeutsch (15. Jh.) stellt Michael Beheims »Reimchronik« fest: »Wer bi den wolffen wonet, darff, dass er mit in honet« (= heult). »Schlagt die Aristokraten tot, das sind Wölfe«, heißt es einmal bei Georg Büchner; **unter die Wölfe geraten** entspringt der gleichen Meinung über das Raubtier (brutal behandelt, ausgenutzt, ausgebeutet werden). Der bekannte lateinische Spruch »homo homini lupus« wird 1548 in einem Druck von Sebastian Francks »Sprichwörtern« wiedergegeben als »Ein Mensch ist des andern wolff ...«, was der englische Philosoph Thomas Hobbes im 17. Jh. zum Grundthema macht. Der lateinische Ausspruch stammt aus der Komödie »Asinaria« (Eselsverkauf) des römischen Dichters Plautus (3./2. Jh. v. Chr.), gilt aber einem eher harmlosen Vorfall; **sich einen Wolf laufen** *(sich durch langes, schweißtreibendes Laufen einen sogenannten Hautwolf* [medizinisch Intertrigo], *eine Hautentzündung zuziehen):* Die Bezeichnung »Wolf« galt auch für andere Hauterkrankungen. Gemeinsam ist ihnen die Vorstellung, dass die Haut »zerfressen« wird, das Geschwür »um sich frisst«. Der Straßburger Chirurg Hermann Walter Ryff gibt in seinem Buch »Die groß Chirurgei« von 1559 eine Erklärung: »Lupus, das ist der wolf, auch ein schedlicher böser schaden, der furnemlich die schenkel beschediget ... und gleichwie ein wolf das fleisch um sich her verzert«; **jemanden durch den Wolf drehen** (salopp: *jemanden physisch zermürben, ihm psychisch hart zusetzen*): »Wolf« werden verschiedene Geräte genannt, die zerkleinern, zerreißen o. Ä. Hier ist der Fleischwolf gemeint. Unter den vielen in Grimms »Deutschem Wörterbuch« genannten Geräten (der Band erschien 1960) ist der Fleischwolf noch nicht verzeichnet. Vergleiche »Reißwolf«: Gerät zum Zerreißen und Zerkleinern von Akten oder anderem Papier.

Auf Wolke sieben schweben

umgangssprachlich: *in Hochstimmung sein:* Die englische Wendung »to be in the clouds« (= schwärmerisch veranlagt sein) wurde dahingehend präzisiert, dass es die Wolke Nr. 7 sein müsse, um ganz glücklich zu sein: »to be on cloud seven«, dies sicher beeinflusst durch »to be in the seventh heaven« (= im siebten Himmel sein; vergleiche »Himmel«). Unsere Lehnübersetzung imitiert das englische Vorbild. Das berlinische **Det is 'ne Wolke!** *(das ist wunderbar, toll, großartig)* verrät nicht, um welche Wolke es sich handelt.

In Wolkenkuckucksheim leben

völlig realitätsferne, welt- und wirklichkeitsfremde, fantastische Vorstellungen haben, die das Leben des Betreffenden bestimmen: Die Übersetzung von griechisch »nephelokokkygia« mit »Wolkenkuckucksheim« taucht zum ersten Mal 1814 bei Schopenhauer auf. Es ist der Name des Vogelstaates in der Komödie »Die Vögel« (»Ornithes«) des Aristophanes, in der das Grundthema die Suche nach einer besseren Welt ist. Das Stück wurde 414 v. Chr. in Athen aufgeführt. Das griechische Wort setzt sich zusammen aus »nephele« = Wolke und »kokkyx« = Kuckuck. Die Zusammensetzung wurde verschiedentlich anders wiedergegeben, z. B. mit »Wolkenkuckucksburg« (Fr. Th. Vischer) oder »Kuckuckswolkenheim« (Joh. Heinrich Voß). Auch das »Kuckucksheim« findet sich (Grimm, »Deutsches Wörterbuch«). Durchgesetzt hat sich die schopenhauersche Variante. Die englische Entsprechung lautet »cloud-cuckooland«.

Wolle

Viel Geschrei und wenig Wolle (vergleiche »Geschrei«); **sich in Wolle reden** (umgangssprachlich: *beim Reden zornig werden*); »in der Wolle sein« (veraltet für: *zornig sein*) ist hier variiert. Man erklärt die Wendung als Metapher für den im Frühjahr treibenden, ausschlagenden Weidenbaum, bei dem vor den Blättern weiße, wollartige Büschel erscheinen (Grimm, »Deutsches Wörterbuch«). Diese Erklärung befriedigt nicht recht. Andere stellen das Wort zu »Walle« = Wallung, möglicherweise weil Wolle beim Menschen Hitze erzeugt. In diese Reihe gehört auch **jemanden in (die) Wolle bringen** (umgangssprachlich: *jemanden ärgerlich, wütend machen*). In anderen Wendungen kann »Wolle« durch »Haare« ersetzt werden: **mit jemandem in die Wolle geraten/sich mit jemandem in der Wolle haben/mit jemandem in der Wolle liegen** (umgangssprachlich: *sich streiten*); in der folgenden Redensart bedeutet »Wolle« wieder »Schafwolle«, was Jahrhunderte hindurch die Hauptbedeutung des Wortes war: **in der Wolle gefärbt sein** *(durch und durch überzeugt, echt sein):* Nicht erst das Kleidungsstück ist gefärbt worden, sondern schon die Wolle, aus der es hergestellt ist. Damit ist es farbechter.

Wort

Ein geflügeltes Wort *(oft zitierter Ausspruch eines Dichters, Schriftstellers,Publizisten u. a.):* Georg Büchmanns berühmte

Sammlung »Geflügelte Worte« erschien zuerst 1864. Die Wendung ist eine Lehnübersetzung des homerischen »epea pteroenta« = mit Flügeln versehene Worte. Man stellte sich Worte und Sprüche wie Vögel mit Flügeln vor, die aus dem Mund des Sprechers entweichen. Büchmann deutete die griechischen Worte in seinem Sinne um: »Geflügelte Worte nenne ich Worte, die, von nachweisbaren Verfassern ausgegangen, allgemein bekannt geworden sind und wie Sprichwörter angewandt werden«; **seine Worte (nicht) auf die Goldwaage legen** *(beim Reden [nicht] genau überlegen, was man sagt):* eine Redensart lutherscher Prägung: In Sirach 28, 25 heißt es: »Du wägst dein Gold und Silber ein; warum wägest du nicht auch deine Worte auf der Goldwaage?« Die Goldwaage war eine empfindliche Waage zum Wiegen von Goldmünzen. Die Verbindung mit »legen« ist ebenfalls schon im 16. Jh. bezeugt. Jesus Sirach war ein Spruchdichter aus dem 2. Jh. v. Chr., dessen Werk zu den Apokryphen gehört; der letzten positiven Wendung ähnlich ist die Wendung: **jedes Wort auf die Goldwaage legen** *(auf jedes Wort achten, das man spricht);* **ein großes Wort gelassen aussprechen** *(eine überraschende, wichtige Äußerung machen):* Diese Redensart basiert auf einem Zitat aus Goethes »Iphigenie« (I, 3): König Thoas entgegnet auf Iphigenies Enthüllung, dass sie aus dem (verfluchten) Geschlecht des Tantalus stammt: »Du sprichst ein großes Wort gelassen aus.« Heute wird in dieser Wendung oft »großes Wort« durch »wahres Wort« ersetzt.

Wuchern: Mit seinen (anvertrauten) Pfunden wuchern

Vergleiche »Pfund«.

Wunder

Es geschehen noch Zeichen und Wunder (vergleiche »Zeichen«); **sein blaues Wunder erleben** (umgangssprachlich: *unangenehme Überraschungen erleben*): Die Fügung als solche (»blaues Wunder«) ist schon spätmittelhochdeutsch nachzuweisen. Früher waren Verbindungen mit anderen Verben üblich, z. B. sein blaues Wunder sehen, hören. Sie drückten starkes Erstaunen, große Verwunderung der Person aus, von der gesprochen wurde. Die Farbe Blau symbolisiert sehr Verschiedenes: Sie drückt etwas Unbestimmtes, Entferntes, Luftiges aus; sie ist die Farbe des Traums, der Täuschung und Verstellung, besonders in der älteren Literatur. Auch als Symbol der Treue, der Klarheit und der kühlen Ruhe erscheint sie. In der vorliegenden Wendung bezeichnet das Adjektiv etwas noch nicht näher Definiertes, Unbestimmtes, Fragliches, Ungewisses, das für Überraschungen sorgen wird.

Da ist der Wunsch der Vater des Gedankens

der Gedanke ist von Wunschvorstellungen geprägt und entspricht nicht den wirklichen Gegebenheiten: Diese Redensart geht auf Shakespeares Drama »König Heinrich IV.« (IV, 4) zurück. Dort heißt es im Original: »Thy wish was father, Harry, to that thought.«

Die Würfel sind gefallen

Eine Entscheidung wurde getroffen (jetzt gibt es kein Zurück mehr): Diese Redensart (lateinisch alea iacta est) wird auf Julius Cäsar zurückgeführt, der mit diesen Worten seine Entscheidung, mit den Truppen den Rubikon zu überschreiten und damit den Bürgerkrieg zu beginnen, kommentiert haben soll.

Jemandem die Würmer (einzeln) aus der Nase ziehen

umgangssprachlich: *jemandem durch beständiges Fragen eine Antwort nach der anderen mühsam entlocken:* Nach dem Volksglauben können sich Krankheitsdämonen in Wurmgestalt überall im menschlichen Körper einnisten, die an dem betreffenden Glied nagen (im Hirn, im Ohr, in der Nase, in den Eingeweiden). Ein Reflex dieses Glaubens sind die im ganzen Mittelalter auftretenden Wurmsegen. Ohne diesen Hintergrund wäre die erst im 17./18. Jh. aufkommende Redewendung nicht verständlich.

Wurst

Wurst wider Wurst (umgangssprachlich: *Vergeltung mit Gleichem; eine Gefälligkeit ist der anderen wert*), meist ins Negative gewendet: Wie du mir, so ich dir. Bei den früher häufig durchgeführten Hausschlachtungen bedachte man seine Nachbarn mit Wurstpräsenten, diese revanchierten sich dann; **jemandem ist etwas Wurst** (umgangssprachlich: *jemandem ist etwas gleich-*

gültig, egal): Die Redensart wird verschieden erklärt. Die einen betrachten die Wurst als geringwertige Fleischspeise; ob man sie bekommt oder nicht, bleibt sich gleich. Andere weisen auf die zwei gleichen Enden der Wurst hin; es ist also völlig gleich, wo man sie anbeißt; **um die Wurst gehen** (umgangssprachlich: *um die Entscheidung gehen*): Vermutlich ist hier ein ausgesetzter Preis in Gestalt einer Wurst gemeint. Nach Würsten konnte bei volkstümlichen Wettkämpfen geklettert, geangelt oder geschnappt werden.

Wüste

Ein Prediger/Rufer in der Wüste (vergleiche »Prediger«); **jemanden in die Wüste schicken** *(jemanden aus einem einflussreichen Amt entfernen, entlassen):* Diese Redensart hat einen alttestamentlichen Hintergrund. An Jom Kippur, am Versöhnungstag, jagten die Juden einen Ziegenbock in die Wüste, als »Sündenbock«. Der Hohepriester legte ihm die Hand auf und sprach ein Sündenbekenntnis. Damit übertrug er die Sünden des Volkes auf den Bock, der den Verstoß in die Wüste mit dem Leben bezahlte (vergleiche 3. Mose 16, 5–10 und 19–22). Dieser weniger angenehmen Seite des Menschen, der im Allgemeinen bestrebt ist, die eigene Schuld auf andere abzuwälzen, fielen früher auch Menschen zum Opfer.

X*x*

Jemandem ein X für ein U vormachen

umgangssprachlich: *jemanden belügen, täuschen:* Ursprünglich jemandem X (= zehn) statt V (= fünf) anschreiben, d. h., an ein V ein umgekehrtes V (Λ) setzen bzw. die Schenkel des V nach unten verlängern, sodass ein X entsteht. Das lateinische Alphabet unterscheidet U und V grafisch nicht. Es kennt nur V für beide Laute. Bis ins 15./16. Jh. wurden fast ausschließlich römische Zahlzeichen verwendet. Da das lateinische V vielfach durch deutsches U wiedergegeben wurde, setzte sich U durch.

Zz

Zack

Auf Zack sein (umgangssprachlich: *eine Sache reaktionsschnell und energisch erledigen*); **jemanden auf Zack bringen** (umgangssprachlich: *dafür sorgen, dass er auf Zack ist*); **etwas auf Zack bringen** (umgangssprachlich: *in einen ordentlichen, disziplinierten, funktionierenden Zustand versetzen*): Die Interjektion »zack« bezeichnet eine scharfe, mitunter gewaltsame Bewegung (vermutlich vom Blitz hergenommen), durch die etwas schnell erreicht werden soll (seit dem 18. Jh.). Die Redensarten sind jüngeren Datums, entstanden in der Soldatensprache besonders des 1. Weltkrieges.

Zahl

Die Zahl der.../ihre Zahl ist Legion

Vergleiche »Legion«.

Rote Zahlen

Vergleiche »rot«.

Einen Zahn zulegen

umgangssprachlich: *die Geschwindigkeit einer Fortbewegung steigern:* nach dem mit Zähnen versehenen Teil, an dem früher der Handgashebel des Autos entlanggeführt wurde. Ähnlich: **einen tollen Zahn draufhaben** (umgangssprachlich: *sehr schnell fahren*).

Der Zahn der Zeit

die im Laufe der Zeit auftretenden Zerstörungen: Diese Fügung wurde wahrscheinlich als Zitat aus Shakespeares »Maß für Maß« (V, 1) allgemein gebräuchlich. Im Original heißt es »Tooth of time«.

Jemandem auf den Zahn fühlen

umgangssprachlich: *jemanden ausforschen, überprüfen:* Der Zahnarzt versuchte früher an der Reaktion des Patienten zu erkennen, welcher Zahn der kranke war, indem er mit den Fingern die infrage kommenden Zähne beklopfte oder befühlte. Hierauf geht die Wendung zurück.

Es herrscht Heulen und Zähneklappern

Vergleiche »Heulen«.

Den Zampano machen u. Ä.

umgangssprachlich: *durch prahlerisches Gebaren Eindruck erwecken wollen, sich lautstark in Szene setzen:* nach der gleichnamigen Gestalt (Zampanò) in dem Film »La strada« (1954) des italienischen Regisseurs und Drehbuchautors Federico Fellini (1920–93). Der Name enthält keine Anspielung und ist wohl eine Erfindung. Den Jahrmarktsschausteller Zampanò verkörperte der amerikanische Schauspieler Anthony Quinn.

Etwas (einen Streit, Krieg u. Ä.) vom Zaun brechen

mutwillig, leichtsinnig herbeiführen, provozieren: Die Grundvorstellung ist, dass man, wenn man ein Hilfsmittel benötigt, um einen Streit auszutragen, und nichts anderes zur Hand hat, sich ohne Umstände vom leicht erreichbaren Zaun eine Latte abbricht und damit zuschlägt.

Ein Wink mit dem Zaunpfahl

ein noch indirekter, aber doch sehr deutlicher Hinweis: Man will damit ausdrücken, dass einem das Zögern des Gesprächspartners in irgendeiner Sache nicht zusagt. Ein Zaunpfahl ist so groß, dass er nicht zu übersehen ist.

Die Zeche prellen

seine Rechnung in der Gaststätte nicht bezahlen: »Prellen« bedeutet eigentlich »heftig (an)stoßen«. Die Bedeutung »nicht begleichen« in der vorliegenden Wendung geht zurück auf das grausame Prellen von gefangenen Füchsen, die mithilfe eines ruckartig angespannten Netzes wieder und wieder in die Höhe geschleudert wurden, bis sie tot waren. Bei dieser weidmännischen »Belustigung« wurde der Fuchs sozusagen um seine Freiheit geprellt (betrogen). Da die älteren Studenten sich von den jüngeren (den Füchsen) oft bewirten ließen und dann ihren Spaß daran hatten, wenn die Letzteren die Zeche bezahlen mussten, wurde der weidmännische Ausdruck in dieser Bedeutung in der Studentensprache heimisch.

Zu den oberen Zehntausend gehören

zur reichsten, vornehmsten Gesellschaftsschicht, zur Creme der Gesellschaft gehören: Dies ist eine Lehnübersetzung des englischen »the upper ten thousand«, ein Ausdruck, der von dem amerikanischen Journalisten Nathaniel Parker Willis (1806–67) gebraucht wurde, als er von den vornehmen Familien New Yorks sprach (in einem Leitartikel der Zeitung »Evening Mirror« vom 11. 11. 1844). Die Engländer verwenden heute meist nur noch (verkürzend) »the upper ten«. Der amerikanische Rechtsanwalt Allister reduzierte die Zahl zehntausend 1888 in einem Interview auf »the four hundred«.

Zeichen

Es geschehen noch Zeichen und Wunder! (Ausruf der Überraschung, wenn etwas geschehen ist, was der Sprecher nicht mehr erwartet hat): Das »Zeichen« bedeutet etwa das Gleiche wie »Wunder«, und beide vereint finden sich häufig in der Bibel, z. B. Mark. 13, 22: »Denn es werden sich erheben falsche Christi und falsche Propheten, die Zeichen und Wunder tun, dass sie auch die Auserwählten verführen ...« Weitere Stellen: Dan. 6, 28; Joh. 4, 48; Apg. 2, 22 und 6, 8; 2. Mose 7, 3. Die umgekehrte Reihenfolge »Wunder und Zeichen« scheint in der neuhochdeutschen Sprachperiode immer weniger gebraucht zu werden. Das »Deutsche Wörterbuch« von Grimm war 1956 noch der entgegengesetzten Meinung; **die Zeichen der Zeit erkennen** *(die gegenwärtige politische und soziale Lage, Situation richtig einschätzen, um daraus Anstoß zum Handeln zu gewinnen):* Auch diese Wendung wurzelt in der Bibel. In Matth. 16, 3 fordern die Pharisäer und Sadduzäer von Jesus, »dass er sie ein Zeichen vom Himmel sehen ließe«. Jesus erwidert ironisch, sie seien zwar imstande, morgens zu beurteilen, wie das Wetter würde, aber er müsse sie fragen: »Könnet ihr denn nicht auch über die Zeichen dieser Zeit urteilen?« Mit diesen Zeichen meinte Jesus seine eigenen Wundertaten; **seines Zeichens ein … sein** *(von Beruf ein … sein):* Er war seines Zeichens ein Schmied. Dieses Zeichen bezieht sich auf die früheren Handwerksmarken an den Balken von Gebäuden; **im Zeichen von etwas stehen** *(von etwas stark beeinflusst, geprägt sein):* Hier hat die Astrologie Pate gestanden mit ihren zwölf Tierkreiszeichen. Die Domination, die Zeichenherrschaft, bestand in der Position eines Planeten in seinem Haus; hier hat der Planet eine erhöhte Stärke, kann er seine Macht voll entfalten (dominieren). »Ein gräulich Zeichen steht im Haus des Lebens«, schrieb Friedrich Schiller in »Wallensteins Tod«.

Zeigen

Jemandem die kalte Schulter zeigen

Vergleiche »Schulter«.

Jemandem den Vogel zeigen

Vergleiche »Vogel«.

Zeit

Zu (in, bei) nachtschlafender Zeit

Vergleiche »nachtschlafend«.

Seit (zu, aus, vor) Olims Zeiten

Vergleiche »Olim«.

Das Zeitliche segnen

1. gehoben, veraltend: *sterben.* 2. umgangssprachlich: *völlig entzweigehen:* zu 1.: Früher war es üblich, dass der Sterbende sich auf den Tod vorbereitete, indem er vom Zeitlichen (dem Gegensatz zum Ewigen) Abschied nahm und darüber eine Segensformel sprach.

Zerschneiden: Das Tischtuch zwischen sich (und jemandem) zerschneiden

Vergleiche »Tischtuch«.

Zeug

... was das Zeug hält/halten will (umgangssprachlich: *mit allen Kräften*): Ursprünglich ist wohl das Geschirr der Zugtiere gemeint, dann auch das Gerät, das in Handwerk und Gewerbe zur Arbeit gebraucht wurde. In den Mundarten ebenfalls weit verbreitet. Die Redensart wird auf viele Vorgänge bezogen, auf jede übereifrig betriebene Tätigkeit; **jemand hat/besitzt das Zeug zu etwas/in jemandem steckt das Zeug zu etwas** (umgangssprachlich: *jemand hat die Anlage, die Befähigung, das Talent zur Ausübung von etwas*): entwickelt aus älteren präpositionalen Fügungen wie »wieder beim Zeug sein« = wieder arbeitsfähig sein, einer Sache gewachsen sein, in Bezug auf das Handwerksgerät; **jemandem am Zeug flicken (wollen)** (umgangssprachlich: *jemanden in Misskredit bringen [wollen]*): Bei diesem »Zeug« ist noch die alte Bedeutung »Kleidung, Kleiderstoff« erhalten geblieben wie auch in der älteren, weniger bekannten Wendung **sich ins Zeug werfen** *(gute Kleidung anlegen);* **sich ins Zeug legen** (umgangssprachlich: *sich sehr anstrengen*): Auch diese Redensart bezieht sich auf die Sielen der Zugtiere, die sich beim Transport schwerer Lasten so stark in das »Zeug« hineinstemmen, dass sie sich mit ihren Leibern auf den Boden zu »legen« scheinen; **mit jemandem scharf ins Zeug gehen** (umgangssprachlich: *jemanden streng behandeln, hart anfassen, scharf vorgehen*): Auch hier ist der konkrete Bezug der übertragenen Wendung wieder die Hantierung mit dem Arbeitsgerät.

Zicken machen

salopp: *Dummheiten, Schwierigkeiten machen, unüberlegt handeln:* Die Herkunft ist nicht eindeutig geklärt. Die einen stellen die in Umgangssprache und Mundart (besonders in Berlin) sehr gebräuchliche Redensart zu Zicke = Ziege und erinnern an ähnliche Wendungen wie »Kapriolen, Bocksprünge machen«, die aber die Bedeutung »Sprung« bereits in sich enthalten, was bei »Zicke« nicht der Fall ist. Hier müsste man eine Verbkonstruktion zu Hilfe nehmen: wie eine Zicke springen, was nicht überzeugt. Andere stellen das Substantiv zu »Zickzack«: »Zicken machen« sei verkürzt aus »einen Zickzackweg machen«. Das »Deutsche Wörterbuch« von Grimm, das sich dieser Meinung anschließt, zitiert eine Stelle aus Gerhart Hauptmanns »Rose Bernd« (1903): »Was geht denn das mich an, was du fer Fahrten und Zicken machst.« Oft imperativisch verneint: »Mach keene Zicken!«

Ziehen

Jemanden durch den Kakao ziehen

Vergleiche »Kakao«.

Den Kürzeren ziehen

Vergleiche »Kürzeren«.

Vom Leder ziehen

Vergleiche »Leder«.

Leine ziehen

Vergleiche »Leine«.

Alle Register ziehen

Vergleiche »Register«.

Am selben/gleichen Strang ziehen

Vergleiche »Strang«.

Jemandem die Würmer (einzeln) aus der Nase ziehen

Vergleiche »Wurm«.

Über das Ziel hinausschießen

bei etwas mit Übereifer vorgehen und dadurch das rechte Maß verfehlen: ursprünglich vom Schützen, der mit zu viel Anspannung und Kraft seinen Pfeil o. Ä. am Ziel vorbei und darüber hinaus befördert.

Jemandem eine Zigarre verpassen

umgangssprachlich vom Vorgesetzten: *einen Verweis, eine Rüge, einen Rüffel erteilen:* Wie die Zigarre, »die große Trostspenderin des neunzehnten Jahrhunderts« (Wilhelm Raabe), zu dieser Bedeutung gekommen ist, ist nicht geklärt. Grimms »Deutsches Wörterbuch« schreibt sie der Soldatensprache des 1. Weltkriegs zu; »sie ist im Zweiten weiter bekannt geworden«. Eine mögliche Erklärung: In Offizierskreisen sei es üblich gewesen, dem Untergebenen durch den Vorgesetzten eine Zigarre anzubieten, bevor dieser ihm eine Rüge erteilte.

Das Zipperlein haben/kriegen

umgangssprachlich scherzhaft: *an Gicht leiden:* Die Krankheitsbezeichnung »Zipperlein« tritt in der 2. Hälfte des 15. Jh.s auf. Man führt sie allgemein auf das heute veraltete Verb »zippern« zurück, das »mit kurzen Schritten langsam gehen« bedeutete (dieses Phänomen ist übrigens mehr mit der parkinsonschen Krankheit verbunden als mit der Gicht). Die Lautähnlichkeit machte den heiligen Cyprian zum Schutzpatron gegen das Zipperlein, »weil sein Name schon zippert und zieht«, wie Karl Julius Weber in seinem Werk »Deutschland, oder Briefe eines in Deutschland reisenden Deutschen« (1826/28) bemerkt.

Mit einem Zislaweng

umgangssprachlich: *mit Schwung; mit einem besonderen Kniff, Dreh:* Das Wort »Zislaweng« ist möglicherweise eine berlinische Verballhornung des französischen Ausdrucks »ainsi cela vent« (= so ging das zu).

Einen alten Zopf abschneiden

einen veralteten, rückständigen, überlebten Brauch oder eine solche Institution aufgeben: Zöpfe als männlicher Kopfschmuck sind seit dem 16. Jh. literarisch bezeugt. Im 18. Jh. gehörte der Zopf zur anständigen Kleidung des Mannes. Er wurde von Friedrich Wilhelm I. von Preußen (1688–1740) zur Vereinfachung der soldatischen Haartracht eingeführt, 1780 jedoch unter Friedrich II. als altmodisch wieder abgeschafft. In diesen letzten zwei Jahrzehnten des 18. Jh.s wurde der Zopf nach und nach immer häufiger abgelegt. Sein allmähliches Verschwinden bezeichnet nicht nur einen Wechsel in der Mode, sondern auch den Übergang in ein neues, zopfloses Zeitalter, das langsam begann, sich aus veralteten politischen und sozialen Zuständen zu lösen. Man vermutet, dass die Metapher während der Befreiungskriege in der Studentensprache aufgekommen ist.

Zulegen: Einen Zahn zulegen

Vergleiche »Zahn«.

Zunder

Aus Stahl, Feuerstein und Zunder bestanden die früheren Feuerzeuge vor Einführung der Streichhölzer (Zündhölzer, Schwefelhölzer). Durch das Schlagen mit dem Stahl am Feuerstein erzeugte man Funken, die im Zunder ein Glimmen hervorriefen. Der Zunder war eine lockere, pulvrige Masse ursprünglich aus pflanzlichen Stoffen (mulmiges Holz, Zunderschwamm), später auch aus verkohlter Leinwand. Das Substantiv (mittelhochdeutsch »zundere«, althochdeutsch »zuntra«) gehört zu dem Verb »zünden« (althochdeutsch »zunden«), bedeutet also »Mittel zum Anzünden«. Die Übertragung auf den Menschen ging von der Vorstellung aus, dass eine Erregung in ihm aufglüht oder etwas ihn in Erregung versetzt, so von der Erweckung des Glaubens, der Liebesglut oder vom Ausbruch anderer gefährlicher, leidenschaftlicher Gemütszustände. Den früheren konkreten Sinn bewahrt noch die Redensart **brennen wie Zunder** *(sehr leicht, sehr gut brennen).* Heutige Übertragungen sind: **Zunder bekommen/kriegen** (1. Soldatensprache: *von feindlicher Artillerie heftig beschossen werden.* 2. umgangssprachlich: a) *geprügelt werden;* b) *zurechtgewiesen werden*); **jemandem Zunder geben** (umgangssprachlich: 1. *jemanden prügeln.* 2. *jemanden antreiben.* 3. *jemanden scharf zurechtweisen*).

Das Zünglein an der Waage sein

eine Person oder Sache sein, die bei etwas den Ausschlag gibt: Das »Zünglein« ist bei bestimmten Waagen der kleine Zeiger in der Mitte des Waagebalkens, der anzeigt, nach welcher Seite sich die Waage neigt.

Zurande: Mit etwas/mit jemandem zurande (auch: zu Rande) kommen:

Vergleiche »Rand«.

Sich nach den Fleischtöpfen Ägyptens zurücksehnen

Vergleiche »Fleischtöpfe«.

Einen Pflock zurückstecken

Vergleiche »Pflock«.

Zusammenhalten/zusammenhängen wie Pech und Schwefel

umgangssprachlich: *unzertrennliche Freunde oder Freundinnen sein:* Pech und Schwefel in der Hölle tun sich einträchtig zusammen, um den sündigen Christen ihre verdienten Strafen zu erteilen. Den Höllenpfuhl dachte man sich im Volksglauben erfüllt von brennendem Pech und brennendem, stinkendem Schwefel. Schon im Mittelhochdeutschen werden Pech und Schwefel oft zusammen genannt. Da Pech auch eine klebende Wirkung entfaltet, hat dieser Umstand vermutlich zu der Wendung beigetragen. Sie scheint verhältnismäßig jung zu sein. Die Reihenfolge »Pech und Schwefel« ist heute fest geworden, schwankte aber noch im Mittelalter.

Einen Stiefel zusammenreden/zusammenschreiben

Vergleiche »Stiefel«.

Der Zweck heiligt die Mittel

zum Erreichen eines guten, moralisch einwandfreien Zieles sind auch unmoralische Mittel erlaubt: Diese Wendung wurde und wird fälschlich als moralisches Prinzip der Jesuiten betrachtet. Nach Büchmann soll Blaise Pascal dafür verantwortlich sein. Der Jesuitenpater Hermann Busenbaum hat 1652 in seinem Werk »Medulla theologiae moralis« (Kern der Moraltheologie) ausdrücklich verwerfliche Mittel ausgeschlossen. Bei den Machtpolitikern allerdings spielt der zynische Gehalt dieser sprichwörtlichen Redensart bis heute eine erhebliche Rolle. Büchmann nennt zwei Autoren als Quelle: Der französische Geschichtsschreiber Philippe de Commines (gest. 1511) bemerkte in seiner Autobiografie (»Mémoires«), die 1524 erschien: »La fin justifie les moyens« (das Ziel rechtfertigt die Mittel). Machiavelli (gest. 1527) vertritt in seinen »Discorsi sopra la prima deca di Tito Livio« (»Unterhaltungen über die erste Dekade der römischen Geschichte des Livius«), die 1531 erschienen, den gleichen Standpunkt, wenn er Romulus verteidigt, dessen Tat ihn zwar anklage, deren Erfolg ihn aber entschuldige.

Zwei

Wenn zwei dasselbe tun, ist es nicht dasselbe

Vergleiche »Quod licet Iovi …«.

Zwei Seelen und ein Gedanke

Vergleiche »Seelen«.

Auf einen/(häufiger:) keinen grünen Zweig kommen

umgangssprachlich: *wirtschaftlich, finanziell (keinen) Erfolg haben:* Mit dem »grünen Zweig« ist der junge Trieb der Bäume gemeint, der im Frühjahr hervorbricht. Tut er das nicht, dann ist der Baum tot (und trägt keine Früchte). Im deutschen Volksglauben ist der »grüne Zweig« Symbol der Fruchtbarkeit, und in dieser Wendung kann man ihn als allgemeines Sinnbild des Gedeihens erklären.

In eine Zwickmühle geraten/in einer Zwickmühle sein/sitzen/stecken/sich befinden

umgangssprachlich: *in einer schwierigen Situation sein, die keinen Ausweg erkennen lässt:* Im Mühlespiel gibt es eine Stellung der Steine, die sich »Zwickmühle« nennt: Mit dem gleichen Zug kann eine Mühle geöffnet und eine andere geschlossen werden. Das Wort ist seit dem 15. Jh. bezeugt und stammt aus dem westlichen Niederdeutschen. Heute ist es schriftsprachlich allgemein bekannt. Die Spielsituation wird vom Spielgegner beurteilt, der weder die eine noch die andere Möglichkeit verhindern kann.

Zwirnsfaden

An einem Zwirnsfaden hängen *(sich in ständiger Gefahr des »Abreißens«, d. h. des plötzlichen Endes, Todes, befinden):* Das Motiv erinnert an das Damoklesschwert (»ein Damoklesschwert über sich hängen haben«, vergleiche »Damoklesschwert«). Der Zwirnsfaden (ursprünglich ohne Fugen-s: mittelhochdeutsch »zwirnfaden«) gilt in dieser Wendung als dünn und schwach; **über**

Zwirnsfäden stolpern *(an belanglosen Dingen, an Kleinigkeiten scheitern):* Bei dieser Redensart schwebt die winzige Höhe des Fadens vor im Gegensatz zum massiven Stein, über den man zu Recht stolpern kann. Die Wendung soll Schiller geprägt haben. In »Fiesko« II, 5 sagt Fiesko vom Volk: »Der ... Koloss, der ... Hohes und Niederes, Nahes und Fernes mit gähnendem Rachen zu verschlingen droht und zuletzt über Zwirnsfäden stolpert.« Es wäre aber durchaus möglich, dass Schiller hier eine bereits bekannte Wendung aufgegriffen hat.

Literatur

Appel, Andrea: Die Katze im Sack kommt mir spanisch vor. Redensarten auf den Grund gegangen, Berlin 1987.

Bartels, Klaus: Veni, vidi, vici. Geflügelte Worte aus dem Griechischen und Lateinischen, Zürich 1992.

Behm, H. W. (Hrsg.): Brehms heimische Vögel. Der farbige Vogel-Brehm, Berlin 1968.

Borchardt, Wilhelm/Wustmann, Gustav/Schoppe, Georg: Die sprichwörtlichen Redensarten im deutschen Volksmund, nach Sinn und Ursprung erläutert, Leipzig 1954.

Brewer, E. Cobham: Dictionary of phrase and fable. Centenary edition, New York 1970.

Büchmann, Georg: Geflügelte Worte. Der Zitatenschatz des deutschen Volkes, Berlin 1972.

Dering, Florian: Volksbelustigungen, Nördlingen 1986.

Dittrich, Hans: Redensarten auf der Goldwaage. Herkunft und Bedeutung in einem bunten ABC erklärt, Bonn 1975.

Duden: Das Herkunftswörterbuch. Etymologie der deutschen Sprache (Der Duden in 12 Bänden, Bd. 7), 4. Auflage, Mannheim 2007.

Duden: Das Synonymwörterbuch. Ein Wörterbuch sinnverwandter Wörter (Der Duden in 12 Bänden, Bd. 8), 4. Auflage, Mannheim 2007.

Duden: Redewendungen. Wörterbuch der deutschen Idiomatik (Der Duden in 12 Bänden, Bd. 11), 2. Auflage, Mannheim 2002.

Duden: Zitate und Aussprüche. Herkunft und aktueller Gebrauch (Der Duden in 12 Bänden, Bd. 12), 2. Auflage, Mannheim 2002.

Duden: Das große Wörterbuch der deutschen Sprache in zehn Bänden, 3. Auflage, Mannheim 1999.

Feldman, David: Who put the butter in Butterfly? And other fearless investigations into our illogical language, New York 1989.

Fischer, Hermann: Schwäbisches Wörterbuch, Band I–VI, Tübingen 1904–1936.

Friebertshäuser, Hans: Redensarten aus Hessen, Husum 1990.

Friederich, Wolf: Moderne deutsche Idiomatik. Systematisches Wörterbuch mit Definitionen und Beispielen, München 1966.

Grimm, Jacob und Wilhelm: Deutsches Wörterbuch, Nachdruck in 33 Bänden, München 1984.

Hirson, Christina: Sprichwörter und Redewendungen für jeden Anlass, München 2006.

Kiaulehn, Walther: Der richtige Berliner in Wörtern und Redensarten, München 1996.

Kluge, Friedrich: Seemannssprache. Wortgeschichtliches Handbuch deutscher Schifferausdrücke älterer und neuerer Zeit, Halle 1911.

Köster, Rudolf: Ullstein-Lexikon der deutschen Sprache, Frankfurt a. M./Berlin 1969.

Krauss, Heinrich: Geflügelte Bibelworte. Das Lexikon biblischer Redensarten, München 1993.

Kremer, Bruno P./Richarz, Klaus: Wer lässt die Katze aus dem Sack? Redensarten über Tiere und Pflanzen und was dahintersteckt, Stuttgart 2006.

Krüger-Lorenzen, Kurt: Deutsche Redensarten und was dahintersteckt, München 1960.

Küpper, Heinz: Handliches Wörterbuch der deutschen Alltagssprache, Hamburg 1968.

ders.: Deutsch zum Anfassen. Moderne Redewendungen von »Abseilen« bis »Zoff«, Wiesbaden 1987.

Leonhardt, Roland: Des Pudels Kern. Sprichwörter erklärt, München 2006.

Lötzsch, Ronald: Jiddisches Wörterbuch, Mannheim, Leipzig, Wien, Zürich 1992.

Mecklenburgisches Wörterbuch, hrsg. von Richard Wossidlo u. Hermann Teuchert u. a., Neumünster 1942–92.

Müller, Klaus: Lexikon der Redensarten. Herkunft und Bedeutung deutscher Redewendungen, München 2005.

Müller-Fraureuth, Karl: Wörterbuch der obersächsischen und erzgebirgischen Mundarten. 2 Bände, Dresden 1911–14.

Der Kleine Pauly. Lexikon der Antike in 5 Bänden, München 1979.

Raab, Heinrich: Deutsche Redewendungen. Von »abblitzen« bis »Zügel schießen lassen«, Wiesbaden 1981.

Reichert, Heinrich G.: Unvergängliche lateinische Spruchweisheit. Urban und human, Erzabtei St. Ottilien 1983.

Rheinisches Wörterbuch, begr. von Johann Franck, bearb. u. hrsg. von Josef Müller u. a., Bonn 1928 bis Berlin 1971.

Röhrich, Lutz: Das große Lexikon der sprichwörtlichen Redensarten, Bd. 1–3, Freiburg 1991/92.

Scheffler, Heinrich: Wörter auf Wanderschaft. Schicksale von Wörtern und Redensarten, Pfullingen 1986.

Schmeller, Johann Andreas: Bayerisches Wörterbuch. 2. Auflage, bearb. von Georg Karl Frommann, 2 Bände, München 1872–77 (Nachdruck: München 1985).

Sellner, Alfred: Latein im Alltag. Alphabetisch geordnetes Nachschlagewerk von lateinischen Sentenzen, Sprichwörtern, Phrasen, Redewendungen, Zitaten und Formeln sowie deren Abkürzungen, Wiesbaden 1987.

ders.: Fremdsprachliche Redewendungen im Alltag. Latein, Englisch, Französisch, Italienisch, Spanisch, Amerikanisch, Altgriechisch. Sprichwörter, Floskeln, Phrasen, Formeln, Zitate, Sentenzen, Wiesbaden 1997.

Sommer, Ingrid und Klaus-Dieter: Der Ochse und das Harfenspiel. Fabeln aus aller Welt. Berlin 1974.

Stoll, Joseph: Bensheimer Idiotikon. Eine Sammlung von Wörtern und Ausdrücken der Bensheimer Mundart, Bensheim 1984.

Südhessisches Wörterbuch, begr. von Friedrich Maurer, bearb. von Rudolf Mulch. Lieferung 1–19, Marburg 1965–95.

Wasserzieher, Ernst: Woher? Ableitendes Wörterbuch der deutschen Sprache, Bonn 1974.

Wolf, Siegmund A.: Wörterbuch des Rotwelschen. Deutsche Gaunersprache, Mannheim 1956.

ders.: Jiddisches Wörterbuch, Mannheim 1962.

Weiterführende Literatur (Auswahl) in: Redewendungen. Wörterbuch der deutschen Idiomatik (Der Duden in 12 Bänden, Bd. 11), 2. Auflage, Mannheim 2002.

Register

A

B

C

D

G

H

I

J

K

L

M

N

O

P

Q

R

S

T

U

V

X

Z